JN434116

창업도 케어다

AI케어 관광창업론

박 철 호 저

기문사
www.kimoonsa.co.kr

머리말

盡人事待天命 진인사대천명

매 순간 할 수 있는 최선을 다한 후에는 오직 하늘의 뜻을 기다린다는 뜻으로 이는 저자의 교육철학이기도 하다. 최선을 다한 생각과 행동은 많은 실패와 성공의 결과를 만들어내어, 결국 올바른 방향으로 이끌기 위한 성장의 동력이 되기에 이러한 결과는 모두 중요하다.

도전은 언제나 아름답다. 이제는 새로운 도전으로 취업을 넘어선 창업이자 창직의 시대인 것이다. 열심히 하는 것 못지 않게 올바른 방향 설정도 중요하기에 창의적 사고와 진인사대천명을 바탕으로 본 교재는 창업의 길라잡이 및 창업관리적 측면으로의 케어가 될 수 있을 것이다.

푸른바다와 아름다운 휴양지, 문화재, 박물관, 공원과 같이 '여행'하면 떠오르는 단어이다. 반면 캐리어가 망가지거나 길을 잃어 난처했던 기억 역시 떠오르기 마련이다. 이처럼 여행지에서의 경험은 우리의 여행에 대한 인식에 매우 많은 영향을 미치기 때문에 여행에서 어떤 경험을 하는지는 매우 중요한 포인트이다.

생텍쥐베리의 명언으로 '행복하게 여행하려면 가볍게 여행해야 한다'라는 말이 있다. 가볍게 여행하기 위해 짐을 가볍게 들고 가는 것이 하나의 방법이 될 수 있는데, 이를 활용하여 성공한 기업이 있다. 언제 어디서나 여행과 일상을 자유롭게 누릴 수 있도록 짐 없는 여행, 가벼운 여행을 위한 서비스 아이디어로 창업한 '짐캐리'라는 관광벤처기업이 있다. 공항 또는 기차역에서 자신의 수하물을 직접 운반할 필요 없이 여행객의 수하물을 예약한 시간에 맞춰 원하는 장소로 운송하고 보관하는 O2O 서비스를 제공하는 기업이다. 기존 여행 서비스와는 다른 혁신적인 아이디어에서 시작된 '짐캐리'의 여행 짐 당일 배송과 보관 서비스는 소비자의 니즈를 충족시켜 투자유치를 받으며 성장하고 있다.

'짐캐리'는 예비 창업가들에게 동기부여를 주는 좋은 관광 창업 사례로, 본 교재와 함께 아이디어를 발굴하고 구상한다면 '짐캐리'와 같은 혁신적인 서비스를 만들 수 있을 것이다.

관광의 발전은 현시대를 살아가는 우리들의 삶을 더 가치있고 윤택하게 만들어주었다. 관광은 삶의 질 향상, 행복 추구, 경제발전 등의 수단으로서 존재해왔으며, 시대가 변화함에 따라 관광이 가지는 사회적 위상이 크게 제고되었다. 그에 따라 관광의 형태와 구조는 사회 전반에 지대한 영향을 미치게 되었고, 현대의 관광산업은 타 산업과의 융복합이 용이할 뿐만 아니라 기술적으로 접목할 수 있는 범위가 넓어 예비 관광창업가에게는 더욱 매력적인 분야이다.

창업이란 새로운 기업을 설립하여 재화나 서비스를 제공하기 위한 수단이다. 그러나 시대가 변화함에 따라 창업의 의미는 단순한 사전적 의미를 벗어나 새로운 가치와 창의적인 서비스를 창출하기 위한 하나의 수단으로서도 인식되고 있다. IT, 인공지능과 관광을 융합하여 관광지 또는 관광객들에게 유・무형적 도움을 제공하여 서비스 측면에 대한 새로운 수요 창출과 새로운 관광 형태에 대한 수요와 공급이 일어날 수 있다. 이러한 시대적 흐름 속에서 인공지능과 관광산업을 융합한 관광창업은 새로운 관광시장을 창출할 수 있을 것으로 기대한다.

이에 본 교재는 창업가로서의 성장을 돕기 위해 관광의 기본부터 관광창업 전문지식까지 폭넓게 다루고자 한다. 특히 창업 환경분석과 비즈니스 모델의 이해, 기업가정신의 이해, 창의적 아이디어 발굴 및 포착 등 관광창업에 필요한 필수적인 내용을 집중적으로 다룸으로써, 관광창업에 대한 이해도를 높이고 실제적으로 적용할 수 있는 데에 역점을 두었기에 미래의 예비 관광창업가에게 도움이 될 수 있기를 희망한다.

마지막으로 본서가 출간될 수 있도록 도움을 주신 모든 분들께 고마움을 전하는 바이며, 본서를 소중하게 출간해 주신 기문사 한재성 대표님의 노고에 심심한 감사를 드린다.

2024년 8월

박 철 호

차 례

제13장 엘리베이터 피치

제1장

관광의 기본 개념 Ⅰ

01

제1장

관광의 기본 개념 Ⅰ

학습성과

1. 관광의 개념과 발전과정에 대해 설명할 수 있다.
2. 관광의 기본적 체계에 대해 설명할 수 있다.
3. 관광의 효과에 대해 설명할 수 있다.

관광은 역사와 문화, 경제적 측면 등을 아우르는 다양한 시각으로 해석된다. 관광의 어원을 탐구하며 다양한 학자들이 내놓은 정의와 접근법을 살펴보는 과정에서, 관광이란 단순히 여행이나 휴양뿐만 아니라 다양한 분야에 영향을 미치는 복합적인 현상임을 알 수 있다. 관광의 다양한 정의와 이해를 바탕으로, 우리가 살아가는 삶의 세계를 보다 폭넓게 이해하는 데 관광이 미치는 영향이 크다는 것을 알 수 있게 된다.

1. 관광의 개념과 발전과정

1) 관광의 어원

관광이라는 말이 오늘날과 같은 뜻으로 사용된 것은 제2차 세계대전 이후로(의 일이지만), 당초에는 국제관광만을 뜻하는 경향이 있었으나, 지금에 와서는 국제뿐만 아니라 국내도 관광이라 부르고 있다.

서구의 경우, 18세기 영국의 귀족 자제들이 일종의 통과의례로 유럽 대륙(특히 프랑스와 이탈리아)을 몇 년에 걸쳐 수학 여행하는 것을 두고 '그랜드 투어(grand tour)'라고 불렀다고 한다. 그리하여 '투어리스트(tourist)'라는 용어는 1800년에 사용되기 시작했으며, '투어리즘(tourism)'이라는 용어는 1811년에 「The Sporting Magazine」 잡지에 최초로 등장했다고 옥스포드 영어사전(Oxford Dictionary)은 밝히고 있다.

2) 학자별 관광 정의

(1) 슐레른(H. Schulern, 1911년)

관광의 개념을 가장 먼저 정리한 학자로 이 관점은 관광 현상을 종합적인 사회 현상으로 판단하면서도 경영-경제적 측면을 강조하였다.

오늘날의 관광에 대한 가장 오래된 정의는 1911년에 슐레른이 정립한 내용으로, 그는 "관광이란 일정한 지구(地區) · 주(州) 또는 타국에 들어가서 머물다가 되돌아가는 외래객의 유입 · 체재 및 유출의 형태를 취하는 모든 현상과 그 현상에 관계되는 모든 사상(事象), 그 중에서도 특히 경제적인 모든 사상을 나타내는 개념"이라고 했다.

(2) 오길비(F. W. Ogilvie, 1933년)

영국의 오길비는 투어리스트의 이동에 관한 문제를 취급한 사람인데, 1933년에 그의 저서 "관광객이동론(The Tourists Movement)"에서 "관광하는 사람은 복귀할 의사를 가지고 일시적으로 거주지를 떠나지만, 1년 이상을 넘지 않는 기간 동안에 돈을 소비하되, 그 돈은 여행하면서 벌어들인 것이 아닐 것"이라고 하여 이른바 '귀한예정소비설'을 주창하였다.

오길비의 귀환예정 소비 여행설은 당시 통계적, 개념적으로 중요한 역할을 수행하였다.

(3) 그릭스만(R. Glucksmann, 1935)

그릭스만은 보르만과 같은 시대에 활약한 독일의 관광연구자로, 관광론의 체계화를 시도하고 관광동기의 분류를 포함한 관광원인의 분류를 제시한 사람이다. 그는 1935년에 출판된 저서인 "일반관광론(AllgemeineFremdenverkehrskunde)"에서 "관광이란 체재지에서 일시적으로 머무르고 있는 사람과 그 지역에 살고 있는 사람들과의 여러 가지 관계의 총체로서 정의할 수 있다"고 했다.

관광이란 어떤 지역의 일시적인 체재자들과 지역사람들 간의 모든 관계의 총체라 규정하였다. 일시적 체재를 강조했지만, 관광지의 지역주민과의 관계로 의미를 발전시켜 관광을 사회학적 관점에서 해석하고자 한 점이 주목할만 하다.

(4) 이노우에 만주소(井上万壽藏, 1961년)

일본의 관광학자인 이노우에는 그의 저서『관광교실』에서 "관광이란 인간이 다시 돌아올 예정으로 일상생활권을 떠나 정신적 위안을 얻는 것이다"라고 하였다. 그는 정신적 위안이 관광의 본질이며 관광의욕이란 것은 정신적 위안을 구하는 마음이라고 했다.

(5) 베르넥커(P. Bernecker, 1962)

여행은 자발적으로 일어나는 현상으로 현상학적 접근을 시도하였다. 오스트리아의 베르넥커는 1962년 그의 저서『관광원론』에서 "상업상 혹은 직업상의 여러 이유에 관계없이 일시적 또는 개인의 자유의사에 따라 이동한다는 사실과 결부된 모든 관계 및 모든 결과를 관광이라고 명할 수 있다"고 하여 관광주체로서의 관광객의 역할을 중시하면서 '관광주체론'을 주창하였고, 관광현상 속에서 겸목적 관광을 인정하였다.

이 정의는 관광현상에 대한 상호 복합성을 강조하며 관광의 구성요소는 3요소로 구분된다고 하였다. 관광구성의 3요소는 관광주체(관광객), 관광객체(관광대상), 관광매체(관광사업)이다.

(6) 메드상(J. Medecin, 1966)

사회현상의 한 측면으로서 관광 현상을 이해하고자 하였으며, 현대적 의미의 관광을 규정하였다. "관광이란 사람이 기분전환을 하고 휴식을 하며, 또한 인간활동의 새로운 여러 가지 국면이나 미지의 자연풍경에 접촉함으로써, 그 경험과 교양을 넓히기 위하여 여행을 한다든가, 정주지(定住地)를 떠나서 체재함으로써 성립하는 여가활동의 일종이다"라고 정의하고 있다.

(7) 세계 관광 기구(UNWTO, 1982년)

관광의 시간적 요소를 강조. 통계 작성을 목적으로 관광을 정의하였다. 국제적인 측면에서 관광에 관한 정의를 살펴보면, 세계관광기구의 정의가 가장 권위 있는 것으로 알려져 있는데, 즉 "방문 주요 목적이 방문국 내에서 보수를 얻는 활동을 제외하는 것으로 1박 이상 12개월을 넘지 않는 기간, 거주지 이외의 나라에서 통상의 생활환경을 벗어나 여행하는 것"으로 정의되어 있어 공연이나 돈벌이 목적 이외의 상용여행도 포함시키고 있음을 알 수 있다.

이 정의는 관광 목적지의 특성에 따라 체재형, 주유형으로 분류한다.

■관광의 유형

구분	특성
체재형	체험을 통하여 쉬는 혹은 휴양하는 것
주유형	관광지를 돌아다니며 보고 구경하는 것

3) 관광의 개념 정의

여러 학자들의 관광에 대한 정의(定義)를 통해서 볼 때, 관광은 한마디로 집약할 수 없는 복잡한 사회현상이라 생각된다. 따라서 관광을 간단명료하게 정의한다는 것은 그리 쉬운 일이 아니다. 다만, 여러 학자들의 정의를 종합해서 관광개념을 규정한다 하더라도 가급적 일상적인 용어법에서 어긋나지 않도록 해야 하며, 일반적으로 누구나 쉽게 이해할 수 있는 현실적 감각에 따른 개념정의가 바람직하다고 생각된다.

관광이란 사람이 일상 생활권에서 떠나, 다시 돌아올 예정으로 이동하여 영리를 목적으로 하지 않고, 휴양 · 유람 등의 위락적 목적으로 여행하는 것이며, 그와 같은 행위와 관련을 갖는 사상(事象)의 총칭이다.

4) 관광의 중요성

일차적으로 관광은 외래관광객이 소비하는 관광외화획득이라는 경제적 효과의 측면에서 이해하는 것이 필요하다. 이 때문에 세계 각국은 관광을 국가전략산업으로 육성하고 있다.

■ 관광은 구속에서 해방되고 자유롭게 이동하는 차원에서 자유성에 기초한다. 따라서 거주 · 이전의 자유는 일반적 자유권으로서 인간의 자유로운 이주 및 이동을 보장하는 자유권적 기본권이다.

■ 관광은 모든 사람에게 기회가 균등하게 주어진다는 차원에서 평등성에 근거하여 행해지고 있다. '관광헌장'에서는 "모든 국민은 관광할 수 있는 권리를 가진다. 관광할 수 있는 여행의 권리는 어떤 조건에 있어서도 평등한 기회와 이용의 기능을 가진다"고 규정하고 있다.

관광이 교류를 통하여 상호 이해를 증진시킨다고 하는 것은 관광을 통해 인류 평화에 기여할 뿐만 아니라 남을 이해하고 또 교류함으로써 상호 배우는 교육성을 가진다. 따라서 관광이라는 여가활동을 통하여 균형된 삶을 찾을 수 있으며, 심신을 단련시키고 결국은 인간성회복에도 기여하게 되는 것이다.

■ 관광은 국제화 · 세계화로 가는 우리나라 국가사회 발전에 핵심적인 역할을 수행하는 국제교류 활동으로서, 국민적 참여를 통해 한국과 세계를 하나로 연결시키는 문화행동이다.

5) 관광의 이념

관광의 이념에는 자유성. 평등성. 행복성. 평화성. 교육성, 인간성 회복 총 6가지가 있다.

(1) 자유성

① 모든 국민이 구속에서 해방되고 자유롭게 이동

② 휴식할 수 있는 여가의 자유 보장

③ 여행할 수 있는 자유성에 기초한 인간의 기본권

(2) 평등성

모든 국민은 관광할 수 있는 권리를 가진다.

(3) 행복성

인간이 추구하는 새로운 세계를 발견함으로써 행복을 추구한다.

(4) 교육성

① 관광을 통해 인류평화에 기여할 뿐만 아니라 남을 이해하고 또 교류함으로써

② 상호배우는 교육성을 가짐

③ 견문확대(새로운 지식을 체험 습득)로 자아실현 목표 달성

④ 남을 이해. 배려. 인류 평화에 기여. 긍정적인 효과

⑤ 인간성 회복 즉, 관광이라는 여가 활동을 통하여 균형된 삶을 찾고, 심신을 단련시키며, 인간성 회복에 기여함

2. 관광의 기본적 체계

1) 관광의 구조

관광현상은 관광의 3대 구성요소로 일컬어지는 관광주체, 관광객체, 관광매체로 이루어져 있다. 관광현상이 성립하기 위해서는 관광주체, 관광객체, 관광매체 등 3대 요소가 존재해야 하며, 마지막으로 이들 3대 요소에 영향을 미치는 것으로 정부나 지방자치단체에 의한 관광정책과 관광행정이 있다.

구성요소는

첫째, 관광의 수요의 유발이자 이동의 주체인 관광객(관광주체)

둘째, 관광객의 욕구를 충족시키는 관광대상(관광객체)

셋째, 관광객과 관광대상을 연결해주는 각종 서비스(관광매체) 간의 상호작용인 관광활동의 체계라고 볼 수 있다.

■관광의 구성 3요소

분류	내용
관광주체	관광객
관광객체	관광자원, 관광대상
관광매체	관광객과 관광대상을 이어주는 것, 관광사업

2) 관광주체

관광을 행하는 주체 곧 관광주체를 관광객이라 말한다. 관광주체가 가지는 사회경제적인 여건과 관광동기는 관광수요를 구성하는 중요한 결정요인이 되는 것이다.

세계관광기구의 관광객에 대한 규정은 다음과 같다.

세계관광기구의 관광객에 대한 규정

- **방문객** : 자기의 통상 거주지가 아닌 국가를 방문하되, 그 주된 목적이 방문국 내에서의 유상취업활동을 하지 않는 사람(자신의 국적국이 아닌 타국에 거주하면서 국적국으로 방문하는 재외국민도 포함: 영주권자)
  EX) 미국 거주 영주권자 > 한국 국적으로 한국 방문

- **관광객** : 방문객으로서 방문국에서 24시간 이상 1년 미만 체재(방문목적이 휴양, 휴가, 스포츠, 사업, 친척, 친지 방문, 파견, 회의참가, 연수, 종교등인 자)

- **당일관광객** : 방문객으로서 방문국에서 24시간 미만 체재하는 사람(항공기와 선박의 승무원을 포함)
- **통상거주지** : 방문객이 출 · 입국 이전에 최소한 1년 동안 거주한 국가로 정의

[국제관광통계에서 제외되는 비관광객]

- **국경통근자** : 국경에 인접하여 거주하면서 다른 나라로 통근하는 자
- **통과객** : 항공통과 여객이나 상륙이 허가되지 않는 선박승객과 같이 국경에 도착하기는 했으나 여권심사를 통해 공식적으로 입국하지 아니한 자
- **무국적자** : 국적이 없는 사람
- **장기이주자** : 1년 이상 체재하기 위하여 입국하는 자와 그 가족 및 동반자(이민)
- **단기이주자** : 1년 미만 체재하되, 체류국에서 보수를 받는 취업목적 입국자와 그 가족 및 동반자
- **외교관, 영사** : 대사관, 영사관에 상주하는 외교관, 영사 및 그 가족과 동반자로 업무를 하는 자
- **군인**
- **망명자** : 북한/탈북자
- **유랑인**

3) 관광객체

관광객체는 관광목적물이며 관광의욕의 대상이 되고 관광행동의 목표가 되는 것이다. 그러므로 관광객체는 보는 것에만 한정되지 않으며, 보고, 듣고, 맛보고, 배우고, 행하고, 생각하는 모든 것을 포함한다. 관광객체는 관광자원과 그 자원을 살려서 관광객의 욕구충족에 직접적으로 기여하는 관광시설로 대별된다.

■관광객체의 분류

분류	내용
관광대상	관광자원, 관광시설
관광자원	관광매력물 –자연자원: 기후, 경관, 동식물, 강, 해안, 산 등 –인문자원: 언어, 예술, 생활양식, 역사, 행사, 위락시설, 과학, 사적, 산업시설 등
관광시설	관광편의시설(숙박, F&B 등), 교통시설(도로 등), 하천, 전기 및 기타 기반시설

4) 관광매체

관광의 주체와 객체를 연결시키는 역할, 즉 관광주체의 욕구와 관광대상을 결합시키는 역할을 하는 것을 관광매체라고 하며, 관광사업(각종 서비스) 등을 들 수 있다.

- 시간적인 매체인 숙박시설 : 관광객이용시설, 관광편의시설
- 공간적인 매체인 교통기관 : 도로, 운수시설
- 기능적인 매체인 여행업 : 통역안내업, 관광기념품판매업, 관광정보와 선전물

3. 관광의 효과

관광의 효과란 관광활동이 개인, 사회, 국가, 지역에 미치는 영향을 말한다. 관광은 다양한 분야에 영향을 미치며 다양한 효과를 일으키고 있다. 관광활동이 일으키는 다양한 효과들은 아래와 같다.

1) 관광의 경제적 효과

(1) 긍정적인 경제적 효과

- 외화획득 : 외래관광객의 소비는 수입을 증가시키고, 국제수지를 개선한다. 또한, 외환위기를 예방하는 효과가 있다.
- 소득증대 : 관광산업과 관련된 산업에서는 직접적으로 수입과 고용이 증가하고, 그 외의 산업에서는 간접적으로 수입과 고용이 증가하는 효과가 있다.
- 고용창출 : 관광산업은 노동집약적이고 서비스집약적인 산업으로서, 다른 산업에 비해 고용창출계수가 높다. 관광산업에서 직접 고용되는 인력뿐만 아니라, 관련 산업에서 간접적으로 고용되는 인력도 많아 고용창출 효과가 크다.
- 산업구조 개선 : 관광산업은 다른 산업과의 연관성이 높아서, 관광산업의 활성화는 다른 산업의 발전을 촉진하고, 산업구조의 다양화와 균형을 이루는 효과가 있다.
- 지역개발 촉진 : 관광산업은 지역의 자연, 문화, 역사적 자원을 활용하여 지역경제를 활성화하고, 지역주민의 삶의 질을 향상시키는 효과가 있다. 관광산업의 발전을 위해 기반시설과 공공서비스의 개선이 이루어지면, 지역의 경쟁력과 매력도가 높아질 수 있다.

(2) 부정적인 경제적 효과

- 인플레이션 유발 : 관광객의 소비로 인해 관광지의 물가가 상승하고, 지역주민의 구매력이 감소하여 수요와 공급의 불균형이 발생하는 효과가 있다.
- 지가 상승 : 관광객의 수요로 인해 관광지의 토지가치가 상승하고, 토지의 과잉개발이 이루어지는 한편, 토지의 소유권이 외부자에게 이전되는 영향이 있다.
- 수입 의존도 증가 : 관광객의 수요에 맞추기 위해 관광지에서 제품, 기자재, 비품 등을 수입하게 되고, 이로 인해 국내산업의 경쟁력이 약화되어 수입의존도가 증가하는 효과가 있다.
- 소득 불균형 : 관광산업의 경제적 이익이 특정 소수에게만 국한되고, 관광지와

비관광지 간의 소득격차가 커지고, 관광지 내에서도 소득분배가 불공정하게 이루어지는 효과가 있다.

- **재정적 부담** : 관광객의 수요에 맞추기 위해 관광지에서 공공서비스와 기반시설을 개선하고, 관광산업의 규제와 보호를 위해 정부의 개입이 필요하게 되는데, 이로 인해 정부의 재정적 부담이 증가하는 효과가 있다.

2) 관광의 사회 · 문화적 효과

(1) 긍정적인 사회적 효과

관광객과 관광지 주민 간의 상호작용과 교류로 인해 문화적 이해와 인식이 증진되고, 민간외교와 국민의식의 강화, 생활의 질이 향상되는 효과가 있다. 예를 들어, 관광객은 다른 문화와 사람들을 경험하고 배우고 존중하게 되고, 관광지 주민은 자신의 문화와 전통을 자부심을 가지고 공유하고 보존하게 된다. 또한, 관광객은 자신의 국가와 문화를 대표하는 역할을 하게 되고, 관광지 주민은 다른 국가와 문화에 대한 호감과 친밀감을 느낀다. 더불어, 관광객과 관광지 주민은 관광활동을 통해 즐거움과 휴식을 얻고, 건강과 행복을 증진시키게 된다.

(2) 부정적인 사회적 효과

관광객과 관광지 주민 간의 문화적 갈등과 충돌이 발생하고, 지역주민의 생활방식과 가치관이 변화한다. 또한, 범죄와 사회안전문제가 증가하고, 교통과 주거의 문제가 악화되는 효과가 있다. 예를 들어, 관광객은 관광지의 문화적 특성과 풍습을 이해하지 못하거나 무시하고, 관광지 주민은 관광객의 문화적 태도와 행동을 비판하거나 반대하게 된다. 이로 인해 양측의 감정이 상하여, 갈등이 발생하고, 때로는 폭력이나 법적 분쟁이 일어날 수 있다. 또한, 관광객은 관광지의 생활방식과 가치관에 영향을 미치고, 관광지 주민은 관광객의 생활방식과 가치관을 모방하거나 수용하게 된다. 이로 인해 관광지 주민의 전통적인 생활방식과 가치관이 변화하고, 문화적 동질화가 발생하여, 문화적 다양성이 손실될 수 있다.

관광객은 관광지의 범죄와 사회안전 문제를 악화시킬 수 있다. 관광지 주민은 관광객의 범죄와 사회안전 문제에 노출되게 되고, 관광객은 강도, 절도, 폭행, 감염병 등의 위험에 직면하고, 관광지 주민은 범죄율의 상승과 공공질서의 저하를 겪게 된다. 또한, 관광객은 관광지의 교통과 주거의 문제를 악화시키고, 관광지 주민은 관광객의 교통과 주거의 문제에 영향을 받게 된다. 이로 인해 관광객은 교통체증, 교통사고, 교통비용의 상승, 숙박시설의 부족과 비싼 요금 등의 문제를 겪게 되고, 관광지 주민은 교통의 불편과 위험, 주거의 어려움과 비용, 환경오염과 소음 등의 문제를 겪게 된다.

(3) 긍적적인 문화적 효과

관광객의 문화적 관심과 수요로 인해 관광지의 역사적, 예술적, 종교적 자원의 보존, 활성화 및 창조되는 효과가 있다. 예를 들어, 관광객은 관광지의 문화유산과 예술작품을 감상하고 존중하게 되고, 관광지 주민은 자신의 문화자원을 가치있게 인식하고 보호하게 된다. 또한, 관광객은 관광지의 문화적 특성과 풍습을 체험하고 즐기며, 관광지 주민은 자신의 문화적 정체성을 유지하고 강화하게 된다. 더불어, 관광객과 관광지 주민은 서로의 문화적 차이와 다양성을 인정하고 존중하게 되고, 새로운 문화적 가치와 표현을 창출하게 된다.

(4) 부정적인 문화적 효과

관광객의 소비와 상업화로 인해 관광지의 문화유산과 예술작품의 훼손, 변질 및 소모의 효과가 있다. 또한, 관광객의 문화적 태도와 행동이 관광지의 문화적 특성과 풍습에 무관심하거나 무례하게 되고, 관광지 주민의 문화적 정체성과 자부심이 약화되는 효과가 있다. 예를 들어, 관광객은 관광지의 문화유산과 예술작품을 소비의 대상으로 취급하고, 상업적인 이익을 위해 변형하거나 복제하게 된다. 이로 인해 관광지의 문화유산과 예술작품은 그 가치와 의미를 잃고, 훼손되고, 소모되고, 상품화되게 되어 가치가 하락할 수 있다. 또한, 관광객은 관광지의 문화적 특성과 풍습에 대해 무관심하거나 무례하게 행동하고, 관광지 주민은 관광객의 문화적 태도와 행동에 대해 불쾌하거나 분노하게 된다. 이로 인해 관광지의 문화적 특성과 풍습은 무시되고, 저하되고, 손상되고, 소멸되게 된다.

3) 관광의 환경적 효과

관광활동은 환경에도 큰 영향을 미친다. 환경적 효과에도 긍정적인 부분과 부정적인 부분이 나타난다.

(1) 긍정적인 환경적 효과

관광객의 자연과 환경에 대한 관심의 증대로 인해 관광지 자연환경의 보호, 복원, 개선의 효과가 있다. 예를 들어, 관광객은 관광지의 동식물, 풍경, 기후 등을 감상하게 되는데, 관광지 주민은 자연자원을 가치있게 인식하고 보호하게 된다. 또한, 관광객은 자연친화적인 관광활동을 통해 자연과 조화롭게 살아가는 방법을 배우고, 관광지 주민은 자연보호를 위한 교육과 홍보를 실시하게 된다. 더불어, 관광객과 관광지 주민은 자연보호를 위한 기부와 자원봉사를 하게 되고, 관광지의 자연환경 개선과 생태계 복원, 생물다양성 증가, 환경개선 및 관리시설 확충 등의 효과를 발생시킨다.

(2) 부정적인 환경적 효과

관광은 자연파괴와 환경오염과 같은 부정적인 환경적 영향을 초래하기도 한다. 관광객의 과도한 개입으로 인해 관광지의 자연환경이 손상되고 파괴되며, 이로 인해 생태계가 파괴되고 생물다양성은 감소하게 된다. 또한, 관광으로 인한 소비와 폐기물은 공기, 물, 토양 등의 환경질을 악화시키고 오염시키며, 이로써 환경문제가 가속화된다. 이러한 현상은 관광객의 환경보호 인식 부족과 함께 관광지 주민의 환경보호 동기와 능력 부족으로 이어져 환경위기를 심화시키게 된다.

제2장

관광의 기본 개념 Ⅱ

02

제2장

관광의 기본 개념 Ⅱ

학습성과

1. 서양의 관광 역사와 기원에 대해 설명할 수 있다.
2. 동양의 관광 역사와 기원에 대해 설명할 수 있다.
3. 우리나라의 관광 역사와 기원에 대해 설명할 수 있다.

관광은 시대와 문화에 따라 다양한 형태로 진화됐다. 과거 관광은 주로 종교적, 교육적 목적으로 이루어졌으며, 산업화 시대에 이르러 현대적인 관광의 형태로 성장했다. 관광이란 단순히 변화하는 과정이 아닌 발전과 쇠퇴를 통해, 더 성장하는 현상임을 깨달을 수 있을 것이다.

현대사회에 가장 큰 사회현상으로 자리 잡은 관광은 그 시대의 사회 모습을 보여주는 대표적인 사회현상이다. 그러므로 관광의 역사를 이해하는 것은 현대관광의 의미를 이해하고, 되돌아보며 관광의 방향을 탐구하는 데 도움이 될 것이다.

1. 서양의 관광 역사와 기원

1) 고대

그리스, 로마, 이집트 등 고대국가들의 관광은 서로 상당한 유사점을 갖는다. 먼저 관광을 하게 되는 동기 면에서 종교적 목적, 즉 순례 여행이 주를 이루었고, 에게해의 델로스 섬과 같은 곳에서의 요양을 위한 여행과 온천지대에서의 휴식과 보양, 올림픽 참가 등을 위한 체육활동 등이 원인이 되었다.

관광에 참여할 수 있는 집단은 모두 군인, 승려, 철학자 및 부유한 자 등 사회의 상층부를 구성하는 특수계층이었다. 이들은 막대한 부나 권력 및 노예와 여자들의 노동력을 배경으로 자신들의 미적 이상의 추구와 예술적 유희를 즐길 수 있었다.

(1) 고대 이집트와 그리스

이 시대의 여행자는 민가에서 숙박하는 것이 보통이었고, 숙박시키는 쪽에서는 외래자를 모두 대신(大神) 제우스의 보호를 받는 '신성한 사람'으로 생각하고 후대하는 관습이 있었다.

(2) 고대 로마

로마시대에 와서는 공화정과 제정(帝政)의 양 시대를 통하여 관광이 한층 번성하였던 것이 기록으로 보아 명백하다. 고대 로마시대의 관광동기 내지 목적은 종교 · 요양 · 식도락 · 예술감상 · 등산이었던 것으로 보인다.

2) 중세

우리가 암흑의 시대(Dark Age)라고 부르는 중세에는 관광이 극도로 침체되어 있었고, 성지순례 등 종교적 이유에 의한 이동이 미미하게 존재할 뿐이었다. 중세 유럽의 관광은 중세세계가 로마법왕을 중심으로 한 기독교 문화공동체였던 탓으로 종교관광이 성황을 이루었는데, 예루살렘에 이어 제2의 순례지는 로마였다. 중세 유럽의 제3의 순례지는 스페인의 산티아고 데 콤포스텔라(Santiago de Compostela)였다.

3) 근대

중세를 마감하고 근대국가로 넘어오는 과정에 있었던 중요한 사건을 보면, 1517년 루터의 종교개혁, 15~16세기 스페인, 영국, 포르투갈 등이 주도했던 대항해, 1523년 마젤란의 세계일주, 1642년 청교도 혁명, 1688년 영국 시민혁명 등을 들 수 있다. 이런 일련의 격변을 겪으면서 사람들에게 시민의식이 생기고, 주제의식이 자라나 인간으로서의 행복을 추구하게 되었다. 특히, 귀족의 자제들은 지식과 교양을 함양하고자 인근의 국가로 여행을 떠나는 것이 유행했는데, 이러한 현상을 '그랜드 투어(Grand Tour)'라고 칭한다.

이때의 관광의 목적은 종교적인 거소와 함께 건강 및 지적욕구 등을 지적할 수 있다. 또 산업혁명이 일어나고 진전됨에 따라 도시의 인구유입이 가속화되고, 그에 따라 범죄의 증가와 주택부족 및 공해 발생 등 각종 도시문제가 나타났으며, 결과적으로 관광욕구가 더욱 크게 나타나게 되었다.

(1) 근대 유럽의 관광

이 시대에는 이미 중세 말기에 생긴 여관조합(inn guild)이 발전하여 여관의 수도 많아졌으며 관광여행이 쉬워진 데다, 문예부흥기를 맞아 괴테(J.W.v. Goethe), 셸리(P.B.Shelley) 그리고 바이런(G.G. Byron) 등 저명한 작가와 사상가가 대륙을 여행한 후 발표한 작품들이 또 다른 관광여행의 자극제가 되었다. 역사가들은 이 시대를 가리켜 '교양관광의 시대' 또는 '그랜드 투어(Grand Tour)의 시대'라고 부른다. 이른바 산업혁명이 가져온 기술혁신의 하나인 철도의 발달은 특히 영국에서 두드러져서 1850년에는 주요 철도망이 거의 완성되었다.

(2) 근대 미국의 관광

경제발전으로 인한 중산층의 탄생은 20세기에 들어와 관광 붐을 일으켜 1910~1920년에 걸쳐 미국인의 유럽여행 붐을 조성하였으며, 유럽에서도 미국관광이 유행하여 유럽대륙과 북미대륙 간의 왕래가 빈번하게 되었다.

■ 미국의 호텔이 유럽보다 더 발전을 하게 된 까닭

첫째, 숙박업자들의 개성 면에서 미국의 숙박업자들은 유럽에 비해 보다 진취적이고 투기적이며 확장주의적 과감성이 있었던 결과이다.

둘째, 호텔기업의 개성 면에서 유럽의 것이 귀족적 냄새를 풍기며 화려한 그리고 안정적인 특성을 보이는 데 반하여, 미국의 호텔은 평등적 내지는 대중적 취향의 운영형태를 보여주었다는 점이다.

특히 20세기 초에, 스타틀러가 전혀 새로운 스타일의 버펄러 · 스타틀러호텔(Buffalo Statler Hotel)의 문을 엶으로써 도시를 왕래하는 중산층의 여행자가 투숙할 수 있는 상용호텔의 탄생을 가져옴과 동시에 미국 호텔산업의 새로운 시대를 열었다.

(3) 일본의 근대화와 관광

16세기 후반에서 에도(江戶)시대 말기까지 시기에는 전국(戰國)시대가 종식되면서 경제 활성화를 위한 교통의 발달과 치안유지 등 여행의 조건이 기본적으로 정비됨에 따라 여행 활성화가 재개되었다. 특히 이 시대에는 주인(朱印)무역선에 의한 해외교역이 성행하였다.

(4) 근대 한국의 관광

개항과 더불어 외국의 물물교환이나 경제적 침투와 함께 많은 외국인이 입국하게 되면서, 이미 있었던 숙박시설의 변천을 가져왔고, 1910년 한일합방과 더불어 근대적인 여관이 서울을 비롯하여 전국적으로 생겨났다. 숙박 시설들은 처음에 부산, 인천과 같은 개항지를 중심으로 발생하였는데, 철도교통의 발달과 함께 전국의 주요 철도역 부근을 중심으로 번창해 나갔다.

4) 현대

(1) 대중관광의 출현

제2차 세계대전 이후로 시대구분이 되는 현대관광의 가장 큰 특징은 양적인 증가라고 할 수 있다. 과거 소수의 특수계층만이 참여할 수 있었던 관광이 일반 대중까지 참여할 수 있게 된 것이다.

1960년대를 기점으로 미국과 유럽에서는 많은 사람들이 국제관광의 혜택을 누릴 수 있게 되었는데, 제트여객기가 출현함으로써 이를 이용한 관광객이 관광지에 한꺼번에 많이 몰려든 '대중관광'의 개막을 알리는 시기이기도 하였다.

1970년대에 들어오면서 국제관광의 경향이 더욱더 확대되는데, 1969년에는 점보제트여객기가 정기항공노선에 취항하면서 국제관광의 대량화 및 고속화가 급속히 진행되었으며, 이 시기를 기점으로 북미와 유럽에 이어 일본도 국제관광객 송출국 대열에 뛰어들게 되었다.

(2) 새로운 관광의 모색

① 대중관광의 폐해와 비판

1970년대에 들어오면서 국제대중관광 확대에 따른 문제점이 제기되기 시작하였다. 관광지의 문화 변모, 범죄 및 매춘 발생, 환경오염 및 파괴 등이 대표적인 문제점이었다.

② 새로운 관광의 개념

여기에서 말하는 '새로운 관광'이란 용어는 정확한 번역은 아니지만, 영어의 'Alternative tourism'의 역어(譯語)로서 사용하고자 한다. Alternative tourism이라 함은 대중관광을 대신하는 '또 하나의 관광'이라는 의미를 내포하고 있는데, 1980년대 말부터 관광연구에 빈번히 사용되고 있다.

③ 새로운 관광에의 관심 고조

1990년대 이후에도 대중관광은 계속 확대되어 가지만, 일부 북미와 서유럽에서는 새로운 관광이 실천되고 있었다.

(3) 현대관광의 발전방향

① 새로운 관광과 포스트모던

포스트모던사회는 근대사회가 안고 있는 제반 문제를 극복하여 만들어지는 사회이다. 남북문제와 환경문제가 심각해지자 근대사회가 지니는 한계와 폐해에 대한 논의가 시작되었고, 그 중 하나가 바로 포스트모던론이다.

② 포스트모던과 현대관광의 의미

현대관광은 여행의 전통적인 교육적 의미를 지금까지 계승하고 있는 근대의 산물인 동시에 포스트모던으로 가는 매개역할을 하는 사회현상으로 볼 수 있다. 여기에 현대관광이 지니는 의미를 찾을 수 있으며, 근대에서 탈근대, 다시 말해 모던에서 포스트모던 시대로 전환할 때, 현대관광은 절대 간과할 수 없는 하나의 사회현상이다.

2. 동양의 관광 역사와 기원

1) 동양에서의 관광의 어원

오늘날 우리가 일상적으로 사용하고 있는 동양에서의 '관광(觀光)'이란 용어의 어원은 기원전 8세기경 중국 고대국가인 주(周)나라 때 편찬된 易經(역경)에서 비롯되었다고 한다. 당시 중국인의 사상적 배경을 담고 있는 易經(역경)의 관괘(觀卦)의 하나인 풍지관(風地觀)에 보면, "觀國之光利用賓于王(관국지광이용빈우왕)"이라는 표현이 있는데, 이 구절 속의 "觀國之光(관국지광)"에서 '觀光(관광)'이라는 용어가 유래되었다고 전해지고 있다. '한 나라의 광화(光華)를 보는 것은 왕의 손님 노릇을 하기에 이롭다'라는 뜻으로 해석된다. 또한, '尙傳(상전)'의 "觀國之光尙賓也(관국지광상빈야)"라는 문구에서 역시 관광을 확인할 수 있다.

이러한 문구나 용어들의 뜻은 한 나라의 사절이 다른 나라를 방문하여 왕을 알현하고 각자의 문물을 소개하며 관찰하고, 왕의 빈객으로서 대접받는 의전적 개념으로 사용되었다.

우리나라에서는 신라시대 최치원(崔致遠)의 시문집인 계원필경(桂苑筆耕)에서 처음 사용하였다.

2) 신라 말기

대학자인 최치원의 계원필경 속의 한 구절에는 "人百已千之觀光六年銘牓尾(인백이천지관광육년명방미 : 남이 백 번하면 나는 천 번 해서 관광 6년 만에 과거급제자 명단에 오르게 되었다)"라는 말이 기록되어 있는데, 여기서 '觀光六年(관광육년)'이란 '중국에 가서 선진문물을 살피며 체류한 지 6년'이란 뜻으로 해석하고 있다. 이러한 해석을 보았을 때 앞선 주역에서의 관광의 뜻과 비슷하다 볼 수 있다.

3) 고려시대

두 건의 용례가 발견된다. 그 하나는 고려사절요(高麗史節要)인데, 고려 예종 11년(1115년)에 중국 宋나라 임금이 우리나라 사신에게 "…觀光上國 盡把宿習…"(관광상국진파숙습 : 우리나라를 관광하여 구습을 전부 버리도록 하고…)라고 교시하였다고 기록되어 있다. 다른 또 하나는 고려 말인 우왕 10년(1385년)에 당시의 유명한 문사(文士)였던 정도전(三峰 鄭道傳)도 1385년 "상봉집"에서 '觀光'이라는 용어를 사용한 것으로 밝혀지고 있다. 정도전은 당시 그의 친구인 이숭인(李崇仁)이 중국 북경에 하정사(賀正使 : 시년하례 단장)로 떠난 뒤 그의 문집에서 이르기를, 명나라의 명을 받아 중국으로 간 그의 친구 이숭인이 그곳의 선진문물을 돌아보고 귀국하게 되면 자신은 그의 견문록 제목을 '觀光集'이라고 붙여 주겠노라고 서술하였다고 한다.

4) 조선시대

관광이라는 용어는 지식인 사회에서 아주 일반화된 용어로 자리잡은 것 같다. 조선 건국 직후인 태조 5년(1396년)에 도읍을 개경으로부터 지금의 서울인 한성으로 옮기면서 정도전, 조준 등은 신도업지(新都邑地)의 지명을 정하였는데, 서울 북부에 지금의 동(洞)에 해당하는 10개의 방(坊)을 설치하면서 그 중 한 방(坊)의 명칭을 "觀光"으로 정하였다고 조선왕조실록은 기록하고 있다(朝鮮王朝實錄, 太祖 卷九 및 世宗 卷一八). 조선왕조실록에 언급된 "관광상국(觀光上國)"이란 용어는 중국의 제도나 문화를 직접 보고 배우는 것을 의미했다. 또한, "과거(科擧)를 구경한다"는 의미나 임금이나 중국 사신의 행차를 관람한다는 의미도 담겨 있다. 사찰이나 국내 유람에 관한 내용도 포함되어 있었으며, 왜(倭)의 사신들이 임금이 베푸는 연회에 참여하거나 사예(射藝) · 방화(放火)를 관람하는 것도 '관광'이라는 용어로 표현되었다. 또한, 한양의 북부에는 관광방(觀光坊)이라는 지명이 있었고, 사대부의 부인들이 대궐 안을 구경하는 행위도 '관광'으로 언급되었다. 관광이라는 용어는 한말에도 의미의 변화 없이 사용되었다.

중종실록의 을사 조에 "명엄금사족부녀 관광자 종경정관지언야"라고 나와 있다. '사족(士族) 부녀자들의 관광(觀光)을 엄금하였다. 경연관(經筵官)의 말에 따른 것이다'라는 뜻으로, 양반과 부녀자의 관광을 엄히 금지한다 기록되어 있다. 양반과 부녀자들이 관광을 많이 하였음을 반영하는 것으로 보인다.

정조4년 연암 박지원이 44세에 팔촌형 박명원을 따라 청나라를 여행한 뒤에 지은 열하일기 에서 사용된 관광은 "爲觀光之上國來" 위관광지상국래라는 구절이 있다. 이는 상국의 문물, 지도를 관광하러 왔다는 의미를 내포하고 있다.

이후 조선 말기 이후까지 관광이라는 용어는 지속적으로 등장하는데 1897년 독립신문에서는 "관광지를 개발하여 외화를 유치하자"라는 슬로건이 등장하였고, 1910년 유길준의 관광략기(觀光略記)에서는 일본 나고야박람회를 다녀온 후 일본의 사회실정, 시찰 등의 관광이야기를 전하기도 하였다.

3. 우리나라의 관광 역사와 기원

1) 우리나라 관광의 발전과정

우리나라 관광의 발전과정을 논할 때에는 서양의 관광사를 논할 때와는 달리 크게 산업화 이전단계와 그 이후의 단계로 구분하여 그 전 단계, 즉 1950년대 이전은 관광의 태동기로 인식하고, 산업화 이후는 60년대에서부터 각 10년 단위의 연대별로 관광의 여명기, 기반조성기, 성장기, 도약기로 명명되는 시기로 구분해 보는 것이 우리나라 관광사를 이해하는 데 유익할 것으로 판단된다.

물론 우리나라에도 삼국시대로 거슬러 올라가 보면 불교가 전래되면서 사찰의 참배나 유명사찰의 순례라는 형태의 관광이 있었으나, 여기에 참여할 수 있는 계층은 높은 지위에 있는 왕, 귀족, 승려 등과 경제적으로 여유가 있는 특수계층이었고, 이들의 관광현상은 주로 정치, 외교, 군사적 목적이었다.

특히 우리나라가 서양의 그것과 다른 점은 무엇보다도 관광발전의 기초가 되는 교통수단이나 숙박시설이 발달하지 못하였으며, 또한 국민의 소득수준이 매우 낮았기 때문에 관광현상이 일어나기 어려웠다고 할 수 있다.

(1) 1950년대 이전(관광의 태동기)

따라서 여행이나 관광활동도 불교가 정착되면서 전국 각지에 사찰이 생겨남에 따라 신도들을 중심으로 불교 봉축행사 참가와 산중의 사찰을 찾는 여행의 한 형태인 관광이 생성되었다.

백제 시대에는 중국과 일본과의 문화교류가 활발하며, 종교여행이 활발했다. 고려시대에는 철저한 신분제도와 행동의 제약이 많았고, 조선시대 초기에는 삼국시대나 고려시대의 관광유형과 유사한 양상을 보였다. 그러나 조선시대 후기에는 쇄국정책과 일본 및 구미 열강들의 침략으로 인해 관광의 발달이 제약을 받았다.

1888년에는 인천에 대불호텔(우리나라 최초의 서양식 개념의 호텔)이 세워졌고, 서울 정동에는 '손탁(Sontag)'호텔이 프랑스계 독일 태생인 손탁에 의해 건립되었다.

1899년에는 서울에서 인천 간에 경인선철도가 개통되어 근대적 여행시설이 확충되었다.

(2) 일제강점시대(관광의 암흑기)

일본여행업협회(Japan Travel Bureau) 조선지사가 1912년에 설치, 1914년 서울에 조선호텔, 1915년 금강산에 금강산 호텔 및 장안사호텔이 세워졌다. 일본은 러 · 일 전쟁의 승리로 인하여 대륙진출이 활발해지자 1914년에 재팬투어리스트 뷰로(JTB: Japan Tourist Bureau; 일본교통공사의 전신)의 한국지사를 개설하였고, 관광사업 및 국제경제상의 중요성을 알리고 일제강점시대 동안 일본인의 여행편의를 제공했다.

(3) 1950년대(관광의 여명기)

우리나라 사람이 관광사업을 경영한 것은 1945년 8월 15일 해방 이후이다. 해방 직후의 대혼란을 거쳐 1948년 정부가 수립되었으나 미처 관광행정체계가 확립되기도 전에 1950년 6 · 25전쟁이 발발하여 전국의 관광시설은 모두 파괴됐다. 1950년대 말에 가서는 정부가 관광사업진흥 5개년 계획을 수립하여 민간호텔 건설에 정부가 재정융자를 해주었으며 모범관광지 개발을 추진했다.

(4) 1960년대(관광의 기반조성기)

- 1961년 : 8월 22일 「관광사업진흥법」이 제정 · 공포되면서 관광법규의 기틀이 마련
- 1962년 : 국제관광공사(현 한국관광공사)가 설립(외래관광객 유치)
- 1963년 : 교통부의 '관광과'가 '관광국(기획과, 업무과)'으로 승격
  (관광행정의 범위와 권한 확대)
- 1967년 : 지리산을 최초의 국립공원으로 지정
- 1968년에는 '관광진흥을 위한 종합시책'이 교통부에 의하여 공표
- 따라서 1960년대는 관광사업이 정착 · 발전하기 시작하고, 종합산업으로 체계적인 발전의 초석을 놓은 시기

(5) 1970년대(관광의 성장기)

정부가 관광사업을 경제개발계획에 포함시켜 국가의 주요 전략산업의 하나로 육성함과 동시에 관광수용시설의 확충, 관광단지의 개발 및 관광시장의 다변화 등을 적극 추진하고, 이에 따른 관광행정조직의 보강 및 관광관련 법규를 재정비했다.

- ■1970년 : 국립공원과 도립공원이 지정
- ■1972년 : 12월 정부는 관광사업의 육성을 위해 「관광진흥개발기금법」을 제정
- ■1975년 : 4월에는 「관광단지개발촉진법」 제정 등

(6) 1980년대(관광의 도약기)

우리나라 관광이 도약한 시기로 1980년대에 들어서는 복지행정의 차원에서 국민복지를 향상시키고 건전국민관광을 정착시키기 위하여 국민관광진흥시책을 적극 펴나가게 되었고, 국제관광과 국민관광의 조화로운 발전을 이루기 위한 정책이 추진된다. 1989년 1월 1일부터 내국인의 해외관광이 완전히 자유화됨으로써 관광분야에서도 양방향 관광(two-ways tourism)이 활발하게 이루어지게 된다.

(7) 1990년대(관광의 재도약기)

1990년 7월 13일 정부는 전국을 5대 관광권 24개소권의 관광권역으로 설정한 정부계획을 확정함으로써 관광선진국 대열에 진입할 수 있도록 관광개발 및 보전에 힘을 기울이게 된다.

(8) 2000년대(관광선진국으로의 도약기)

2000년대는 뉴밀레니엄을 맞이하여 21세기 관광 선진국으로의 힘찬 도약을 준비하는 시기였다. 이 기간 동안 한국은 국제관광교류의 증진과 국내관광수용 태세의 개선에 주력하였다.

2000년에는 APEC 관광장관회의와 ASEM 회의를 성공적으로 개최하여 국제적 위상을 높이고, 역사적인 남북정상회담을 개최하여 국내 정세를 안정화시켰다.

이어서 2001년에는 인천국제공항이 개항하고, '한국방문의 해' 사업을 통해 관광의 선진화를 추진했으며, 2002년 한 · 일 월드컵과 부산 아시안게임의 성공적인 개최로 국가 이미지가 상승하였다. 이어서 법제도 개선과 협력모델 도출을 위한 관광진흥확대회의를 개최하여 국내외에서의 관광수용태세를 향상시켰다.

2003년에는 동북아 관광허브 건설과 문화예술, 생태적 가치 중심의 관광정책으로 전환하여 국제적 관광인프라를 강화하고자 하였고, 2004년 방한 외래객 수는 전년 대비 22.4% 증가한 사상 최대치인 582만명을 기록하였다. 관광수입 또한 처음으로 증가세를 나타냈는데, 전년 대비 6.6% 증가한 57억 달러를 기록했다.

2005년에는 한 · 일 공동방문의 해를 지정하여 국제친선의 노력을 기울였으나, 독도 문제와 역사교과서 왜곡 등으로 인해 일본인 관광객의 증가가 둔화되었다.

2006년에는 관광산업 경쟁력 강화를 위한 획기적인 대책을 발표하였고, 2007년에는 'Korea, Sparkling' 브랜드를 선포하고 관광 인프라를 확충하였다.

2008년에는 '관광산업의 선진화 원년'으로 선포하고, '서비스산업 경쟁력 강화 종합대책' 등 범정부 차원의 대책을 추진했다. 2009년에는 환율 효과 등을 활용하여 관광객을 증가시켜 관광수지를 흑자로 전환했다.

2010년에는 대내외적인 위협요인을 극복하고 장기적인 경쟁력 확보에 주력하고자 했으며, 2011년에는 외래관광객 1,000만 명 시대에 돌입하며 국제경쟁력 강화에 집중했다. 2012년에는 1,114만 명의 외래관광객을 기록하는 쾌거를 이루기도 하였다.

2013년에 들어 외래 관광객 1,200만 명을 돌파하였으나, 2015년 메르스와 2016년 사드갈등으로 인한 중국인 관광객 감소 등 위기가 있었다. 당시 가장 큰 비중을 차지하던 중국인 관광객의 비중이 전년 대비 46.8%에서 31.3%로 -48.3% 급감하며 국내 인바운드 관광시장의 타격이 큰 해였다. 이에 국내 인바운드 관광시장에 있어 한국을 방문하는 외래 관광객 국가의 다변화를 위한 노력 및 관광객들이 더욱 다양하게 경험할 수 있는 관광 인프라와 즐길거리를 개발해야 함을 시사하기도 하였다.

2018년에는 다시 증가세를 보이기 시작하여 2019년에는 외래관광객 1,750만 명을 달성하였다. 그러나 2020년에는 COVID-19로 인한 글로벌 팬데믹이 발생하여 외래관광객 수가 -85.6% 급감하여 252만 명에 그쳤다. 이후는 백신접종과 입국제한 완화로 회복의 길을 모색하고 있다.

■2000년대 관광의 발전 과정

연도	내용
2000	APEC 관광장관회의와 ASEM 회의를 성공적으로 개최하여 국제적 위상을 높이고, 역사적인 남북정상회담을 개최하여 국내 정세를 안정화
2001	인천국제공항이 개항하고, '한국방문의 해' 사업을 통해 관광의 선진화를 추진
2002	한 · 일 월드컵과 부산 아시안게임의 성공적인 개최로 국가 이미지가 상승 이어서 법제도 개선과 협력모델 도출을 위한 관광진흥확대회의를 개최하여 국내외에서의 관광수용태세를 향상
2003	동북아 관광허브 건설과 문화예술, 생태적 가치 중심의 관광정책으로 전환하여 국제적 관광인프라를 강화
2004	2004년 방한 외래객 수는 전년 대비 22.4% 증가한 사상 최대치인 582만 명을 기록 관광수입 또한 처음으로 증가세, 전년 대비 6.6% 증가한 57억 달러를 기록
2005	한 · 일 공동방문의 해를 지정하여 국제친선의 노력을 기울였으나, 독도 문제와 역사교과서 왜곡 등으로 인해 일본인 관광객의 증가가 둔화
2006	관광산업 경쟁력 강화를 위한 획기적인 대책을 발표
2007	'Korea, Sparkling' 브랜드를 선포하고 관광 인프라를 확충
2008	'관광산업의 선진화 원년'으로 선포하고, '서비스산업 경쟁력 강화 종합대책' 등 정부 차원의 대책을 추진했다.
2009	환율 효과 등을 활용하여 관광객을 증가시켜 관광수지를 흑자로 전환했다.
2010	대내외적인 위협요인을 극복하고 장기적인 경쟁력 확보에 주력
2011	외래관광객 1,000만 명 시대에 돌입하며 국제경쟁력 강화에 집중
2012	1,114만 명의 외래관광객을 기록하는 쾌거를 이룸
2013	외래 관광객 1,200만 명을 돌파
2015 ~ 2016	2015년 메르스와 2016년 사드갈등으로 인한 중국인 관광객 감소 등 위기 당시 가장 큰 비중을 차지하던 중국인 관광객의 비중이 전년 대비 46.8%에서 31.3%로 -48.3% 급감하며 국내 인바운드 관광시장의 타격이 큰 해
2019	외래관광객 1,750만 명을 달성
2020	COVID-19로 인한 글로벌 팬데믹이 발생하여 외래관광객 수가 -85.6% 급감하여 252만 명에 그침 이후는 백신접종과 입국제한 완화로 회복의 길을 모색하고 있음

제3장

관광법규의 기본 개념

03

제3장

관광법규의 기본 개념

학습성과

1. 관광법규의 의의 및 특성에 대해 설명할 수 있다.
2. 관광진흥법의 이해에 대해 설명할 수 있다.
3. 관광사업의 종류에 대해 설명할 수 있다.

관광은 현대사회에서 중요한 삶의 질 향상에 영향을 미치며, 건전한 관광발전을 위해서는 관련된 법과 질서가 필요함으로, 관광법규는 관광기업의 합리적 경영과 관광자원 보호를 목적으로 한다.

1. 관광법규의 의의 및 특성

1) 관광법규의 의의

현대사회에서 관광은 인간의 일상생활에서 매우 중요한 몫을 차지하고 있다. 관광은 삶의 질을 향상시키는 인간의 기본권으로 인식되고 있으며, 경제 · 사회 · 문화 등에 미치는 영향이 크다. 관광이 건전하게 발전하기 위해서는 관광분야의 질서가 유지되어야 하고, 관광과 관련분야의 질서가 유지되어야 하며, 관광생활과 관련되는 여러 현상을 규율하는 법이 필요하게 된 것이다.

관광법규는 관광행정에 관한 법으로, 관광활동에 관한 질서유지와 권리 · 의무관계를 규율하며, 행정기관의 관광행정행위에 관하여 규정하는 법으로, 크게 보면 관광이라는 독립된 법역을 가지며, 다양한 정책적 목적을 실현하기 위해 만들어진 특별법의 성격을 지니고 있다.

관광법규는 관광의 매체인 관광사업에 관한 전반적인 사항과 관광의 객체인 관광대상과 관광자원에 관한 보전 및 개발에 관한 사항, 관광의 주체인 관광객의 관광활동 보장을 위한 국가의 공권력 발동과 관련된 사항 등을 주요 내용으로 하고 있다.

관광사업 측면에서 볼 때 관광법규는 관광기업들이 정상적인 투자와 합리적인 경영을 통한 이익을 보장하고 무분별한 중복투자나 과대광고, 허위광고, 서비스 질 저하 등을 방지하기 위한 규제를 담당하고, 관광질서를 유지하여 관광객 상호 간의 안전을 보장하며, 사업자로부터 관광객의 권리를 보호하여 관광사업의 장기적 발전을 위해 생성된 법이다.

또한 관광법규는 국내 관광행정에 관한 법이며, 관광행정을 담당하는 국가 및 지방자치단체와 개인 간의 관계를 규율하고 공공의 이익을 도모하기 위한 공익보호를 우선으로 하는 공법이기 때문에, 사익보호를 사법과의 합리적인 조화를 이루어 나가야 하고, 공공의 이익추구를 수행한다는 점에서 행정주체의 우위성과 강제성 그리고 획일성을 규정하고 있다.

위 내용을 정리하면 관광법규는 관광활동과 관련된 법률을 의미하며, 관광행정에 관한 법, 공법, 국내법이라는 3요소로 형성되는 개념이다.

- 관광법규는 관광행정(觀光行政)에 관한 법으로 관광행정권의 조직 · 작용 및 규제에 관한 법이다. 관광활동의 질서 유지와 권리, 의무 관계를 규율하며, 행정기관의 관광행정행위에 관하여 규정한 법입니다.
- 관광법규는 공법(公法)이며, 행정에 관한 법규가 모두 관광법이라고는 할 수 없다. 관광법규는 공법의 일부로서, 행정에 관한 법규 중에서도 관광행정에 관한 특유한 공법만이 관광법이 된다. 이는 다수의 개인에 대한 획일적, 강행적인 규율을 원칙으로 하고 있어, 개인의 권리, 의무에 대한 일방적 규율의 예측 가능성을 보장하고 법적 생활의 안정성을 도모한다.
- 관광법규는 국내법(國內法)이며, 국내에 거주하는 내국인은 물론이고, 국내에 체재하는 외국인관광객, 외국인관광사업자, 외국인관광종사원 모두를 규율한다.

2) 관광법규의 특성

관광법규는 관광행정행위의 공공성 때문에 국민의 권리 · 의무와 관련된 사항에 관하여 일방적으로 규율하는 경우가 많다. 관광법규는 특별법적 성격, 행정법적 성격, 육성법 · 조성법적 성격, 임무법적 성격, 복지지향적 성격 등의 고유의 특성을 가지고 있다. 자세히 살펴보면 아래와 같다.

(1) 특별법적 성격

관광법규는 생활과 관련된 관광 활동을 대상으로 하는 법으로, 특별법의 특성을 가지며 독립된 영역을 형성한다. 이는 관광활동과 관련된 다양한 사안을 규제하며, 관광 행정의 공공성 때문에 국민의 권리와 의무에 대한 사항을 일방적으로 규제하는 경향이 많다.

특별법은 일반법보다 우선하는 법으로, 특정 사안이나 분야에 대한 규정을 다루는 법률을 말한다. 따라서 관광법규는 관광 분야에 대한 규율을 통해 그 분야의 특성에 맞는 법적 규제를 제공하여 특별법의 성격을 나타낸다.

이러한 특별법적 특성은 관광법규가 다양한 관광 활동에 대한 규제를 수행하고, 관광산업의 발전과 국민의 복지 향상을 촉진하는 데 중요한 역할을 한다고 볼 수 있다.

(2) 행정법적 성격

관광행정의 목적을 실현하기 위하여 자유재량성을 가지고 행정주체가 우위를 가지며 국가의 공권력을 작용시켜 관광질서 유지를 위한 질서행정과 국민에게 이익을 주는 행정법이다. 이 법은 관광행정의 공공성으로 국민의 권리와 의무를 일방적으로 규제한다. 이는 행정주체가 법을 통해 국민에게 권리와 의무를 부여하고, 강제력을 행사할 수 있는 행정법의 기본 특성을 반영하기 때문이다.

또한, 관광법규는 획일적이고 강행적인 규제를 통해 다수의 개인에게 일관된 행정행위를 유지하고 법의 안정성과 예측 가능성을 보장한다. 이러한 행정법의 특성은 일반적인 원칙으로 적용되며, 관광법규 역시 이를 따르고 있다.

더불어, 관광법규는 관광행정의 특유한 공법으로, 관광산업의 복잡하고 특수한 성격을 반영한다. 이는 관광산업의 다양한 측면을 규제하며, 세부 규정을 통해 관광산업의 발전과 국민의 복지 향상을 도모하고자 한다.

이러한 행정법적 성격은 관광법규가 관광행정의 법적 틀과 작용을 이해하며, 관광산업의 성장을 촉진하는 데 중요한 역할을 한다.

3) 관광법규의 구조

(1) 관광 고유 법규

관광활동과 직접적으로 관련된 법규로는 「관광기본법」, 「관광진흥법」, 「관광진흥개발기금법」, 「국제회의산업 육성에 관한 법률」, 「한국관광공사법」 등을 들 수 있다.

① 관광기본법

관광진흥의 방향과 시책에 관한 사항을 규정함으로써 국제친선을 증진하고 국민경제와 국민복지를 향상시키며 건전한 국민관광의 발전을 도모하는 것을 목적으로 함

② 관광진흥법

관광 여건을 조성하고 관광자원을 개발하며 관광사업을 육성하여 관광 진흥에 이바지하는 것을 목적으로 함

③ 관광진흥개발기금법

관광사업을 효율적으로 발전시키고 관광을 통한 외화 수입의 증대에 이바지하기 위하여 관광진흥개발기금을 설치하는 것을 목적으로 함

④ 국제회의산업 육성에 관한 법률

국제회의의 유치를 촉진하고 그 원활한 개최를 지원하여 국제회의산업을 육성 · 진흥함으로써 관광사업의 발전과 국민경제의 향상 등에 이바지함을 목적으로 함

⑤ 한국관광공사법

정부투자기관으로서 한국관광공사를 설립하여 관광진흥, 관광자원 개발, 관광사업의 연구 · 개발 및 관광 관련 전문인력의 양성 · 훈련에 관한 사업을 수행하게 함으로써 국가경제 발전과 국민복지 증진에 이바지함을 목적으로 함

(2) 관광 관련 법규

관광 관련 법규는 관광활동을 간접적으로 보호 · 촉진하는 데 필요한 법으로, 크게 행위제한에 관한 법규(출입국관련법과 숙박 · 외식관련법), 관광시설관련법, 관광개발관련법, 관광자원보존과 관리관련법, 교통 · 운수관련법 등으로 나눌 수 있다.

2. 관광기본법과 관광진흥법의 이해

1) 관광기본법의 이해

1975년 2월, 정부는 관광사업의 중요성을 인식하고 관광사업을 국가전략산업 중 하나로 육성하기로 하였으며, 국민관광의 건전한 발전을 위해서는 관광의 양적 확대뿐만 아니라 질적인 충실을 함께 기하여야 한다는 판단 아래, 그 정책의 일환으로 관광기본법을 12월 31일, 법률 제 2877호로 제정했다.

관광기본법은 국가와 정부의 관광에 관한 책임과 의무를 규정하고 있으며, 일반 법률과는 다른 기본적인 법제도로서의 성격을 갖고 있다. 같은 일반 법률이면서도 관광분야의 다른 일반 법률에 대해 상위법적 성격을 갖고 있으며, 기본적인 규정 방향을 제시해 준다. 「관광기본법」은 16조와 부칙으로 되어 있다.

관광기본법은 관광진흥의 방향과 시책의 기본을 정한 법률로서 관광진흥의 방향과 시책의 기본을 규정함으로써 국제친선의 증진과 국민경제의 향상을 기하고 건전한 국민관광의 발전을 도모함을 목적으로 하는 법률이다.

① 관광진흥에 관한 정부의 시책과 이 시책수행을 위한 국가의 임무에 관하여 규정함.
② 정부는 국회에 매년 관광진흥에 관한 시책과 동향에 대한 보고를 하도록 함.
③ 정부는 관광진흥을 위하여 관광진흥개발기금을 설치하도록 함.

관광기본법의 주요시책을 살펴보면, 관광진흥계획의 수립, 외국 관광객의 유치, 관광 여건의 조성, 관광자원의 보호 등, 관광사업의 지도육성, 관광 종사자의 자질향상, 관광지의 지정 및 개발, 국민관광의 발전, 관광진흥개발기금, 국과관광전략회의 등을 들 수 있다.

또한 관광진흥에 관한 기본적이고 종합적인 시책을 강구하여야 하며, '기본적이고 종합적인 시책'을 실시하기 위해 법제상, 재정상, 기타행정상의 조치를 정부가 아닌 국가가 강구하도록 하고 있다. 이는 모든 정부시책을 구체적으로 실시하기 위해서는 필요에 따라 법을 만들거나 예산을 확보하거나 또는 세부적인 행정조치들을 취하여야 하기 때문에 이러한 일련의 조치들을 할 수 있도록 국가에 의무를 부과한 것이다. 이는 법제상의 조치 또는 재정상의 조치가 행정부 단독으로 결정하여 실행하기가 불가능하여 국회에서 입법을 하거나 예산을 의결해야 할 사항이 있기 때문에 행위주체를 입법부 · 사법부 · 행정부가 포함되는 넓은 의미의 정부인 국가로 확대한 것이다.

관광진흥에 관한 시책과 동향에 대한 보고서인 '관광동향에 관한 연차보고서'를 국회에 제출하도록 한 것은 국민의 대표기관인 국회에 대한 보고를 통해 주권자인 국민에게 알린다는 점에서 의미가 있으며 「국회법」 제4조에 의거 매년 9월 1일까지 국회에 제출해야 한다. 보고서 내용은 지난 한 해동안의 주요관광정책 성과, 관광환경의 변화, 국내 · 외 관광동향, 국민관광의 진흥 및 국제관광의 진흥, 관광자원개발, 관광사업육성, 관광교통발전, 관광관련기구와 활동, 지방자치단체의 관광진흥 등에 관한 실적 등 관광에 관한 모든 분야를 포함하고 있다.

2) 관광진흥법의 이해

관광진흥법을 이해하기 위해서는 관광사업법을 전제로 이해할 필요가 있다.

1976년 7월 1일, 기존의 관광사업진흥법을 폐지하고, 동법 중 관광사업의 육성과 규제에 관한 사항을 분리하여 종전의 잡다한 관광사업의 종류를 일부 통 · 폐합하며, 관광사업을 건전하게 지도 · 육성하기 위하여 필요한 사항을 규정하기 위하여 관광사업법을 제정 · 개정하였다.

1987년 7월 1일, 기존의 관광사업법을 관광여건의 조성과 진흥에 기여하기 위한 「관광진흥법」으로 그 제명을 변경하고 관광단지개발촉진법을 폐지하여 그 내용을 이 법에 흡수 · 통합하는 한편, 현행 규정상 불합리한 제도나 행정절차를 보완하기 위하여 제정하였다.

2008년 6월 5일 법률 제9097호로 일부 개정된 법률로 관광진흥을 위하여 관광자원을 개발하고 관광사업을 육성하는 데에 필요한 사항을 규정하고 있다.

「관광진흥법」은 총7장 86조 부칙으로 구성되어 있다.

관광진흥법은 임무법적 성격, 질서법적 성격, 영리보장법적 성격, 신뢰보장법적 성격 등의 고유의 특성을 가지고 있다. 관광진흥법은 관광활동이 원활하게 이루어지도록 관광여건을 조성하고 관광자원을 개발하며 관광사업을 육성함으로써 관광진흥에 이바지함을 목적으로 하는 법률이다.

관광진흥법의 최근 주요 일부개정과 그 이유를 몇 가지 살펴보도록 하자.

관광진흥법 최근 주요 일부개정과 그 이유

1) [시행 2023. 12. 21.] [법률 제19478호, 2023. 6. 20., 일부개정]

문화체육관광부장관과 지방자치단체의 장이 관광객의 유치, 관광복지의 증진 및 관광 진흥을 위하여 추진할 수 있는 사업에 주민 주도의 지역관광 활성화 사업을 추가할 수 있도록 하기 위하여 개정한다.

2) [시행 2023. 6. 22.] [법률 제19246호, 2023. 3. 21., 일부개정]

시 · 도지사가 지역별 관광협회의 수행 사업에 대한 사업비를 예산의 범위에서 지원할 수 있도록 하고, 구체적인 사항은 해당 지방자치단체의 조례로 정하도록 하여 지역 관광사업 활성화의 토대를 마련하는 한편, 고령자의 여행 및 관광 활동 권리를 증진하기 위하여 필요한 지원을 할 수 있도록 법적 근거를 마련하기 위하여 개정한다.

3) [시행 2022. 9. 27.] [법률 제18982호, 2022. 9. 27., 일부개정]

국제회의업은 관광사업의 진흥을 위한 고부가가치 전략산업으로서, 지역별로 특화된 산업과 문화를 바탕으로 활발하게 개최되고 있는 기업회의 등 다양한 형태의 행사를 포괄하는 산업으로 확장되고 있다. 이에 국제회의업이 관광사업의 진흥에 기여하는 산업임을 명확히 규정하고, 국제회의의 범주에 기업회의를 추가하는 등 국제회의업의 정의 규정을 보완하여 관련 산업을 육성하기 위한 근거를 마련하기 위하여 개정한다.

4) [시행 2023. 5. 4.] [법률 제18856호, 2022. 5. 3., 일부개정]

코로나바이러스감염증-19 등 행정환경 변화에 적극적으로 대응하고, 자치분권 확대를 통하여 지방자치단체의 특성에 맞는 정책결정과 행정서비스 제공을 촉진하기 위하여 종전에는 특별시장 · 광역시장 · 도지사 등 시 · 도지사에게만 부여되었던 관광특구의 지정 권한을 인구 100만 이상의 대도시의 경우에는 그 대도시의 장에게도 부여하는 등 「지방자치분권 및 지방행정체제개편에 관한 특별법」에 따른 자치분권위원회가 지방자치단체에 이양하기로 심의 · 의결한 권한과 사무를 조속히 이양할 필요가 있다.

이에 인구 100만 이상 대도시에 대한 특례를 마련하여 관광특구의 지정, 지정취소, 면적조정, 개선권고 등의 사무 권한을 인구 100만 이상의 대도시인 특례시의 시장에게 부여하도록 규정하려는 것이다.

3. 관광사업의 종류

1) 관광사업의 정의

"관광사업"은 관광객을 대상으로 운송, 숙박, 음식, 운동, 오락, 휴양 또는 용역을 제공하거나 그 밖에 관광과 연관된 시설을 마련하여 그를 활용하게 하는 업을 나타낸다. 이는 여행자나 운송시설, 숙박시설, 그리고 기타 여행과 관련된 시설을 운영하는 자들을 위해 해당 시설의 이용 알선이나 계약 체결의 대리, 여행 안내, 그 외의 여행 편의를 제공하는 사업 활동을 종합적으로 의미한다.

2) 관광사업의 종류

관광사업의 종류에 대해 간략히 알아보고자 한다.

(1) 여행업

여행업은 여행자 또는 운송시설 · 숙박시설, 그 밖에 여행에 딸리는 시설의 경영자 등을 위하여 그 시설 이용 알선이나 계약 체결의 대리, 여행에 관한 안내, 그 밖의 여행 편의를 제공하는 업이다. 여행업은 관광산업 발전의 동맥과 같은 위치에 있는 것으로서 우리나라 여행업의 종류에는 종합여행업과 국내외여행업 그리고 국내여행업의 3종으로 분류되어 있다.

- 종합여행업 : 국내외를 여행하는 내국인 및 외국인을 대상으로 하는 여행업으로 사증(査證)을 받는 절차를 대행하는 행위를 포함한다.
- 국내외여행업 : 국내외를 여행하는 내국인을 대상으로 하는 여행업으로, 이 역시 사증을 받는 절차를 대행하는 행위를 포함한다.
- 국내여행업 : 국내를 여행하는 내국인을 대상으로 하는 여행업이다.

(2) 관광숙박업

관광숙박업은 관광객을 대상으로 하는 숙박업으로, 호텔업과 휴양콘도미니엄업으로 구분되어 있다.

- **호텔업** : 관광객의 숙박에 적합한 시설을 갖추어 이를 관광객에게 제공하거나 숙박에 딸리는 음식 · 운동 · 오락 · 휴양 · 공연 또는 연수에 적합한 시설 등을 함께 갖추어 이를 이용하게 하는 업으로, 관광호텔업, 수상관광호텔업, 한국전통호텔업, 가족호텔업, 호스텔업, 소형호텔업, 의료관광호텔업으로 구성되어 있다.
- **휴양 콘도미니엄업** : 관광객의 숙박과 취사에 적합한 시설을 갖추어 이를 그 시설의 회원이나 공유자, 그 밖의 관광객에게 제공하거나 숙박에 딸리는 음식 · 운동 · 오락 · 휴양 · 공연 또는 연수에 적합한 시설 등을 함께 갖추어 이를 이용하게 하는 업이다.

(3) 관광객 이용시설업

관광객이용시설업은 관광객을 위하여 음식 · 운동 · 오락 · 휴양 · 문화 · 예술 또는 레저 등에 적합한 시설을 갖추어 이를 관광객에게 이용하게 하는 업이다. 전문휴양업, 종합휴양업(제1종 종합휴양업, 제종 종합휴양업), 야영장업(일반야영장업, 자동차야영장업), 관광유람선업(일반관광유람선업, 크루즈업), 관광공연장업, 외국인관광 도시민박업, 한옥체험업 등이 있다.

(4) 국제회의업

국제회의업은 대규모 관광 수요를 유발하는 국제회의(세미나 · 토론회 · 전시회 등을 포함)를 개최할 수 있는 시설을 설치 · 운영하거나 국제회의의 계획 · 준비 · 진행 등의 업무를 위탁받아 대행하는 업으로, 국제회의시설업과 국제회의기획업으로 구분되어 있다.

- **국제회의시설업** : 대규모 관광수요를 유발하는 국제회의를 개최할 수 있는 시설을 설치하여 운영하는 업

■ **국제회의기획업** : 대규모 관광수요를 유발하는 국제회의의 계획 · 준비 · 진행 등의 업무를 위탁받아 대행하는 업

국제회의업을 경영하려는 자는 특별자치시장, 특별자치도지사, 시장, 군수, 구청장에게 등록하여야 한다. 또한, 등록을 하려는 자는 대통령령으로 정하는 자본금, 시설 및 설비 등을 갖추어야 한다. 등록한 사항 중 대통령령으로 정하는 중요 사항을 변경하려면 변경등록을 하여야 한다. 따라서, 국제회의업은 관광객의 여행 경험을 향상시키고, 관광산업의 발전을 촉진하는 데 중요한 역할을 한다.

(5) 카지노업

카지노업은 전문영업장을 갖추고 주사위, 트럼프, 슬롯머신 등 특정한 기구 등을 이용하여 우연의 결과에 따라 특정인에게 재산상의 이익을 주고 다른 참가자에게 손실을 주는 행위 등을 하는 업으로 정의된다.

우리나라 카지노는 카지노업 허용을 통해 외국인 관광객을 유치하고 외화수입을 확대하는 등 관광산업 진작의 일환으로 도입되었다. 또한, 한국 카지노업은 지역경제를 부흥하며 양질의 일자리를 창출하는 등 관광진흥과 국가 경제의 발전에 이바지하는 관광산업이다.

세계적인 카지노 추세는 복합리조트 형태의 카지노로 가고 있으나 우리나라는 호텔에 부속된 단순한 영업형태로 영세성을 벗어나지 못하고 있는 실정이었다. 한국카지노업관광협회는 국내 카지노 영업장 전체 각종 기금 총액 4,200억 원, 매출액 대비 기금 기여율(전체) 14%, 관광진흥개발기금 (매출액의 10% 이내) 2,942 억 원, 폐광지역개발기금 이익금 25%(법인세 차감 전, 강원랜드) 1,248억 원, 중독예방치유부담금 카지노매출의 0.35%(강원랜드) 53억 원 등의 사회적 책임의 실적을 보여주고 있습니다. 또한, 문화체육관광부는 세계적 추세에 맞춰 외국인 투자 유치를 촉진하고, 해당 지역의 대규모 개발을 유도하기 위하여 복합리조트 조성을 추진하고 있다.

(6) 유원시설업

유원시설업은 유기시설(遊技施設)이나 유기기구(遊技機具)를 갖추어 이를 관광객에게 이용하게 하는 업(다른 영업을 경영하면서 관광객의 유치 또는 광고 등을 목적으로 유기시설이나 유기기구를 설치하여 이를 이용하게 하는 경우를 포함)으로, 종합유원시설업, 일반유원시설업, 기타유원시설업으로 구분된다.

- **종합유원시설업** : 유기시설이나 유기기구를 갖추어 관광객에게 이용하게 하는 업으로서 대규모의 대지 또는 실내에서 안전성검사 대상 유기시설 또는 유기기구 여섯 종류 이상을 설치하여 운영하는 업
- **일반유원시설업** : 유기시설이나 유기기구를 갖추어 관광객에게 이용하게 하는 업으로서 안전성검사 대상 유기시설 또는 유기기구 한 종류 이상을 설치하여 운영하는 업
- **기타유원시설업** : 유기시설이나 유기기구를 갖추어 관광객에게 이용하게 하는 업으로서 안전성검사 대상이 아닌 유기시설 또는 유기기구를 설치하여 운영하는 업

(7) 관광편의시설업

관광 편의시설업은 앞에서 언급된 관광사업 외에 관광 진흥에 이바지할 수 있다고 인정되는 사업이나 시설 등을 운영하는 업이다.

2019년 이후, 관광지원서비스업이 신설되어 관광연관 업종을 종합적으로 지원하고 있다. 또한, 2020년부터는 한옥체험업이 관광편의시설업에서 관광객이용시설업으로 변경되었다. 현재(2021년 12월 말 기준), [관광진흥법]으로 지정된 관광편의시설업은 총 12가지로, 이에 포함된 업체 수는 3,462개소이다.

관광편의시설업은 여행업, 관광숙박업, 관광객이용시설업, 국제회의용역업을 제외한 여러 사업 및 시설을 포함하며, 이들은 지정제도를 통해 [관광진흥법시행규칙]에 따라 시 · 도지사, 시장 · 군수 · 구청장, 또는 지역별 관광협회에서 지정되어 영업하고 있다. 이들 업체는 '관광 편의시설업 지정증'을 받아 영업소 내에 게시하도록 규정되어 있다.

관광편의시설업의 종류는 관광유흥음식점업, 관광극장유흥업, 외국인전용 유흥음식점업, 관광식당업, 관광순환버스업, 관광사진업, 여객자동차터미널시설업, 관광펜션업, 관광궤도업, 관광면세업, 관광지원서비스업 등으로 구분되어 있다.

관계법령

관광진흥법 시행규칙 [별표 1] 관광사업의 등록기준

1. 여행업
   가. 종합여행업
      (1) 자본금(개인의 경우에는 자산평가액) : 5천만 원 이상일 것
      (2) 사무실 : 소유권이나 사용권이 있을 것
   나. 국내외여행업
      (1) 자본금(개인의 경우에는 자산평가액): 3천만 원 이상일 것
      (2) 사무실 : 소유권이나 사용권이 있을 것
   다. 국내여행업
      (1) 자본금(개인의 경우에는 자산평가액) : 1천500만 원 이상일 것
      (2) 사무실 : 소유권이나 사용권이 있을 것
2. 호텔업
   가. 관광호텔업
      (1) 욕실이나 샤워시설을 갖춘 객실을 30실 이상 갖추고 있을 것
      (2) 외국인에게 서비스를 제공할 수 있는 체제를 갖추고 있을 것
      (3) 대지 및 건물의 소유권 또는 사용권을 확보하고 있을 것. 다만, 회원을 모집하는 경우에는 소유권을 확보하여야 한다.
   나. 수상관광호텔업
      (1) 수상관광호텔이 위치하는 수면은 「공유수면 관리 및 매립에 관한 법률」 또는 「하천법」에 따라 관리청으로부터 점용허가를 받을 것
      (2) 욕실이나 샤워시설을 갖춘 객실이 30실 이상일 것
      (3) 외국인에게 서비스를 제공할 수 있는 체제를 갖추고 있을 것
      (4) 수상오염을 방지하기 위한 오수 저장 · 처리시설과 폐기물처리시설을 갖추고 있을 것

(5) 구조물 및 선박의 소유권 또는 사용권을 확보하고 있을 것. 다만, 회원을 모집하는 경우에는 소유권을 확보하여야 한다.

다. 한국전통호텔업

(1) 건축물의 외관은 전통가옥의 형태를 갖추고 있을 것

(2) 이용자의 불편이 없도록 욕실이나 샤워시설을 갖추고 있을 것

(3) 외국인에게 서비스를 제공할 수 있는 체제를 갖추고 있을 것

(4) 대지 및 건물의 소유권 또는 사용권을 확보하고 있을 것. 다만, 회원을 모집하는 경우에는 소유권을 확보하여야 한다.

라. 가족호텔업

(1) 가족단위 관광객이 이용할 수 있는 취사시설이 객실별로 설치되어 있거나 층별로 공동취사장이 설치되어 있을 것

(2) 욕실이나 샤워시설을 갖춘 객실이 30실 이상일 것

(3) 객실별 면적이 19제곱미터 이상일 것

(4) 외국인에게 서비스를 제공할 수 있는 체제를 갖추고 있을 것

(5) 대지 및 건물의 소유권 또는 사용권을 확보하고 있을 것. 다만, 회원을 모집하는 경우에는 소유권을 확보하여야 한다.

마. 호스텔업

(1) 배낭여행객 등 개별 관광객의 숙박에 적합한 객실을 갖추고 있을 것

(2) 이용자의 불편이 없도록 화장실, 샤워장, 취사장 등의 편의시설을 갖추고 있을 것. 다만, 이러한 편의시설은 공동으로 이용하게 할 수 있다.

(3) 외국인 및 내국인 관광객에게 서비스를 제공할 수 있는 문화 · 정보 교류시설을 갖추고 있을 것

(4) 대지 및 건물의 소유권 또는 사용권을 확보하고 있을 것

바. 소형호텔업

(1) 욕실이나 샤워시설을 갖춘 객실을 20실 이상 30실 미만으로 갖추고 있을 것

(2) 부대시설의 면적 합계가 건축 연면적의 50퍼센트 이하일 것

(3) 두 종류 이상의 부대시설을 갖출 것. 다만, 「식품위생법 시행령」 제21조제8호다목에 따른 단란주점영업, 같은 호 라목에 따른 유흥주점영업 및 「사행행위 등 규제 및 처벌 특례법」 제2조제1호에 따른 사행행위를 위한 시설은 둘 수 없다.

(4) 조식 제공, 외국어 구사인력 고용 등 외국인에게 서비스를 제공할 수 있는 체제를 갖추고 있을 것

(5) 대지 및 건물의 소유권 또는 사용권을 확보하고 있을 것. 다만, 회원을 모집하는 경우에는 소유권을 확보하여야 한다.

사. 의료관광호텔업

(1) 의료관광객이 이용할 수 있는 취사시설이 객실별로 설치되어 있거나 층별로 공동취사장이 설치되어 있을 것

(2) 욕실이나 샤워시설을 갖춘 객실이 20실 이상일 것

(3) 객실별 면적이 19제곱미터 이상일 것

(4) 「교육환경 보호에 관한 법률」 제9조제13호 · 제22호 · 제23호 및 제26호에 따른 영업이 이루어지는 시설을 부대시설로 두지 않을 것

(5) 의료관광객의 출입이 편리한 체계를 갖추고 있을 것

(6) 외국어 구사인력 고용 등 외국인에게 서비스를 제공할 수 있는 체제를 갖추고 있을 것

(7) 의료관광호텔 시설(의료관광호텔의 부대시설로 「의료법」 제3조제1항에 따른 의료기관을 설치할 경우에는 그 의료기관을 제외한 시설을 말한다)은 의료기관 시설과 분리될 것. 이 경우 분리에 관하여 필요한 사항은 문화체육관광부장관이 정하여 고시한다.

(8) 대지 및 건물의 소유권 또는 사용권을 확보하고 있을 것

(9) 의료관광호텔업을 등록하려는 자가 다음의 구분에 따른 요건을 충족하는 외국인환자 유치 의료기관의 개설자 또는 유치업자일 것

(가) 외국인환자 유치 의료기관의 개설자

1) 「의료 해외진출 및 외국인환자 유치 지원에 관한 법률」 제11조에 따라 보건복지부장관에게 보고한 사업실적에 근거하여 산정할 경우 전년도(등록신청일이 속한 연도의 전년도를 말한다. 이하 같다)의 연환자수(외국인환자 유치 의료기관이 2개 이상인 경우에는 각 외국인환자 유치 의료기관의 연환자수를 합산한 결과를 말한다. 이하 같다) 또는 등록신청일 기준으로 직전 1년간의 연환자수가 500명을 초과할 것. 다만 외국인환자 유치 의료기관 중 1개 이상이 서울특별시에 있는 경우에는 연환자수가 3,000명을 초과하여야 한다.

2)「의료법」 제33조제2항제3호에 따른 의료법인인 경우에는 1)의 요건을 충족하면서 다른 외국인환자 유치 의료기관의 개설자 또는 유치업자와 공동으로 등록하지 아니할 것

3) 외국인환자 유치 의료기관의 개설자가 설립을 위한 출연재산의 100분의 30 이상을 출연한 경우로서 최다출연자가 되는 비영리법인(외국인환자 유치 의료기관의 개설자인 경우로 한정한다)이 1)의 기준을 충족하지 아니하는 경우에는 그 최다출연자인 외국인환자 유치 의료기관의 개설자가 1)의 기준을 충족할 것

(나) 유치업자

1)「의료 해외진출 및 외국인환자 유치 지원에 관한 법률」 제11조에 따라 보건복지부장관에게 보고한 사업실적에 근거하여 산정할 경우 전년도의 실환자수(둘 이상의 유치업자가 공동으로 등록하는 경우에는 실환자수를 합산한 결과를 말한다. 이하 같다) 또는 등록신청일 기준으로 직전 1년간의 실환자수가 200명을 초과할 것

2) 외국인환자 유치 의료기관의 개설자가 100분의 30 이상의 지분 또는 주식을 보유하면서 최대출자자가 되는 법인(유치업자인 경우로 한정한다)이 1)의 기준을 충족하지 아니하는 경우에는 그 최대출자자인 외국인환자 유치 의료기관의 개설자가 (가)1)의 기준을 충족할 것

3. 휴양콘도미니엄업

가. 객실

(1) 같은 단지 안에 객실이 30실 이상일 것. 다만, 2016년 7월 1일부터 2018년 6월 30일까지 제3조제1항에 따라 등록 신청하는 경우에는 20실 이상으로 한다.

(2) 관광객의 취사 · 체류 및 숙박에 필요한 설비를 갖추고 있을 것. 다만, 객실 밖에 관광객이 이용할 수 있는 공동취사장 등 취사시설을 갖춘 경우에는 총 객실의 30퍼센트(「국토의 계획 및 이용에 관한 법률」 제6조제1호에 따른 도시지역의 경우에는 총 객실의 30퍼센트 이하의 범위에서 조례로 정하는 비율이 있으면 그 비율을 말한다) 이하의 범위에서 객실에 취사시설을 갖추지 아니할 수 있다.

나. 매점 등

매점이나 간이매장이 있을 것. 다만, 여러 개의 동으로 단지를 구성할 경우에는 공동으로 설치할 수 있다.

다. 문화체육공간

공연장 · 전시관 · 미술관 · 박물관 · 수영장 · 테니스장 · 축구장 · 농구장, 그 밖에 관광객이 이용하기 적합한 문화체육공간을 1개소 이상 갖출 것. 다만, 수개의 동으로 단지를 구성할 경우에는 공동으로 설치할 수 있으며, 관광지 · 관광단지 또는 종합휴양업의 시설 안에 있는 휴양콘도미니엄의 경우에는 이를 설치하지 아니할 수 있다.

라. 대지 및 건물의 소유권 또는 사용권을 확보하고 있을 것. 다만, 분양 또는 회원을 모집하는 경우에는 소유권을 확보하여야 한다.

4. 관광객이용시설업

가. 전문휴양업

(1) 공통기준

(가) 숙박시설이나 음식점시설이 있을 것

(나) 주차시설 · 급수시설 · 공중화장실 등의 편의시설과 휴게시설이 있을 것

(2) 개별기준

(가) 민속촌

한국고유의 건축물(초가집 및 기와집)이 20동 이상으로서 각 건물에는 전래되어 온 생활도구가 갖추어져 있거나 한국 또는 외국의 고유문화를 소개할 수 있는 축소된 건축물 모형 50점 이상이 적정한 장소에 배치되어 있을 것

(나) 해수욕장

1) 수영을 하기에 적합한 조건을 갖춘 해변이 있을 것

2) 수용인원에 적합한 간이목욕시설 · 탈의장이 있을 것

3) 인명구조용 구명보트 · 감시탑 및 응급처리시 설비 등의 시설이 있을 것

4) 담수욕장을 갖추고 있을 것

5) 인명구조원을 배치하고 있을 것

(다) 수렵장

「야생생물 보호 및 관리에 관한 법률」에 따른 시설을 갖추고 있을 것

(라) 동물원

1) 「박물관 및 미술관 진흥법 시행령」 별표 2에 따른 시설을 갖추고 있을 것

2) 삭제 〈2019. 4. 9.〉

(마) 식물원

1) 「박물관 및 미술관 진흥법 시행령」 별표 2에 따른 시설을 갖추고 있을 것

2) 온실면적은 2,000제곱미터 이상일 것

3) 식물종류는 1,000종 이상일 것

(바) 수족관

1) 「박물관 및 미술관 진흥법 시행령」 별표 2에 따른 시설을 갖추고 있을 것

2) 건축연면적은 2,000제곱미터 이상일 것

3) 어종(어류가 아닌 것은 제외한다)은 100종 이상일 것

4) 삭제 〈2016.3.22.〉

(사) 온천장

1) 온천수를 이용한 대중목욕시설이 있을 것

2) 삭제 〈2016.3.22.〉

3) 정구장 · 탁구장 · 볼링장 · 활터 · 미니골프장 · 배드민턴장 · 롤러스케이트장 · 보트장 등의 레크리에이션 시설 중 두 종류 이상의 시설을 갖추거나 제2조제5호에 따른 유원시설업 시설이 있을 것

(아) 동굴자원

관광객이 관람할 수 있는 천연동굴이 있고 편리하게 관람할 수 있는 시설이 있을 것

(자) 수영장

「체육시설의 설치 · 이용에 관한 법률」 에 따른 신고 체육시설업 중 수영장시설을 갖추고 있을 것

(차) 농어촌휴양시설

1) 「농어촌정비법」에 따른 농어촌 관광휴양단지 또는 관광농원의 시설을 갖추고 있을 것

2) 관광객의 관람이나 휴식에 이용될 수 있는 특용작물 · 나무 등을 재배하거나 어류 · 희귀동물 등을 기르고 있을 것

3) 재배지 또는 양육장의 면적은 2천제곱미터 이상일 것

(카) 활공장

1) 활공을 할 수 있는 장소(이륙장 및 착륙장)가 있을 것

2) 인명구조원을 배치하고 응급처리를 할 수 있는 설비를 갖추고 있을 것

3) 행글라이더 · 패러글라이더 · 열기구 또는 초경량 비행기 등 두 종류 이상의 관광비행사업용 활공장비를 갖추고 있을 것

(타) 등록 및 신고 체육시설업 시설

「체육시설의 설치 · 이용에 관한 법률」에 따른 스키장 · 요트장 · 골프장 · 조정장 · 카누장 · 빙상장 · 자동차경주장 · 승마장 또는 종합체육시설 등 9종의 등록 및 신고 체육시설업에 해당되는 체육시설을 갖추고 있을 것

(파) 산림휴양시설

「산림문화 · 휴양에 관한 법률」에 따른 자연휴양림, 치유의 숲 또는 「수목원 · 정원의 조성 및 진흥에 관한 법률」에 따른 수목원의 시설을 갖추고 있을 것

(하) 박물관

「박물관 및 미술관 진흥법 시행령」 별표 2 제2호가목에 따른 종합박물관 또는 전문박물관의 시설을 갖추고 있을 것

(거) 미술관

「박물관 및 미술관 진흥법 시행령」 별표 2 제2호가목에 따른 미술관의 시설을 갖추고 있을 것

나. 종합휴양업의 등록기준

(1) 제1종 종합휴양업

숙박시설 또는 음식점시설을 갖추고 전문휴양시설 중 2종류 이상의 시설을 갖추고 있거나, 숙박시설 또는 음식점시설을 갖추고 전문휴양시설 중 한 종류 이상의 시설과 종합유원시설업의 시설을 갖추고 있을 것

(2) 제2종 종합휴양업

(가) 면적

단일부지로서 50만 제곱미터 이상일 것

(나) 시설

관광숙박업 등록에 필요한 시설과 제1종 종합휴양업 등록에 필요한 전문휴양시설 중 2종류 이상의 시설 또는 전문휴양시설 중 1종류 이상의 시설과 종합유원시설업의 시설을 함께 갖추고 있을 것

다. 야영장업

(1) 공통기준

(가) 침수, 유실, 고립, 산사태, 낙석의 우려가 없는 안전한 곳에 위치할 것

(나) 시설 배치도, 이용방법, 비상 시 행동 요령 등을 이용객이 잘 볼 수 있는 곳에 게시할 것

(다) 비상 시 긴급상황을 이용객에게 알릴 수 있는 시설 또는 장비를 갖출 것

(라) 야영장 규모를 고려하여 소화기를 적정하게 확보하고 눈에 띄기 쉬운 곳에 배치할 것

(마) 긴급 상황에 대비하여 야영장 내부 또는 외부에 대피소와 대피로를 확보할 것

(바) 비상시의 대응요령을 숙지하고 야영장이 개장되어 있는 시간에 상주하는 관리요원을 확보할 것

(사) 야영장 시설은 자연생태계 등의 원형이 최대한 보존될 수 있도록 토지의 형질변경을 최소화하여 설치할 것. 이 경우 야영장에 설치할 수 있는 야영장 시설의 종류에 관하여는 문화체육관광부령으로 정한다.

(아) 야영장에 설치되는 건축물(「건축법」 제2조제1항제2호에 따른 건축물을 말한다. 이하 이 목에서 같다)의 바닥면적 합계가 야영장 전체면적의 100분의 10 미만일 것. 다만, 「초 · 중등교육법」 제2조에 따른 학교로서 학생 수의 감소, 학교의 통폐합 등의 사유로 폐지된 학교의 교육활동에 사용되던 시설과 그 밖의 재산(이하 "폐교재산"이라 한다)을 활용하여 야영장업을 하려는 경우(기존 폐교재산의 부지면적 증가가 없는 경우만 해당한다)는 그렇지 않다.

(자) (아)에도 불구하고 「국토의 계획 및 이용에 관한 법률」 제36조제1항제2호가목에 따른 보전관리지역 또는 같은 법 시행령 제30조제4호가목에 따른 보전녹지지역에 야영장을 설치하는 경우에는 다음의 요건을 모두 갖출 것. 다만, 폐교재산을 활용하여 야영장업을 하려는 경우(기존 폐교재산의 부지면적 증가가 없는 경우만 해당한다)로서 건축물의 신축 또는 증축을 하지 않고 야영장 입구까지 진입하는 도로의 신설 또는 확장이 없는 때에는 1) 및 2)의 기준을 적용하지 않는다.

1) 야영장 전체면적이 1만제곱미터 미만일 것

2) 야영장에 설치되는 건축물의 바닥면적 합계가 300제곱미터 미만이고, 야영장 전체면적의 100분의 10 미만일 것

3) 「하수도법」 제15조제1항에 따른 배수구역 안에 위치한 야영장은 같은 법 제27조에 따라 공공하수도의 사용이 개시된 때에는 그 배수구

역의 하수를 공공하수도에 유입시킬 것. 다만, 「하수도법」 제28조에 해당하는 경우에는 그렇지 않다.

4) 야영장 경계에 조경녹지를 조성하는 등의 방법으로 자연환경 및 경관에 대한 영향을 최소화할 것

5) 야영장으로 인한 비탈면 붕괴, 토사 유출 등의 피해가 발생하지 않도록 할 것

(2) 개별기준

(가) 일반야영장업

1) 야영용 천막을 칠 수 있는 공간은 천막 1개당 15제곱미터 이상을 확보할 것

2) 야영에 불편이 없도록 하수도 시설 및 화장실을 갖출 것

3) 긴급상황 발생 시 이용객을 이송할 수 있는 차로를 확보할 것

(나) 자동차야영장업

1) 차량 1대당 50제곱미터 이상의 야영공간(차량을 주차하고 그 옆에 야영장비 등을 설치할 수 있는 공간을 말한다)을 확보할 것

2) 야영에 불편이 없도록 수용인원에 적합한 상 · 하수도 시설, 전기시설, 화장실 및 취사시설을 갖출 것

3) 야영장 입구까지 1차선 이상의 차로를 확보하고, 1차선 차로를 확보한 경우에는 적정한 곳에 차량의 교행(交行)이 가능한 공간을 확보할 것

(3) (1) 및 (2)의 기준에 관한 특례

(가) (1) 및 (2)에도 불구하고 다음 1) 및 2)의 요건을 모두 충족하는 야영장업을 하려는 경우에는 (나) 및 (다)의 기준을 적용한다.

1) 「해수욕장의 이용 및 관리에 관한 법률」 제2조제1호에 따른 해수욕장이나 「국토의 계획 및 이용에 관한 법률 시행령」 제2조제1항제2호에 따른 유원지에서 연간 4개월 이내의 기간 동안만 야영장업을 하려는 경우

2) 야영장업의 등록을 위하여 토지의 형질을 변경하지 아니하는 경우

(나) 공통기준

1) 침수, 유실, 고립, 산사태, 낙석의 우려가 없는 안전한 곳에 위치할 것

2) 시설 배치도, 이용방법, 비상 시 행동 요령 등을 이용객이 잘 볼 수 있는 곳에 게시할 것

3) 비상 시 긴급상황을 이용객에게 알릴 수 있는 시설 또는 장비를 갖출 것

4) 야영장 규모를 고려하여 소화기를 적정하게 확보하고 눈에 띄기 쉬운 곳에 배치할 것

5) 긴급 상황에 대피할 수 있도록 대피로를 확보할 것

6) 비상 시 대응요령을 숙지하고 야영장이 개장되어 있는 시간에 상주하는 관리요원을 확보할 것

(다) 개별기준

1) 일반야영장업

가) 야영용 천막을 칠 수 있는 공간은 천막 1개당 15제곱미터 이상을 확보할 것

나) 야영에 불편이 없도록 하수도 시설 및 화장실의 이용이 가능할 것

다) 긴급상황 발생 시 이용객을 이송할 수 있는 차로를 확보할 것

2) 자동차야영장업

가) 차량 1대당 50제곱미터 이상의 야영공간(차량을 주차하고 그 옆에 야영장비 등을 설치할 수 있는 공간을 말한다)을 확보할 것

나) 야영에 불편이 없도록 상 · 하수도 시설, 전기시설, 화장실 및 취사시설의 이용이 가능할 것

다) 야영장 입구까지 1차선 이상의 차로를 확보하고, 1차선 차로를 확보한 경우에는 적정한 곳에 차량의 교행이 가능한 공간을 확보할 것

라. 관광유람선업

(1) 일반관광유람선업

(가) 구조

「선박안전법」에 따른 구조 및 설비를 갖춘 선박일 것

(나) 선상시설

이용객의 숙박 또는 휴식에 적합한 시설을 갖추고 있을 것

(다) 위생시설

수세식화장실과 냉 · 난방 설비를 갖추고 있을 것

(라) 편의시설

식당 · 매점 · 휴게실을 갖추고 있을 것

(마) 수질오염방지시설

수질요염을 방지하기 위한 오수 저장 · 처리시설과 폐기물처리시설을 갖추고 있을 것

(2) 크루즈업

(가) 일반관광유람선업에서 규정하고 있는 관광사업의 등록기준을 충족할 것

(나) 욕실이나 샤워시설을 갖춘 객실을 20실 이상 갖추고 있을 것

(다) 체육시설, 미용시설, 오락시설, 쇼핑시설 중 두 종류 이상의 시설을 갖추고 있을 것

마. 관광공연장업

(1) 설치장소

관광지 · 관광단지, 관광특구 또는 「지역문화진흥법」 제18조제1항에 따라 지정된 문화지구(같은 법 제18조제3항제3호에 따라 해당 영업 또는 시설의 설치를 금지하거나 제한하는 경우는 제외한다) 안에 있거나 이 법에 따른 관광사업 시설 안에 있을 것 다만, 실외관광공연장의 경우 법에 따른 관광숙박업, 관광객이용시설업 중 전문휴양업과 종합휴양업, 국제회의업, 유원시설업에 한한다.

(2) 시설기준

(가) 실내관광공연장

1) 70제곱미터 이상의 무대를 갖추고 있을 것

2) 출연자가 연습하거나 대기 또는 분장할 수 있는 공간을 갖추고 있을 것

3) 출입구는 「다중이용업소의 안전관리에 관한 특별법」에 따른 다중이용업소의 영업장에 설치하는 안전시설등의 설치기준에 적합할 것

4) 삭제 〈2011.3.30〉

5) 공연으로 인한 소음이 밖으로 전달되지 아니하도록 방음시설을 갖추고 있을 것

(나) 실외관광공연장

1) 70제곱미터 이상의 무대를 갖추고 있을 것

2) 남녀용으로 구분된 수세식 화장실을 갖추고 있을 것

(3) 일반음식점 영업허가

「식품위생법 시행령」 제21조에 따른 식품접객업 중 일반음식점 영업허가를 받을 것

바. 외국인관광 도시민박업

(1) 주택의 연면적이 230제곱미터 미만일 것

(2) 외국어 안내 서비스가 가능한 체제를 갖출 것

(3) 소화기를 1개 이상 구비하고, 객실마다 단독경보형 감지기 및 일산화탄소 경보기(난방설비를 개별난방 방식으로 설치한 경우만 해당한다)를 설치할 것

사. 한옥체험업

(1) 「한옥 등 건축자산의 진흥에 관한 법률」 제27조에 따라 국토교통부장관이 정하여 고시한 기준에 적합한 한옥일 것. 다만, 「문화재보호법」에 따라 문화재로 지정 · 등록된 한옥 및 「한옥 등 건축자산의 진흥에 관한 법률」 제10조에 따라 우수건축자산으로 등록된 한옥의 경우에는 그렇지 않다.

(2) 객실 및 편의시설 등 숙박 체험에 이용되는 공간의 연면적이 230제곱미터 미만일 것. 다만, 다음의 어느 하나에 해당하는 한옥의 경우에는 그렇지 않다.

(가) 「문화재보호법」에 따라 문화재로 지정 · 등록된 한옥

(나) 「한옥 등 건축자산의 진흥에 관한 법률」 제10조에 따라 우수건축자산으로 등록된 한옥

(다) 한옥마을의 한옥, 고택 등 특별자치시 · 특별자치도 · 시 · 군 · 구의 조례로 정하는 한옥

(3) 숙박 체험을 제공하는 경우에는 이용자의 불편이 없도록 욕실이나 샤워시설 등 편의시설을 갖출 것

(4) 객실 내부 또는 주변에 소화기를 1개 이상 비치하고, 숙박 체험을 제공하는 경우에는 객실마다 단독경보형 감지기 및 일산화탄소 경보기(난방설비를 개별난방 방식으로 설치한 경우만 해당한다)를 설치할 것

(5) 취사시설을 설치하는 경우에는 「도시가스사업법」, 「액화석유가스의 안전관리 및 사업법」, 「화재의 예방 및 안전관리에 관한 법률」, 「소방시설 설치 및 관리에 관한 법률」 및 그 밖의 관계 법령에서 정하는 기준에 적합하게 설치 · 관리할 것

(6) 수돗물(「수도법」 제3조제5호에 따른 수도 및 같은 조 제14호에 따른 소규모급수시설에서 공급되는 물을 말한다) 또는 「먹는물관리법」 제5조제3항에 따른 먹는물의 수질 기준에 적합한 먹는물 등을 공급할 수 있는 시설을 갖출 것

(7) 월 1회 이상 객실 · 접수대 · 로비시설 · 복도 · 계단 · 욕실 · 샤워시설 · 세면시설 및 화장실 등을 소독할 수 있는 체제를 갖출 것

(8) 객실 및 욕실 등을 수시로 청소하고, 침구류를 정기적으로 세탁할 수 있는 여건을 갖출 것

(9) 환기를 위한 시설을 갖출 것. 다만, 창문이 있어 자연적으로 환기가 가능한 경우에는 그렇지 않다.

(10) 욕실의 원수(原水)는 「공중위생관리법」 제4조제2항에 따른 목욕물의 수질기준에 적합할 것

(11) 한옥을 관리할 수 있는 관리자를 영업시간 동안 배치할 것

(12) 숙박 체험을 제공하는 경우에는 접수대 또는 홈페이지 등에 요금표를 게시하고, 게시된 요금을 준수할 것

5. 국제회의업

가. 국제회의시설업

(1) 「국제회의산업 육성에 관한 법률 시행령」 제3조에 따른 회의시설 및 전시시설의 요건을 갖추고 있을 것

(2) 국제회의개최 및 전시의 편의를 위하여 부대시설로 주차시설과 쇼핑 · 휴식시설을 갖추고 있을 것

나. 국제회의기획업

(1) 자본금 : 5천만 원 이상일 것

(2) 사무실 : 소유권이나 사용권이 있을 것

관광진흥법 시행규칙 제29조(카지노업의 시설기준 등)

① 법 제23조제1항에 따라 카지노업의 허가를 받으려는 자가 갖추어야 할 시설 및 기구의 기준은 다음 각 호와 같다. 〈개정 2008. 3. 6.〉

1. 330제곱미터 이상의 전용 영업장
2. 1개 이상의 외국환 환전소

3. 제35조제1항에 따른 카지노업의 영업종류 중 네 종류 이상의 영업을 할 수 있는 게임기구 및 시설

4. 문화체육관광부장관이 정하여 고시하는 기준에 적합한 카지노 전산시설

② 제1항제4호에 따른 기준에는 다음 각 호의 사항이 포함되어야 한다. 〈개정 2019. 10. 7.〉

1. 하드웨어의 성능 및 설치방법에 관한 사항
2. 네트워크의 구성에 관한 사항
3. 시스템의 가동 및 장애방지에 관한 사항
4. 시스템의 보안관리에 관한 사항
5. 환전관리 및 현금과 칩의 출납관리를 위한 소프트웨어에 관한 사항

관광진흥법 제21조

제21조(허가 요건 등) ① 문화체육관광부장관은 제5조제1항에 따른 카지노업(이하 "카지노업"이라 한다)의 허가신청을 받으면 다음 각 호의 .어느 하나에 해당하는 경우에만 허가할 수 있다. 〈개정 2008. 2. 29., 2008. 6. 5., 2018. 6. 12.〉

1. 국제공항이나 국제여객선터미널이 있는 특별시 · 광역시 · 특별자치시 · 도 · 특별자치도(이하 "시 · 도"라 한다)에 있거나 관광특구에 있는 관광숙박업 중 호텔업 시설(관광숙박업의 등급 중 최상 등급을 받은 시설만 해당하며, 시 · 도에 최상 등급의 시설이 없는 경우에는 그 다음 등급의 시설만 해당한다) 또는 대통령령으로 정하는 국제회의업 시설의 부대시설에서 카지노업을 하려는 경우로서 대통령령으로 정하는 요건에 맞는 경우
2. 우리나라와 외국을 왕래하는 여객선에서 카지노업을 하려는 경우로서 대통령령으로 정하는 요건에 맞는 경우

② 문화체육관광부장관이 공공의 안녕, 질서유지 또는 카지노업의 건전한 발전을 위하여 필요하다고 인정하면 대통령령으로 정하는 바에 따라 제1항에 따른 허가를 제한할 수 있다. 〈개정 2008. 2. 29.〉

제21조의2(허가의 공고 등) ① 문화체육관광부장관은 카지노업의 신규허가를 하려면 미리 다음 각 호의 사항을 정하여 공고하여야 한다.

1. 허가 대상지역
2. 허가 가능업체 수

3. 허가절차 및 허가방법
4. 세부 허가기준
5. 카지노업의 건전한 운영과 관광산업의 진흥을 위하여 문화체육관광부장관이 정하는 사항

② 문화체육관광부장관은 제1항에 따른 공고를 실시한 결과 적합한 자가 없을 경우에는 카지노업의 신규허가를 하지 아니할 수 있다. [본조신설 2016. 2. 3.]

관광진흥법 시행령 제27조

제27조(카지노업의 허가요건 등) ① 법 제21조제1항제1호에서 "대통령령으로 정하는 국제회의업 시설"이란 제2조제1항제4호가목의 국제회의시설업의 시설을 말한다.

② 법 제21조제1항에 따른 카지노업의 허가요건은 다음 각 호와 같다. 〈개정 2008. 2. 29., 2012. 11. 20., 2015. 8. 4.〉

1. 관광호텔업이나 국제회의시설업의 부대시설에서 카지노업을 하려는 경우
   가. 삭제 〈2015.8.4〉
   나. 외래관광객 유치계획 및 장기수지전망 등을 포함한 사업계획서가 적정할 것
   다. 나목에 규정된 사업계획의 수행에 필요한 재정능력이 있을 것
   라. 현금 및 칩의 관리 등 영업거래에 관한 내부통제방안이 수립되어 있을 것
   마. 그 밖에 카지노업의 건전한 운영과 관광산업의 진흥을 위하여 문화체육관광부장관이 공고하는 기준에 맞을 것
2. 우리나라와 외국 간을 왕래하는 여객선에서 카지노업을 하려는 경우
   가. 여객선이 2만톤급 이상으로 문화체육관광부장관이 공고하는 총톤수 이상일 것
   나. 삭제 〈2012.11.20〉
   다. 제1호나목부터 마목까지의 규정에 적합할 것

③ 문화체육관광부장관은 법 제21조제2항에 따라 최근 신규허가를 한 날 이후에 전국 단위의 외래관광객이 60만 명 이상 증가한 경우에만 신규허가를 할 수 있되, 다음 각 호의 사항을 고려하여 그 증가인원 60만 명당 2개 사업 이하의 범위에서 할 수 있다. 〈개정 2008. 2. 29., 2015. 8. 4.〉

1. 전국 단위의 외래관광객 증가 추세 및 지역의 외래관광객 증가 추세
2. 카지노이용객의 증가 추세
3. 기존 카지노사업자의 총 수용능력
4. 기존 카지노사업자의 총 외화획득실적
5. 그 밖에 카지노업의 건전한 운영과 관광산업의 진흥을 위하여 필요한 사항

제4장

관광창업의 이해 I

04

제4장

관광창업의 이해 I

◇◇◇◇◇◇◇◇◇◇◇◇◇◇◇◇◇◇

학습성과

1. 창업교육의 중요성에 대해 설명할 수 있다.
2. 창업교육의 사례에 대해 설명할 수 있다.
3. 창업교육의 사례에 대해 설명할 수 있다.

창업, 꿈꿔온 아이디어를 실현시키는 기대감과 그에 따른 결과를 온전히 감당해야 하는 부담감과 막상 도전하기에는 불확실한 미래에 대한 두려움을 가지고 있다. 여기 여러분의 꿈을 응원하고 동행하는 이들이 있다. 창업진흥원, 캠퍼스 타운 사업, 청년 사관학교와 같은 여러 기관에서 새롭게 도전하는 여러분을 지원한다. 그 중 창업진흥원은 창업 생태계를 구축하여 누구든 자신의 꿈을 펼칠 수 있는 자생하는 사회를 만들기 위해 다양한 프로그램들을 제공하고 있다. 청소년, 예비창업자, 재창업자들에게 맞춤형 창업 교육을 실시하고 예비, 초기. 도약으로 이루어지는 지원 체계를 구축하여 예비창업자를 발굴, 육성하고 각자의 우수한 아이디어를 학습해 사업화를 지원한다. 또한 입지 구축을 위한 솔루션을 제공하여 해외 진출까지 함께 도모한다. 각종 대회를 통해 꿈을 현실로 만들 수 있도록 지원한다.

1. 창업의 중요성

1) 창업교육의 개념

창업교육이란 새로운 사업을 시작하고 성공하기 위해 필요한 지식과 기술, 태도와 정신을 배우는 교육이다. 대학의 창업교육은 개인에게 창업 동기를 부여하고 새로운 기술의 발견과 발명을 통한 창업 촉진, 혁신, 중소 및 벤처기업의 성공 여부에 영향을 미치는 창업 관련 지식을 전달함으로써 국가경제와 지역경제의 성장에 핵심적인 역할을 한다. 특히 미국에서는 1947년 마일즈 메이스 교수의 창업 강의를 시작으로 창업 교육이 점차 중요성을 확산시켜 현재는 독립적인 학문 분야로 자리잡고 있다.

한편, 우리나라는 90년대 중반부터 창업교육을 활성화하였으며 IMF 경험, 퇴직자 증가, 취업난 등의 사회적 변화로 창업이 취업의 대안으로 인식되면서 창업교육 수요가 증가했다. 이러한 환경에서 우리나라의 창업교육은 예비 창업자 중심으로 발전하면서 하나의 학문적 영역으로 성장하였다. 다수의 대학들이 창업교육 수요를 반영하여 창업 관련 과목을 신속하게 개설하고 있으며, 일부 대학은 창업관련 학과나 창업대학원을 설치하여 세부 전공 및 석사, 박사 과정을 운영하고 있다. 현재 창업학은 독립적인 학문으로서의 영역을 구축하고 있는 시점이다.

2) 체계적인 창업교육의 부재

한국의 창업 교육은 역사적으로 짧고 교육과정의 부족, 교수 인력 및 방법, 교재 개발 등에서 한계를 겪고 있다. 미국은 1960년대 말부터 대학에서 창업 교과과정을 개설하여 실리콘 벨리를 비롯한 지역에서 수많은 벤처 기업과 중소창업기업이 성공적으로 발전했다. 반면 한국은 1997년의 '벤처기업육성에 관한 특별조치법' 이후에 창업의 양적 확대가 이루어졌으며, 2000년 후반에는 정부의 다양한 창업 지원으로 급속한 양적 증가를 보였다.

그러나 이러한 급속한 창업 확대는 부실한 창업 기업을 육성할 우려가 있어 장기적으로 창업의 활성화를 저해하는 문제가 발생할 수 있다. 이에 따라 현재 창업이 활성화되어 있는 상황에서 앞으로의 창업가들을 위해 가장 필요한 부분은 창업 교육이다. 특히 대학의 창업 교육은 학생들에게 기업가정신을 함양하고 창업에 필요한 계획 및 창업 기업 운영을 위한 기술을 배양하는 역할이 중요하다.

따라서 창업의 능력을 키우기 위해서는 대학에서 창업 교육의 범위와 내용을 체계적으로 이해하고, 교육 프로그램을 설계하여 학생들에게 창업 관련 지식과 기술을 제공하는 것이 필요하다.

3) 창업교육의 필요성

창업교육은 경제적 측면뿐만 아니라 사회적 측면과 관광산업 측면에서도 필요하고 유용하다. 창업 교육은 현대 사회에서 매우 중요한 역할을 수행하고 있다. 이는 다양한 측면에서 중요하게 작용하는데, 상세한 내용은 다음과 같다.

창업을 통한 새로운 기업의 등장은 경제에 활력을 불어넣는다. 창업 기업들은 혁신적인 제품과 서비스를 개발하며 시장에 새로운 가치를 제공할 수 있다. 이는 경제 구조를 다양화시키고, 더 나은 경쟁 환경을 조성한다. 또한, 새로운 기업은 일자리 창출과 경제 성장을 촉진할 수 있어 경제적 측면에서 아주 중요한 역할을 갖는다. 이러한 배경에서 우리나라는 규제 완화와 우호적인 투자환경 조성을 통해 창업을 지원하고 있다. 특히 1인 기업, 1인 지식 기업, 1인 창조기업 등 풀뿌리 경제의 활성화를 위한 지원책도 마련되고 있다.

그러나 창업의 기초가 튼실하지 않으면 창업 활성화와 지원책은 부작용을 야기할 수 있다. 준비되지 않은 창업으로 인한 실패는 창업자 개인에게는 인생 실패의 부담을 주며, 국가 경제적으로는 사회적 비용을 발생시킨다. 이러한 상황에서 창업교육은 규모를 떠나 장사가 아닌 사업화의 관점에서 창업을 이해하고, 체계적인 교육을 통해 잠재적 창업가의 육성이 매우 중요하다.

특히 대학이 창업교육의 주체가 되어 체계적인 교육을 실시한다면 잠재적인 창업가를 육성하고 관련 학문의 발전을 꾀할 수 있다. 창업교육은 창업의 저변을 확대하고 창업을 촉진함으로써 우리나라의 경제적 기초를 강화하는데 기여할 것으로 기대된다. 이를 통해 안정적이고 지속적인 창업 활동이 가능한 환경을 조성하고, 국가 경제의 발전을 촉진할 수 있을 것이다.

다음으로는 사회적 측면의 중요성이다. 창업은 사회적인 문제를 해결하고, 지역사회에 긍정적인 영향을 끼칠 수 있다. 예를 들어, 지역사회의 문제를 해결하기 위한 솔루션을 제공하거나 지역 경제를 활성화하는 역할을 할 수 있다. 또한, 창업은 다양성과 포용성을 촉진시킬 수 있다. 다양한 배경과 역량을 갖춘 창업자들은 다양한 아이디어를 가져와 사회에 혜택을 주는데 기여할 수 있다. 우선, 창업교육은 '사회 인프라' 로 간주되며, 이는 창업이 사회 전체의 발전에 기여하는 중요한 부분임을 의미한다. 대학의 창업교육은 단순히 개인적인 경험만을 강조하는 것이 아니라, 창업을 통해 직업을 찾아가는 과정으로도 인식되고 이해되어야 한다.

창업선진국에서는 많은 기업들이 창업 경험을 자산으로 인정하고, 이로 인해 창업에 실패한 경험이 더 많은 사람들에게 높은 선호도가 주어진다. 이러한 경향은 창업과 취업이 상호 연계되고, 취업에서 다시 창업으로 이어지는 유기적인 경로를 형성하고 있다. 기업들은 창업 경험자의 열정과 창의성을 중요하게 평가하며, 학생들은 실패와 재충전의 기회를 통해 성장할 수 있다.

또한, 100세 시대를 맞아 일자리 창출은 개인 차원뿐만 아니라 국가 차원에서도 중요한 과제로 인식되고 있다. 이러한 맥락에서 창업은 개인적인 가치 창출뿐만 아니라 국가 전체의 경제적 발전을 위한 핵심 수단으로 인식되고 있다.

결과적으로, 사회적 측면에서의 창업교육은 개인의 경험뿐만 아니라 사회 전체에 긍정적인 파급효과를 가져올 수 있는 중요한 교육과정으로 간주되고 있다. 이는 창업자와 기업, 그리고 사회가 상호 협력하여 발전할 수 있는 지속 가능한 경제를 형성하는 데에 큰 역할을 할 것으로 기대된다.

다음으로, 창업은 기술과 혁신을 촉진한다. 새로운 기술의 개발과 적용은 산업의 발전을 이끌며, 이는 국가의 기술 역량 강화로 이어진다. 창업자들은 문제에 대한 창의적이고 혁신적인 해결책을 찾는 능력을 키우며, 이는 산업 전반에 긍정적인 파급효과를 미친다.

창업은 새로운 기업을 성공적으로 운영하기 위해 다양한 전문가와 인력을 필요로 하기 때문에 일자리 창출과 경제 활성화에 지대한 영향을 미치게 된다. 따라서 창업 활동은 일자리 창출에 기여하며, 이는 노동 시장의 활성화에 도움이 된다. 성공적인 창업은 소비와 투자를 촉진하여 지역 경제를 활성화시키는 역할을 한다.

창업 교육은 교육체계의 발전과 인재양성의 부분에서도, 학문적으로도 중요한 분야로 자리매김하고 있다. 학생들에게 창업가로서의 마인드셋과 필수적인 기술, 지식을 제공하여 현장에서 활동할 수 있는 능력을 배양해야 한다.

대학이 체계적인 창업 교육을 실시하면, 잠재적인 창업가를 육성하고 창업 생태계를 지속적으로 발전시킬 수 있다.

요약하자면, 창업 교육은 경제적, 사회적, 기술적 측면에서 다양한 이점을 제공하며, 이를 통해 혁신과 발전을 이루어낼 수 있는 중요한 요소로 간주된다. 창업교육은 사회 인프라로서의 역할을 하고, 직업탐색의 과정으로서의 의미를 가지며, 창업선진국에서는 창업의 경험을 자산으로 인정하고, 창업에 실패한 사람들도 취업의 기회를 주고 있다. 창업과 취업이 유기적으로 연결되면서, 기업들은 창업자의 열정과 능력을 활용할 수 있고, 학생들은 실패해도 다시 도전할 수 있는 기회를 얻을 수 있다.

창업교육은 사회 인프라로서의 역할을 하고, 직업탐색의 과정으로서의 의미를 갖고 있다. 창업선진국에서는 창업의 경험을 자산으로 인정하고, 창업에 실패한 사람들도 취업의 기회를 주고 있다. 창업과 취업이 유기적으로 연결되면서, 기업들은 창업자의 열정과 능력을 활용할 수 있고, 학생들은 실패해도 다시 도전할 수 있는 기회를 얻을 수 있다. 100세 시대에는 개인과 국가 모두가 일자리를 창출하기 위해 창업의 중요성을 인식해야 한다.

관광산업에서도 창업교육은 매우 중요하다. 관광산업은 다른 산업과 융합하기 쉽고, 새로운 기술을 접목하기 좋은 산업이다. 관광 소비계층의 증가와 여가시간의 증대에 따라 일반시민들의 관광에 대한 인식은 높아지고 있으나 한국의 관광산업은 선진국들에 비해 규모가 작을 뿐만 아니라 사업영역에 있어서도 전문화와 다각화 차원에서 발전 속도가 느리고 사업모델이 지속적으로 진화하지 못하는 한계를 드러내고 있다.

최근에는 인터넷과 정보기술(IT)의 발달로 인해 전통적인 관광에 정보기술을 창의적으로 융합한 관광서비스상품들이 주를 이룰 것으로 예상되고, 디지털 콘텐츠의 수요가 급증함에 따라 관광콘텐츠 역시 앞으로 성장 가능성이 큰 고부가가치 산업으로 주목받고 있는 시점에서 관광사업에 대한 새로운 시각과 접근방법이 필요하다. 특히 관광산업은 다른 산업과의 융 · 복합이 용이하고 기술적으로 접목할 수 있는 여지가 넓기 때문에 4차 산업혁명이 관광산업에 미치는 파급력은 어느 분야보다도 클 것으로 전망되고 있다. 이러한 시대적 흐름 속에서 4차 혁명의 중심에 있는 IT, ICT, IoT, 플랫폼, 빅데이터 등과 관광산업을 융합한 창의적인 관광서비스 및 관광사업 비즈니스 모델의 개발로 새로운 관광시장을 창출할 수 있는 인재의 양성이 필요하다.

창업교육을 통해 이러한 인재를 양성하고, 새로운 관광시장을 창출할 수 있다.

2. 창업교육의 사례 I

미국의 창업교육과 문화는 지난 20년간 마이크로 소프트, 오라클 및 델 컴퓨터 등의 수많은 세계적인 벤처기업과 3600만 개의 새로운 일자리를 발생시켰다. 새로운 벤처기업들은 다양한 신제품과 새로운 서비스의 산출을 통해 미국 국부를 증가시키는 동시에 국가 경쟁력을 한층 더 강화시켰다. 미국은 60년대 말부터 창업교육과정을 대학에 개설해 오고 있고 현재까지 많은 대학에서 창업관련 교과목을 중요한 교과목으로 개설하고 있으며, 창업교육을 전공으로 설치하는 대학과 대학원이 계속 증가하고 있다. 이에 대표적인 미국 대학의 창업교육 운영현황 및 특징을 분석하여 시사점을 도출해 보고자 한다.

1) Babson College(밥슨 대학)

Babson College(밥슨 대학)은 1967년 대학원생을 대상으로 창업 강좌를 개설한 이래로 1971년 학부에서 창업강좌를 개설하였으며, 1979년부터는 학부과정을 Business

Administration(경영학) 학위를 수여하면서 창업, 재무, 마케팅, 부동산, 법학, 경영관리, 경제학의 총 7가지의 세부전공 과정으로 나누는 합동 전공과정을 개설하여 운영 중에 있다.

창업교육의 목표를 글로벌 리더 양성에 두고 새로운 비즈니스 창출, 성장 관리, 기업 재무, 기업 마케팅(New business Creation, Managing Growth, Entrepreneurial Finance, Entrepreneurial Marketing) 등 4개의 중점 과목의 교육을 가족 경영, 여성 리더십, 사회/비영리 기업, 기업 창업, 기술 기업, 공공 정책, 글로벌 창업(Family Businesses, Women’s Leadership, Social/Nonprofits, Corporate Entrepreneurship, Technology Enterprises, Public Policy, Global Entrepreneurship)의 7개의 부문에 적용하여 창업교육을 실시하고 있다.

창업교육 사례로 빠지지 않고 등장하는 Babson College(밥슨 대학)은 창업과목을 특화시킨 대표적인 대학으로 미국 시사전문지 U.S. News & World Report(2009)(U.S. 뉴스 & 월드 리포트)의 미국 우수 대학 순위 발표에서 창업학 분야에서 대학 및 대학원 프로그램이 모두 1위를 차지하였다.

Babson College(밥슨 대학)은 창업학 분야에서 학부 프로그램은 12년 연속, MBA 프로그램은 16년 연속 1위를 차지하였다(목영두 외, 2009) Babson College(밥슨 대학)의 학부과정은 기업가의 리더십에 초점을 두고 경영학과 교양과목 간의 통합연구를 강조하고 있다.

Babson College(밥슨 대학)의 학부 창업교육은 크게 경영관리와 일반교양 두 가지로 나누어지며, 난이도에 따라 기초과정과 중급과정, 고급과정으로 나누어져 있다.

중요한 점은 기초과정의 필수과목을 모두 이수해야 중급과정으로 넘어갈 수 있고, 중급과정 역시 필수과목을 모두 이수해야 고급과정의 수업을 들을 수 있다.

기초과정과 중급과정은 학부생들이 공통으로 들어야 하는 과목들로서 학부 필수과목들로 구성되어 있고, 고급과정에서는 필수적으로 이수해야 하는 과목들 대신에 학습자의 선호에 따라 창업학 범위 내에서 과목을 정하여 이수할 수 있다.

고급과정은 크게 일반 교양과목과 창업과목으로 나누어지는데, 창업과목은 다시 기본과정과 심화과정으로 나누어져 있다.

고급과정의 기본과정에서는 필수과목인 기업가 정신과 신규 벤처(Entrepreneurship and New Venture)와 선택과목인 기업가적 자금 조달, 성장 중인 기업 관리, 벤처 성장 전략(Financing Entrepreneurial Ventures, Managing Growing Businesses, Venture Growth Strategies) 등의 과목이 개설되어 있고, 심화과정에서는 신규 벤처, 기업 창업, 가족 기업, 사회 기업(New Venture, Corporate Entrepreneurship, Family Entreprisng, Social Entrepreneurship) 분야의 과목이 개설되어 원하는 분야를 선택해서 집중적으로 창업교육을 받게 된다. 1학년부터 3학년 1학기까지는 18학점을 이수할 수 있고, 3학년 2학기부터는 16학점을 이수할 수 있으며, 총 126학점을 취득해야 졸업이 가능하다.

Babson College(밥슨 대학)의 학부과정은 학습자의 사전 학습이나, 학습 목적, 학습내용의 이해를 돕기 위해서 한 학기 이전에 강좌계획서를 제공하여 수강신청을 하고 있다. 각 과목의 수강 날짜와 시간부터 배우게 될 내용, 과제의 내용과 형태, 수업의 형태가 기재된 강좌계획서를 6~20페이지 내외의 분량으로 제작하여 철저한 학습자를 위한 학습자 위주의 시스템을 운용하고 있다.

Babson College(밥슨 대학)의 창업교육의 특징은 다음과 같이 요약할 수 있다,

Babson College(밥슨 대학)의 창업교육의 특징

첫째, Babson College(밥슨 대학)의 창업교육은 학습자 위주로 구성되어 있고, 창업을 가르치려 하기보다는 촉진자나 대리자의 입장에서 동기를 유발시킴으로서 학습자가 경험과 필요를 느껴 체득하게 하고 있음.

- 즉 창업은 단지 학습에 의해 얻어지는 것이 아니라 경험에 의해 체득된다는 점에서 체험적 학습 및 사례학습을 강조
- 창업교육을 제 1의 건학이념으로 삼고 있으며, 강의실과 현장에서 창업의 이론과 함께 현장 위주의 교육 실시

둘째, 창업교육은 경제 · 경영 분야의 교수들에 국한되어 있는 것이 아니라 예술, 법, 철학, 부동산 등 다양한 분야의 교수들에 의해서 이루어지고 있음.

셋째, FME(Foundation Management Entrepreneurship), FYS(First Year Seminar) 등의 특수한 교과목을 개설하고 학습자의 수준평가, 학습자가 자신의 강점과 진로를 명확히 파악할 수 있도록 배려하는 교육과정을 운영함.

넷째, 각종대회 등을 통하여 학습자들에게 동기를 부여하고, 교육의 질을 높이기 위하여 강좌와 병행하는 프로그램을 개발함은 물론, 창업관련 연구소, 협회, 학회 등을 통하여 창업교육의 효과성을 높이고 있음.

다섯째, 지역기업, 전문가 그룹, 창업관계자 그룹, 동문 창업자 및 창업관계자와 지속적으로 교류할 수 있도록 하기 위한 네트워크 구축하는데 많은 노력을 기울이고 있음.

■ Babson College의 고급과정 창업교과목

구분	교과목
필수1	– Entrepreneurship and Ventures
필수2 (택1)	– Financing Entrepreneurial Ventures and the Business Plan – Managing a Growing Business
필수3 (택2)	– Financing Entrepreneurial Ventures and the Business Plan(상기 필수과목을 수강치 않은 경우) – Family Business Management – Managing a Growing Business(상기 필수과목을 수강치 않은 경우) – Venture Growth Strategies(상기 필수 과목을 수강치 않은 경우) – Entrepreneurship in Latin America – Social Entrepreneurship Management – Value Selling for the Entrepreneur – Social Entrepreneurship by Design – Living the Entrepreneurial Experience – Raising Money: VCs, Angels and Incubators – Family Enterprises – Real Time Case Study – The Ultimate Entrepreneurial Challenge – Marketing for Entrepreneurs – Family as Entrepreneur – The Observational Entrepreneur From Obstacle to Opportunity – Hi–Tech Entrepreneurship : Assessing Opportunities and Viability of Hi–Tech Startups or Products

자유선택	- Commercial Law - Marketing Communications - Management Communications - Managing Contemporary Ethical Issues - Marketing and Developing New Products - Accomplishing Strategy - Negotiations - Money, Banking and the Economy - Technological Entrepreneurship and the Market Economy

2) Standford University(스탠포드 대학교)

Standford University(스탠포드 대학교)는 창업교육 분야에서 선도적인 대학 중 하나로 꼽힌다. Standford University(스탠포드 대학교)에서는 1950년대부터 교과목으로 개설되었으며, 1996년에는 창업연구센터를 설립하여 장기적인 관점에서 창업을 활성화하기 위해 연구하고 있다.

Standford University(스탠포드 대학교)는 미국 서부에 위치하여 학생들은 실리콘밸리(Silicon Valley) 기업생태계에 초점을 맞춰 학습할 수 있는 기회를 가지고 있다. 특히, 고부가 가치 산업과 생물공학의 아이디어를 가진 학생들은 샌드힐 로드(Sand Hill Road) 벤처공동체와 함께 할 수 있는 기회를 가진다.

스탠포드 기업가 네트워크(The Stanford Entrepreneurship Network)는 학생들이 창업에 대한 지식과 경험을 쌓을 수 있는 다양한 프로그램을 제공한다. 이 네트워크는 창업을 위한 교육, 연구, 지원, 네트워킹 등을 통해 학생들의 창업 역량을 강화하고 있다. 또한, Standford University(스탠포드 대학교)에서는 창업을 위한 다양한 프로그램을 운영하고 있다.

예를 들어, 스탠포드 대학교 창업가 프로그램(Stanford University Entrepreneurship Program)은 창업을 준비하는 학생들에게 창업에 필요한 지식과 기술을 제공하고, 창업을 위한 비즈니스 모델을 개발하도록 한다. 또한, 스탠포드 대학교 창업가 클럽(Stanford Entrepreneurship Club)은 학생들이 창업에 대한 경험을 공유하고, 창업에 대한 아이디어를 발전시키는 등의 활동을 하도록 돕는다.

Standford University(스탠포드 대학교)에서는 창업을 위한 다양한 지원체계를 구축하고 있다. 이를 통해 학생들은 창업에 대한 지식과 경험을 쌓을 수 있으며, 창업을 위한 비즈니스 모델을 개발하고, 창업에 필요한 네트워크를 구축할 수 있다. 이러한 지원체계는 학생들이 창업을 위한 역량을 강화하고, 창업을 성공적으로 이끌어 나갈 수 있도록 돕고 있다.

Standford University(스탠포드 대학교)의 창업교육 과정은 아래와 같이 살펴볼 수 있다.

Standford University(스탠포드 대학교)의 창업교육 과정

- Standford University(스탠포드 대학교)의 교과과정은 가을 학기의 일반경영관점과정(General Management Perspectives)을 통해 경영의 원리와 기능을 검토하고 겨울학기와 봄학기에는 일반경영기본과정(General Management Foundations)을 통해 경영의 큰 틀을 이해하는데 목적을 두고 다양한 주제에 따라 전문프로그램으로 교과과정을 구성하고 있음.

- Standford University(스탠포드 대학교)는 모든 학생들에게 글로벌 학습여행, 해외 봉사학습여행, 국제인턴쉽과 학생교환경험의 기회를 제공하고 있으며 소그룹을 통해 학생과 교수가 심도 있고 광범위한 토론을 할 수 있는 세미나 수업을 지향하고 있음.

- 모든 학생은 1학기에 7개의 필수과정과 2학기에 1개의 필수과정으로 구성된 일반경영관점과정(General Management Perspectives)을 이수하며 과정의 목적은 경영자와 지도자에게 요구되는 통찰력을 향상시키는데 있음.

- 계절학기인 겨울학기와 다음 학기인 봄 학기 동안 일반경영기본과정(General Management Foundations)의 필수과목을 이수하며, 일반적으로 경영교육에서 요구되는 기초를 위한 11개의 원칙을 학습하게 됨.

- 두 번째 해에는 학생들의 경험과 관점을 넓히고 특정 영역에서의 지식을 확대하고 기술을 개발할 기회를 제공하며, 100개 이상의 선택과목들에서 선택할

수 있음. 이를 통해 학생들의 부족한 학습영역을 보완하며 일반경영기본과정(General Management Foundations)에서 학습한 내용을 발전시켜 줌.

- 이러한 선택과목은 기업세계의 변화와 사회 각 부문의 요구 및 학생들의 흥미를 반영하고 있으며, 일반적으로 계절학기까지 과목들이 개설되어 있어 학생들은 14개의 과목을 수강하며 최고 18개까지 수강할 수 있음.

Standford University(스탠포드 대학교)의 창업교육 특징은 아래와 같이 살펴볼 수 있다.

■ 첫째, 봄 · 가을 학기 이외에도 여름 · 겨울의 계절학기까지 수업이 이루어지고 있음. 이를 통해 학생들은 교과목을 선택함에 있어서도 다양한 주제에 대하여 학습할 수 있음.

■ 둘째, 대학은 소그룹 형식의 세미나 수업을 지향하고 있음. 특히, 두 번째 해의 개강 직후에 세미나 수업을 통해 교수와 학생이 함께 토론하여 지식을 심화시키고 내용을 보다 명확히 구체화하고 있음.

■ 셋째, 학생들의 체험학습을 강화하기 위하여 현장체험학습, 집중체험학습 및 글로벌체험학습 프로그램을 운영하고 있음. 이를 통해 실무적인 문제해결 방법을 체험하고 개인의 관심도에 따라 경험수준을 높이며, 글로벌 인턴십이나 연수 등을 통해서 국제화 감각을 키워나갈 수 있음.

■ 넷째, 모든 교과목들은 사례연구, 이론적 개요, 토론, 시뮬레이션, 문제해결 수업, 역할분담과 팀 프로젝트 등으로 과목의 특성에 따라 수업 방식을 상이 하게 운영하여 학습의 효과를 극대화하고 있음.

3. 창업교육의 사례 Ⅱ

1) N.C State University(노스캐롤라이나 주립대학교)

N.C State University(노스캐롤라이나 주립대학교)는 창업교육 분야에서 혁신적인 프로그램을 운영하고 있다. 이 대학은 경영교육과 전문기술을 익히는 데 목적을 두고 있으며, 학생들로 하여금 새로운 아이디어를 창출하고 새로운 제품의 생산과정과 운영을 이해하며 개발하는 활동을 지원하고 있다.

N.C State University(노스캐롤라이나 주립대학교)에서는 창업을 위한 교육과정을 개발하고 있으며, 기술창업교육을 목적으로 하고 있다. 이를 위해 경영분야와 기술분야에서 양립할 수 있도록 커리큘럼을 구성하고 있다. 또한, 교과과정에서는 분야별 전문가와 학생이 팀을 이루어 다양한 사업분야를 개척하고 글로벌사회에서 리더가 될 수 있도록 필요한 기술을 습득하는 데 초점을 두고 있다.

대학원의 경우에는 초기 성장기업부터 다국적기업까지 밀접한 비즈니스 관계를 가지고 있어 학생들에게 다양한 사례 및 체험교육을 실시하고 있으며, 경력 개발지원과 글로벌마인드 향상을 위한 해외연수 및 인턴십 과정을 지원하고 있다.

N.C State University(노스캐롤라이나 주립대학교)에서 지향하는 학습방법은 학급 프로젝트 및 팀별프로젝트 형식의 과제를 부여하며 사례 및 시뮬레이션 학습을 강조하고 있다.

N.C State University(노스캐롤라이나 주립대학교)에서는 학생들의 체험역량을 강화하기 위하여 현장체험학습, 집중체험학습 및 글로벌체험학습 프로그램을 운영하고 있다. 이를 통해 실무적인 문제해결 방법을 체험하고 개인의 관심도에 따라 경험수준을 높이며, 글로벌 인턴십이나 연수 등을 통해서 국제화 감각을 키워나갈 수 있다.

또한, N.C State University(노스캐롤라이나 주립대학교)에서는 지역기업, 전문가 그룹, 창업관계자 그룹, 동문 창업자 및 창업관계자와 지속적으로 교류할 수 있도록 네트워크 구축에 많은 노력을 기울이고 있다. 이에 학생들은 현장에서의 경험과 전문가들과의 소통을 통해 창업에 대한 실질적인 경험과 지식을 쌓을 수 있다.

N.C State University(노스캐롤라이나 주립대학교)는 학생들이 창업에 대한 이론적인 지식과 실무적인 경험을 획득할 수 있도록 다양한 프로그램을 운영하고 있다. 이를 통해 학생들은 창업에 대한 이해를 높이고, 창업을 위한 역량을 강화할 수 있으며, 실제 사업을 준비하고 이끌어 나갈 수 있는 능력을 기를 수 있다.

N.C State University(노스캐롤라이나 주립대학교)의 창업교육 과정은 다음과 같다.

N.C State University(노스캐롤라이나 주립대학교)의 창업교육 과정

- N.C State University(노스캐롤라이나 주립대학교)의 창업교육은 기술상업화에 특화를 시킨 대학으로 기술창업교육을 목적으로 하고 있으며 교과과정을 개발함에 있어서 경영분야와 기술분야에서 양립할 수 있도록 커리큐럼을 구성하고 있음.
- 교육체계는 기술조건을 강화시킬 수 있는 공개선택과목과 특화된 집중과정을 선택할 수 있도록 하고 있으며, 시뮬레이션 사례학습과 프로젝트를 통해서 학생들에게 현실감 있는 교육과 많은 경험을 쌓을 수 있도록 배려하고 있음.
- N.C State University(노스캐롤라이나 주립대학교)의 교육과정은 필수코스와 선택코스 그리고 집중코스로 이루어져 있으며, 각 코스는 주제에 따라 다양한 선택교과목으로 구성되어져 있음. 학생들은 개인의 목적에 따라 선택할 수 있는데 의사소통 기술, 네트워킹, 협상, 팀스킬, 사회적 책임 등의 경영에 있어 필수적인 코스를 이수하도록 하고 있음.
- 학생들이 수강할 수 있는 전체코스는 회계학, 경영학, 경제학으로 구분하여 총 50여개의 코스로 구성되어 있으며, 네트워킹, 컨설팅, 전략, 마케팅, 신기술창업, 기업가정신 등 다양한 주제로 구성되어 있음.
- 특히 창업과 연관된 기업가정신은 세부적으로 창업과정의 요인과 적용, 기업가정신, 사업과 전략, 벤처금융과 구조, 성장과 리스크 관리, 사업계획서 등으로 구성되어 있으며, 신기술창업은 기술상업화 전략의 개발, 기술상업화 접근자 조사, 사업계획개발, 사례를 통한 기술경영의 적용 등으로 구성되어 있음.

- 또한 N.C State University(노스캐롤라이나 주립대학교)에는 필수 및 선택코스 외에도 학생들이 전문분야에 보다 근접하여 학습할 수 있도록 8개의 집중과정을 개설하고 있음. 각 과목들은 한 분야에서 집중된 교육과 함께 핵심기술을 만들어 갈 수 있도록 하고 있으며, 학기 중 지속되는 프로젝트는 통합적으로 집중과정에서 학습한 내용의 해결책을 제시하는데 도움을 주고 있음.

- 기업가정신과 기술상업화(Entrepreneurship and Technology Commerciali- zation)의 세부내용은 기회창조 · 기회이용 · 기업가를 만드는 요인 등을 학습하는데, 특히 기업가정신을 강조하는 이유는 학생들이 모든 단계에 있는 회사의 형성과정이나 성장과정을 이해할 수 있도록 기회를 제공하고자 하는 것임.

- 또한 기업가정신과 기술상업화과정은 성장과 경쟁에 놓인 초기기업에 초점을 맞추어 대학의 기술창업과 상업화(TEC : Technology Entrepreneurship and Commercialization) 프로그램의 사전교육을 목적으로 하고 있는 과정임.

N.C State University(노스캐롤라이나 주립대학교)의 창업교육 특징은 다음과 같다.

■ 첫째, N.C State University의 창업교육 특징은 기술과 창업을 조화롭게 구성시킨 교과 과정에 있음.
  - 교과목 구성은 주제에 따라 다양한 선택과목으로 구성되며 모든 코스에는 전통적인 경영학적 내용뿐만 아니라 기술적인 부분까지 포함하여 교육
  - 또한, TEC프로그램을 통해서 실무적이고 실천적인 교육 수행

■ 둘째, 교육방법에 있어서는 학급과제 및 팀별과제를 지향하며 시뮬레이션 및 컨설팅까지 포함한 코스를 통해 집중적으로 세분화한 교육을 실시하고 있음.

2) George Washington University(조지워싱턴 대학교)

미국 워싱턴 DC에 위치한 George Washington University(조지워싱턴 대학교)는 2005년 경영대학 내에 창업교육센터를 설립하였고 창업관련 교과목은 경영학과에서 운영하고 있다.

George Washington University(조지워싱턴 대학교)는 창업교과목을 학부생이 모두 들을 수 있는 과목으로 선정하였고, 이에 따라 창업교육을 하는 교수들을 위한 교수법에 대해 다양한 연구와 시도를 하고 있다.

학부의 교과과정은 따로 없으며, MBA에서 세부전공으로 창업과 중소기업(Entrepreneurship and Small and Midium Enterprises)을 선택할 수 있고 박사과정의 매니지먼트 전공에서 세부분야를 창업(Entrepreneurship)으로 선택할 수 있다.

창업교육센터인 CFEE(Center for Entrepreneurial Excellence)는 총 3명의 전담교수와 2명의 지원 인력이 프로그램 관리 및 운영을 하고 있다.

George Washington University(조지워싱턴 대학교)의 창업교육 과정은 다음과 같다.

George Washington University(조지워싱턴 대학교)의 창업교육 과정

학부에는 창업교육 과정이 특별하게 설정되어 있지 않으며 모든 학생이 수강해야 할 기본과목이라는 개념으로 교과목을 설계하고 진행하고 있다. George Washington University(조지워싱턴 대학교)에서 제공되는 창업 교과목은 다음과 같다.

- 창업(Entrepreneurship): 창업 아이디어를 개발하고 사업계획서를 작성하는 교육을 통해 창업의 기초 교육
- 창업전략(Strategic Entrepreneurship): MBA의 세부전공을 선택하면 이수할 수 있는 교과목으로 직접 팀을 구성하여 다양한 창업기업을 지원하는 활동을 통해 전략 개발

- 기술창업과 사내기업가정신(Technology Entrepreneurship and Intra-preneurship): 기업의 내부와 외부의 혁신 과정을 학습하고 이를 통하여 창업을 시작하고 회사를 설립하는 기술 교육
- 창업의 시작(New Venture Initiation): 창업의 시작에 있어서 계획하는 방법, 재무의 원천, 새로운 창업기회의 평가, 창업을 위한 사업계획서 분석능력 교육
- 창업재무(New Venture Financing): 대학원 교과목으로 창업 초기 투자기회의 분석법과 실행 교육
- 여성창업 리더십(Women' s Entrepreneurial Leadership): 여성 창업에 초점을 맞춘 교과과정으로 창업을 위한 지식과 기술을 사회적 기업, 예술분야, 창업분야를 포함하여 교육
- 기술업체 창업(Launching Technical Ventures): 2012년부터 새롭게 제공되기 시작한 교과목으로 대부분의 창업실패는 제품의 문제가 아닌 고객요구의 불일치 문제에서 시작된다는 린 스타트업 경영(Lean Startup Management)의 내용을 교육

George Washington University(조지워싱턴 대학교)의 창업교육 특징은 다음과 같다.

■ 첫째, 학부의 창업교과과정보다는 모든 학생이 창업교육을 들을 수 있도록 제도화하였다.
  - 대학원의 세부전공은 선택이 가능하지만 학부의 창업전공은 따로 정해져 있지 않으며 다양한 전공의 학부 학생들이 창업관련 과목을 수강할 수 있도록 유도한다.

■ 둘째, 활발한 연구 활동을 통한 네트워크 개발과 이를 통해 같은 분야의 교수들과 함께 협력하여 학제적인 접근을 하고 있다.
  - George Washington University(조지워싱턴 대학교)의 교수들은 미국 중소기업협회의 학회활동 및 중소기업 국제협의회(ICSB)의 컨퍼런스 활동을 적극적

으로 하며 창업분야의 네트워크 개발과 협력으로 프로그램에 많은 지원을 받고 있음.

- 카우프만 재단에서도 세 개 이상의 프로그램을 지원하고 있으며, 3E 학습과 같은 프로그램을 중소기업협의회 학회에서 심사를 하며 대학 프로그램의 다양한 홍보와 지원을 동시에 이루어내고 있음.

제5장

관광창업의 이해 Ⅱ

05

제5장

관광창업의 이해 Ⅱ

학습성과

1. 창업의 전반적인 개념을 파악할 수 있다.
2. 창업의 범위에 대해 설명할 수 있다.
3. 글로벌 창업트렌드와 미래 유망시장을 예측하고 파악할 수 있다.

창업의 전반적인 개념과 구분을 파악하고, 창업의 범위를 알아보고자 한다. 창업이란 새로이 중소기업을 설립하는 것으로, 새로운 사업주체(법인, 개인사업자)가 새로운 사업을 개시하는 것이다. 창업은 일자리 창출과 경제 성장에 기여하기에 매우 중요하며, 글로벌 창업의 트렌드를 이해하여 미래 유망기술 및 시장을 예측하고 대비할 수 있다.

1. 창업의 개념 I

1) 중소기업창업지원법상의 창업

창업은 새로운 기업조직을 만들어 제품이나 서비스를 만들거나 팔기 위한 것이다. 토지, 건물, 제조설비와 같은 물적 요건과 제품생산 인력이나 서비스 종사원과 같은 인적 요건을 갖춰야 한다.

중소기업창업지원법에 따르면, "창업"은 중소기업을 새로 만드는 것이라고 정의하고 있고, "창업기업"은 중소기업을 창업해서 사업을 시작한 날부터 7년 내의 기업(법인이나 개인 사업자 포함)이라고 한다.

중소기업은 전체 기업의 99.9%를 차지하고 있고, 기업 종사자의 82.7%가 일하고 있다. 정부는 중소기업이 스스로 성장하고 발전할 수 있도록 다양한 분야에서 지원 정책을 만들어 시행하고 있다.

흔히 규모가 작은 사업장을 중소기업으로 칭하고 있다. 그러나 법적 의미에서의 중소기업은 법령에서 보호와 육성의 대상으로 규정한 기업을 의미하고 있으며, 중소기업의 범위 기준은 중소기업 기본법 제2조 및 같은 법 시행령 제3조에서 상세하게 규정하고 있다.

중소기업이 될 수 있는 대상은 영리를 목적으로 사업을 하는 기업, 즉 법인인 기업이나 개인 사업자이다. 비영리 법인은 특정 조건을 충족하는 법인을 의미한다. 예를 들어, 농업협동조합, 수산업협동조합, 산림조합 등은 이익 배당이 가능하지만 비영리성을 갖춘 것으로 보아 비영리 법인으로 분류된다.

이 법은 국민 누구나 창의적인 아이디어와 혁신적인 기술을 기반으로 기업가정신을 발휘하여 창업에 도전하고 글로벌 선도기업으로 성장할 수 있는 창업생태계를 조성하여, 디지털경제 시대에 새로운 국가경제의 성장동력과 일자리를 창출하는 창업국가 건설을 목적으로 한다.

이 법에서 사용하는 주요 용어의 정의는 다음과 같다.

주요 용어

"중소기업"은 「중소기업기본법」 제2조에 따른 중소기업을 의미한다.

"창업"은 대통령령으로 정하는 바에 따라 중소기업을 새로 설립하는 것을 의미한다.

"창업기업"은 중소기업을 창업하여 사업을 개시한 날부터 7년이 지나지 않은 기업을 의미한다.

"예비창업자"는 창업을 하려는 개인 등을 나타낸다.

"재창업"은 중소기업을 폐업하고 새로운 중소기업을 설립하는 것을 의미한다.

"재창업기업"은 재창업하여 사업을 개시한 날부터 7년이 지나지 않은 기업을 의미한다.

"예비재창업자"는 재창업을 하려는 개인 등을 나타낸다.

"신산업창업"은 신산업을 기반으로 하여 창업하는 것을 의미한다.

"기술창업"은 창의적인 아이디어와 기술에 기반하여 다양한 부문과의 융합을 통해 사업을 개척하거나 도전하는 창업을 의미한다.

"초기창업기업"은 창업하여 대통령령으로 정하는 기준에 따라 3년 이내의 창업기업을 의미한다.

"청년창업기업"은 창업기업 대표자의 연령이 39세 이하인 창업기업을 의미한다.

"예비청년창업자"는 창업을 하려는 39세 이하의 개인 등을 나타낸다.

"중장년창업기업"은 창업기업 대표자의 연령이 40세 이상인 창업기업을 의미한다.

관계법령 : 중소기업창업 지원법

제1조(목적) 이 법은 국민 누구나 창의적인 아이디어와 혁신적인 기술을 바탕으로 기업가정신을 발휘하여 창업에 도전하고 글로벌 선도기업으로 성장할 수 있는 창업생태계를 조성하여, 디지털경제 시대에 새로운 국가경제의 성장동력과 일자리를 창출하는 창업국가 건설을 목적으로 한다.

제2조(정의) 이 법에서 사용하는 용어의 뜻은 다음과 같다.

1. "중소기업"이란 「중소기업기본법」 제2조에 따른 중소기업을 말한다.
2. "창업"이란 대통령령으로 정하는 바에 따라 중소기업을 새로 설립하는 것을 말한다.
3. "창업기업"이란 중소기업을 창업하여 사업을 개시한 날부터 7년이 지나지 아니한 기업(법인과 개인사업자를 포함한다)을 말한다. 이 경우 사업 개시에 관한 사항 등 창업기업의 범위에 관한 세부사항은 대통령령으로 정한다.
4. "예비창업자"란 창업을 하려는 개인 등을 말한다.
5. "재창업"이란 중소기업을 폐업하고 새로운 중소기업을 설립하는 것을 말한다.
6. "재창업기업"이란 재창업하여 사업을 개시한 날부터 7년이 지나지 아니한 기업을 말한다. 이 경우 사업 개시에 관한 사항 등 재창업기업의 범위에 관한 세부사항은 대통령령으로 정한다.
7. "예비재창업자"란 재창업을 하려는 개인 등을 말한다.
8. "신산업창업"이란 기존 산업을 융복합하거나 시장성, 파급효과, 성장 잠재력 및 국민경제 발전에 기여도가 높을 것으로 예상되는 산업(이하 "신산업"이라 한다)을 기반으로 하여 창업하는 것을 말한다.
9. "기술창업"이란 창의적인 아이디어, 신기술, 과학기술 및 정보통신기술에 기반하여 문화 등 다양한 부문과의 융합을 촉진함으로써 새로운 사업영역을 개척하거나 도전하는 창업을 말한다.
10. "초기창업기업"이란 창업하여 대통령령으로 정하는 기준에 따른 사업을 개시한 날부터 3년이 지나지 아니한 창업기업을 말한다.
11. "청년창업기업"이란 창업기업 대표자의 연령이 39세 이하인 창업기업을 말한다.
12. "예비청년창업자"란 창업을 하려는 39세 이하의 개인 등을 말한다.
13. "중장년창업기업"이란 창업기업 대표자의 연령이 40세 이상인 창업기업을 말한다.

2) 중소기업의 범위기준

「중소기업기본법 시행령」 제3조는 중소기업의 규모를 평가하는 기준으로 규모 및 독립성 기준을 모두 충족해야 중소기업으로 인정한다고 규정하고 있습니다. 여기서 규모 기준은 외형적 판단 기준으로, 「중소기업기본법 시행령」 제3조 제1항 제1호에 따른 업종별 규모 기준과 상한 기준으로 나뉜다.

(1) 규모 기준(외형적 판단 기준)

업종별 규모 기준은 해당 기업이 영위하는 주된 업종에 따라 평균매출액 등의 규모를 충족해야 한다. 상한 기준은 업종에 상관없이 자산총액이 5천억 원 이상인 경우 중소기업에서 배제된다. 자산총액은 기업의 형태에 따라 직전 사업연도가 있는 기업은 직전 사업연도 말일 현재의 재무상태표 상의 자산총계를, 해당 사업연도에 창업 · 분할 · 합병한 기업은 창업일 · 합병일 · 분할일 현재의 자산총액을 기준으로 산정한다.

(2) 독립성 기준(계열관계에 따른 판단기준)

기업이 규모가 커지거나 사업 영역을 다각화하면 출자를 통해 자회사를 설립하거나 인수할 수 있다. 이로 인해 특정 기업은 중소기업 규모임에도 불구하고 대기업의 자회사거나 계열사들과 합쳐진 규모가 중소기업 규모 기준을 초과할 수 있다. 이에 대한 불합리성을 해소하기 위해 독립성 기준이 도입되었다. 이 기준은 1995년 도입되었으며, 관계 기업 제도는 2009년에 법령에 반영되어 2011년 1월 1일부터 본격적으로 시행되었다.

현재의 독립성 기준에는 다음과 같은 3가지 조건이 있으며, 어느 하나라도 해당되면 중소기업으로 인정되지 않는다.

공시대상기업집단 소속 기업: 독점규제 및 공정거래에 관한 법률에 따른 공시대상기업집단에 속하는 기업은 중소기업으로 인정되지 않는다. 현재 공정거래위원회가 지정한 공시대상기업집단에 속한 기업은 중소기업으로 간주되지 않는다.

자산총액 5,000억 원 이상인 법인 중 최다출자자 기업: 자산총액이 5,000억 원 이상인 법인 중 최다출자자인 기업이 30% 이상의 지분을 직접 또는 간접적으로 소유하면 해당 기업은 중소기업으로 간주되지 않는다.

관계기업의 경우 업종별 규모기준 미달 기업: 관계기업에 속하는 기업은 주식 등의 출자 비율에 따라 평균매출액을 합산하여 업종별 규모기준을 충족하지 못하는 경우 중소기업으로 간주되지 않는다.

독립성 기준은 주식 등의 출자관계로 인해 발생하므로 개인사업자가 아닌 법인인 기업에만 적용된다. 다만, 비영리 사회적 기업 및 협동조합은 법인형태를 갖추었더라도 독립성 기준 중 관계기업 제도를 적용하지 않는다.

공시대상기업집단에 속하는 기업: 대기업의 경제력 집중을 방지하기 위해 독점규제에 따라 지정된 공시대상기업집단에 속한 기업은 중소기업으로 간주되지 않는다. 현재, 공정거래위원회가 지정한 공시대상기업집단은 2022년 1월 현재 삼성, SK 등 64개 기업이며, 총 계열회사 수는 2,301개이다.

자산총액 5,000억 원 이상인 법인의 피출자기업: 공시대상기업집단에 속하지 않은 기업 중 자산총액이 5,000억 원 이상인 법인이 30% 이상의 주식 등을 직접 또는 간접적으로 소유하고 최다출자자인 경우, 해당 기업은 중소기업으로 간주되지 않는다.

관계기업에 속하는 기업: 개별 기업으로는 중소기업 규모이지만, 계열사와 합친 규모로는 대기업 규모가 되는 기업들도 있다. 이러한 기업을 중소기업에서 배제하기 위해 관계기업 제도가 도입되었다. 이 제도에 따라 지배 · 종속의 관계로 간주되는 기업들은 서로 독립된 기업이 아닌 하나의 기업으로 간주되어 매출액을 주식 등의 소유 비율만큼 합산하여 중소기업 여부를 판정한다. 그러나, 지배 · 종속의 관계가 성립하더라도 지배기업이 외부감사 대상 기업이 아니면 관계기업이 성립하지 않는다. 또한, 관계기업에 속하더라도 주식 등 소유 비율에 따라 합산한 매출액이 업종별 규모기준을 충족하지 못하는 경우에만 중소기업에 해당하지 않는다.

이러한 독립성 기준을 통해 중소기업 정부 지원의 효율적 분배와 합리적인 지원이 이루어질 수 있도록 조치되었다. 또한, 중소기업 창업투자회사 등의 경우 자산총액이 5,000억 원 이상이라 할지라도 동 규정을 적용하지 않으며, 적용제외 대상에는 중소기업창업투자회사, 신기술사업금융업자, 신기술창업전문회사, 산학협력기술지주회사, 금융투자업자, 사모집합투자기구, 채권금융기관(부실징후기업, 구조조정기업, 회생절차개시기업의 주식 등을 소유한 경우에 한함) 등이 포함된다.

관계법령 : 중소기업기본법 시행령 제3조

제3조(중소기업의 범위) ① 「중소기업기본법」(이하 "법"이라 한다) 제2조제1항제1호에 따른 중소기업은 다음 각 호의 요건을 모두 갖춘 기업으로 한다.

1. 다음 각 목의 요건을 모두 갖춘 기업일 것
   가. 해당 기업이 영위하는 주된 업종과 해당 기업의 평균매출액 또는 연간매출액(이하 "평균매출액등"이라 한다)이 별표 1의 기준에 맞을 것
   나. 자산총액이 5천억 원 미만일 것
2. 소유와 경영의 실질적인 독립성이 다음 각 목의 어느 하나에 해당하지 아니하는 기업일 것
   가. 삭제 〈2020. 6. 9.〉
   나. 자산총액이 5천억 원 이상인 법인(외국법인을 포함하되, 비영리법인 및 제3조의2제3항 각 호의 어느 하나에 해당하는 자는 제외한다)이 주식 등의 100분의 30 이상을 직접적 또는 간접적으로 소유한 경우로서 최다출자자인 기업. 이 경우 최다출자자는 해당 기업의 주식 등을 소유한 법인 또는 개인으로서 단독으로 또는 다음의 어느 하나에 해당하는 자와 합산하여 해당 기업의 주식 등을 가장 많이 소유한 자를 말하며, 주식 등의 간접소유 비율에 관하여는 「국제조세조정에 관한 법률 시행령」 제2조제3항을 준용한다.
      1) 주식 등을 소유한 자가 법인인 경우 : 그 법인의 임원
      2) 주식 등을 소유한 자가 1)에 해당하지 아니하는 개인인 경우 : 그 개인의 친족
   다. 관계기업에 속하는 기업의 경우에는 제7조의4에 따라 산정한 평균매출액 등이 별표 1의 기준에 맞지 아니하는 기업
   라.삭제 〈2017. 12. 29.〉

② 법 제2조제1항제2호에서 "대통령령으로 정하는 사회적 기업"이란 영리를 주된 목적으로 하지 않는 사회적 기업으로서 다음 각 호의 요건을 모두 갖춘 기업으로 한다. 〈개정 2014. 4. 14., 2016. 4. 26., 2021. 4. 20.〉

1. 제1항제1호 각 목의 요건을 모두 갖출 것
2. 삭제 〈2014. 4. 14.〉
3. 제1항제2호나목에 해당하지 않을 것

③ 법 제2조제1항제3호에서 "대통령령으로 정하는 자"란 제2항 각 호의 요건을 모두 갖춘 협동조합, 협동조합연합회, 사회적 협동조합, 사회적 협동조합연합회 및 이종(異種)협동조합연합회(법 제2조제1항 각 호에 따른 중소기업을 회원으로 하는 경우로 한정한다)를 말한다. 〈개정 2016. 4. 26., 2021. 6. 8.〉

④ 법 제2조제1항제4호에서 "대통령령으로 정하는 자"란 제2항 각 호의 요건을 모두 갖춘 조합, 연합회 및 전국연합회를 말한다. 〈신설 2019. 2. 12.〉

⑤ 법 제2조제1항제5호에서 "대통령령으로 정하는 자"란 제2항 각 호의 요건을 모두 갖춘 협동조합, 사업협동조합 및 협동조합연합회를 말한다. 〈신설 2021. 4. 20.〉

2. 창업의 개념 Ⅱ

1) 중소기업의 구분

(1) 중소기업의 구분

중소기업은 다양한 규모를 가지고 있으며, 이에 따라 중기업과 소기업으로 구분하여 지원 정책을 차별화하고 있다. 여기서 소기업은 중소기업 중에서 특정 기준을 충족하는 기업을 말하며, 중기업은 중소기업 중에서 소기업을 제외한 나머지 기업을 지칭한다.

(2) 소상공인의 구분

소상공인은 소기업 중에서 "소상공인기본법" 제2조에서 정한 기준을 충족하는 기업을 지칭한다. 이때의 구분은 주로 상시 근로자 수를 기준으로 한다. 근로자는 임금을 받고 근로를 제공하는 자로 정의되며, 소상공인은 상시 근로자 수가 10명 미만을 기준으로 한다. 업종에 따라 다르게 적용되는데, 광업, 제조업, 건설업, 운수업의 경우에는 상시 근로자 수가 10명 미만이어야 하고, 그 외의 업종은 상시 근로자 수가 5명 미만이어야 한다.

또한, 상시 근로자 수에는 특정 조건에 해당하는 자가 제외된다. 이에는 임원 및 일용근로자, 3개월 이내 근로 기간을 정하여 근로하는 자, 기업부설연구소나 연구개발전담부서의 연구전담요원, 그리고 1개월 동안 정해진 근로시간이 60시간 미만인 단시간근로자 등이 포함된다. 특히, 2012년부터는 1개월간 소정 근로시간이 60시간 미만인 단시간근로자는 상시 근로자 수 산정에서 제외되었다. 이렇게 근로자 수를 기준으로 한 구분을 통해 소상공인의 특성에 따라 정책 지원이 이루어지고 있다.

이와 같이 중소기업의 범위기준은 업종별로 다양하고 세분화되어 있으므로, 해당 기업이 중소기업에 해당하는지 여부를 판단할 때에는 자세히 확인해야 한다. 중소기업에 해당하는 기업은 정부의 다양한 지원 정책을 받을 수 있으므로, 중소기업의 범위기준을 잘 알고 활용하는 것이 중요하다.

■주된 업종별 평균매출액등의 소기업 규모 기준(중소기업기본법 시행령[별표 3])

해당 기업의 주된 업종	규모 기준
식료품 제조업	평균매출액 등 120억 원 이하
음료 제조업	
의복, 의복액세서리 및 모피제품 제조업	
가죽, 가방 및 신발 제조업	
코크스, 연탄 및 석유정제품 제조업	
화학물질 및 화학제품 제조업(의약품 제조업 제외)	
의료용 물질 및 의약품 제조업	
비금속 광물제품 제조업	
1차 금속 제조업	
금속가공제품 제조업(기계 및 가구 제조업 제외)	
전자부품, 컴퓨터, 영상, 음향 및 통신장비 제조업	
전기장비 제조업	
그 밖의 기계 및 장비 제조업	
자동차 및 트레일러 제조업	

가구 제조업	
전기, 가스, 증기 및 공기조절 공급업	
수도업	
농업, 임업 및 어업	평균매출액 등 80억 원 이하
광업	
담배 제조업	
섬유제품 제조업(의복 제조업 제외)	
목재 및 나무제품 제조업(가구 제조업 제외)	
펄프, 종이 및 종이제품 제조업	
인쇄 및 기록매체 복제업	
고무제품, 및 플라스틱제품 제조업	
의료, 정밀, 광학기기 및 시계 제조업	
그 밖의 운송장비 제조업	
그 밖의 제품 제조업	
건설업	
운수 및 창고업	
금융 및 보험업	
도매 및 소매업	평균매출액 등 50억 원 이하
정보통신업	
수도, 하수 및 폐기물 처리, 원료재생업(수도업 제외)	평균매출액 등 30억 원 이하
부동산업	
전문 · 과학 및 기술 서비스업	
사업시설관리, 사업지원 및 임대 서비스업	
예술, 스포츠 및 여가 관련 서비스업	
산업용 기계 및 장비 수리업	평균매출액 등 10억 원 이하
숙박 및 음식점업	
교육 서비스업	
보건업 및 사회복지 서비스업	
수리(修理) 및 기타 개인 서비스업	

2) 창업의 범위(대상)

창업의 범위(대상)은 중소기업을 새로이 창설하는 효과가 있는 경우로서, 중소기업기본법상의 중소기업범위와 중소기업창업지원법상의 창업에 해당하는 기업을 말한다.

중소기업창업지원법상 창업의 범위는 사행산업 등 경제질서 및 미풍양속에 현저히 어긋나는 업종의 창업 및 창업기업 등을 제외하고 모든 업종을 창업지원대상으로 하고 있다.

창업의 범위에 해당하는 기업은 다음과 같은 경우를 제외하고는 모두 포함된다.

1. 타인으로부터 사업을 상속 또는 증여받은 개인이 기존 사업과 같은 종류의 사업을 개인인 중소기업자로서 개시하는 것
2. 개인인 중소기업자가 기존 사업을 계속 영위하면서 중소기업을 새로 설립하는 것으로서 다음 각 목에 해당하는 것
   가. 개인인 중소기업자로 사업을 개시하는 것
   나. 개인인 중소기업자가 단독으로 또는 「중소기업기본법 시행령」에 따른 친족과 합하여 의결권 있는 발행주식(출자지분을 포함한다. 이하 같다) 총수의 100분의 50을 초과하여 소유하거나 의결권 있는 발행주식 총수를 기준으로 가장 많은 주식의 지분을 소유하는 법인인 중소기업을 설립하여 기존 사업과 같은 종류의 사업을 개시하는 것
3. 개인인 중소기업자가 기존 사업을 폐업한 후 중소기업을 새로 설립하여 기존사업과 같은 종류의 사업을 개시하는 것. 다만, 사업을 폐업한 날부터 3년(부도 또는 파산으로 폐업한 경우에는 2년을 말한다) 이상 지난 후에 기존 사업과 같은 종류의 사업을 개시하는 경우는 제외한다.
4. 법인인 중소기업자가 의결권 있는 발행주식 총수의 100분의 50(법인과 그 법인의 임원이 소유하고 있는 주식을 합산한다)을 초과하여 소유하는 다른 법인인 중소기업을 새로 설립하여 사업을 개시하는 것

5. 법인의 과점주주(「국세기본법」 제39조제2호에 따른 과점주주를 말한다. 이하 이 조에서 같다)가 새로 설립되는 법인인 중소기업자의 과점주주가 되어 사업을 개시하는 것

6. 「상법」에 따른 법인인 중소기업자가 회사의 형태를 변경하여 변경 전의 사업과 같은 종류의 사업을 계속하는 것

관계법령 : 중소기업창업 지원법 제5조

제5조(적용 범위) ① 이 법은 창업 및 창업기업등에 관하여 적용한다. 다만, 사행산업 등 경제질서 및 미풍양속에 현저히 어긋나는 업종의 창업 및 창업기업등에 관하여는 적용하지 아니한다.

② 제1항 단서에 해당하는 업종의 범위는 대통령령으로 정한다.

중소기업창업 지원법 시행령 제2조

제2조(창업의 범위) ① 「중소기업창업 지원법」(이하 "법"이라 한다) 제2조제2호의 창업은 중소기업을 새로 설립하여 사업을 개시하는 것으로서 다음 각 호의 어느 하나에 해당하지 않는 것으로 한다.

1. 타인으로부터 사업을 상속 또는 증여받은 개인이 기존 사업과 같은 종류의 사업을 개인인 중소기업자로서 개시하는 것
2. 개인인 중소기업자가 기존 사업을 계속 영위하면서 중소기업을 새로 설립하는 것으로서 다음 각 목에 해당하는 것
   가. 개인인 중소기업자로 사업을 개시하는 것
   나. 개인인 중소기업자가 단독으로 또는 「중소기업기본법 시행령」에 따른 친족과 합하여 의결권 있는 발행주식(출자지분을 포함한다. 이하 같다) 총수의 100분의 50을 초과하여 소유하거나 의결권 있는 발행주식 총수를 기준으로 가장 많은 주식의 지분을 소유하는 법인인 중소기업을 설립하여 기존 사업과 같은 종류의 사업을 개시하는 것
3. 개인인 중소기업자가 기존 사업을 폐업한 후 중소기업을 새로 설립하여 기존 사업과 같은 종류의 사업을 개시하는 것. 다만, 사업을 폐업한 날부터 3년(부도 또는 파산으로 폐업한 경우에는 2년을 말한다) 이상 지난 후에 기존 사업과 같은 종류의 사업을 개시하는 경우는 제외한다.

4. 법인인 중소기업자가 의결권 있는 발행주식 총수의 100분의 50(법인과 그 법인의 임원이 소유하고 있는 주식을 합산한다)을 초과하여 소유하는 다른 법인인 중소기업을 새로 설립하여 사업을 개시하는 것
5. 법인의 과점주주(「국세기본법」 제39조제2호에 따른 과점주주를 말한다. 이하 이 조에서 같다)가 새로 설립되는 법인인 중소기업자의 과점주주가 되어 사업을 개시하는 것
6. 「상법」에 따른 법인인 중소기업자가 회사의 형태를 변경하여 변경 전의 사업과 같은 종류의 사업을 계속하는 것

② 창업기업에 해당하는 개인인 중소기업자가 본인이 대표자가 되어 새로 설립하는 법인인 중소기업에 기존 사업에 관한 모든 권리와 의무를 포괄적으로 이전시킨 경우에는 그 법인은 기존 창업기업으로서의 지위를 승계한다.

③ 제1항제1호, 제2호나목, 제3호 및 제6호에 따른 같은 종류의 사업의 범위는 「통계법」 제22조제1항에 따라 통계청장이 작성 · 고시하는 한국표준산업분류(이하 "한국표준산업분류"라 한다)상의 세세분류 기준에 따른다.

④ 제1항 각 호의 기준에 관한 세부기준은 중소벤처기업부장관이 정하여 고시한다.

제4조(창업에서 제외되는 업종) 법 제5조제1항 단서에 따른 사행산업 등 경제질서 및 미풍양속에 현저히 어긋나는 업종의 범위는 다음 각 호와 같다. 이 경우 업종의 분류는 한국표준산업분류에 따른다.

1. 일반유흥주점업
2. 무도유흥주점업
3. 기타 사행시설 관리 및 운영업
4. 그 밖에 경제질서 및 미풍양속에 현저히 어긋나는 업종으로서 중소벤처기업부령으로 정하는 업종

■사례별 창업 인정 여부

주체	사업장소		사례	창업 여부
A개인이	갑장소에서	갑장소에서의 기존사업을 폐업하고	B법인을 설립하여 동종업종을 생산	조직변경
			B법인을 설립하여 이종업종을 생산	창업
		갑장소에서의 기존사업을 폐업않고	B법인을 설립하여 동종업종을 생산	형태변경
			B법인을 설립하여 이종업종을 생산	창업
A법인이	갑장소에서	갑장소에서의 기존사업을 폐업하고	B법인을 설립하여 동종업종을 생산	위장창업
			B법인을 설립하여 이종업종을 생산	창업
		갑장소에서의 기존사업을 폐업않고	B법인을 설립하여 동종업종을 생산	형태변경
			B법인을 설립하여 이종업종을 생산	창업
A개인이	을장소에서	갑장소에서의 기존사업을 폐업하고	B법인을 설립하여 동종업종을 생산	법인전환
			B법인을 설립하여 이종업종을 생산	창업
		갑장소에서의 기존사업을 폐업않고	B법인을 설립하여 동종업종을 생산	창업
			B법인을 설립하여 이종업종을 생산	창업
A법인이	을장소에서	갑장소에서의 기존사업을 폐업하고	B법인을 설립하여 동종업종을 생산	사업승계
			B법인을 설립하여 이종업종을 생산	창업
		갑장소에서의 기존사업을 폐업않고	B법인을 설립하여 동종업종을 생산	창업
			B법인을 설립하여 이종업종을 생산	창업
A가	을장소에서	갑장소에서의 기존사업을 폐업하고	다시 A명의로 동종업종을 생산	사업이전
			B법인을 설립하여 이종업종을 생산	창업
		갑장소에서의 기존사업을 폐업않고	다시 A명의로 동종업종을 생산	사업확장
			다시 A명의로 이종업종을 생산	업종추가

3) 창업의 중요성

(1) 일자리 감소의 현실

현재 청년들의 일자리는 급격히 줄어들고 있다. 통계청에 따르면 2013년을 기점으로 청년 고용률이 40% 미만으로 하락했으며, 이는 OECD 국가 중에서도 낮은 수준에 속한다. 미래 전망도 더욱 암울한데, 우리나라의 잠재성장률이 2050년에 1% 이하로 떨어질 것으로 전망되어 있다. 성장률의 1% 하락은 일자리가 5~7만 개 줄어들게 될 가능성을 의미한다.

(2) 구조적인 문제와 일자리 소멸

더욱 문제인 것은 일자리 감소가 구조적인 문제로 여겨져 해결이 어렵다는 점이다. 영국 옥스퍼드 대학 연구진은 미국의 경우 20년 후 절반이 전산화로 소멸될 수 있다는 경고를 하였다. 기술혁신과 자동화가 진행되면서 기계가 인간의 작업을 치환할 가능성이 매우 크다. 세계미래학회는 2013년에 전 세계에서 20억 개의 일자리가 사라질 것으로 예측하며 이 문제의 심각성을 지적했다.

(3) 4차 산업혁명과 새로운 기회

하지만 일자리 감소에도 불구하고, 전문가들은 4차 산업혁명이 일자리 창출의 새로운 기회를 제공할 것으로 예상하고 있다. 일부 직업은 자동화로 인해 사라지겠지만, ICT 중심으로 인공지능을 설계하고 관리하는 일자리가 늘어날 것으로 판단된다.

(4) 일자리의 진화와 역사적 근거

일자리 감소에 대한 우려는 과거에도 산업혁명이 있을 때마다 나타났다. 그러나 역사를 통해 볼 때, 산업혁명은 일자리를 없애는 것이 아니라 진화시켰다. 예를 들어, 농업인이 공장 노동자로, 타이피스트가 프로그래머로 진화하면서 일자리는 변화하고 성장하였다. 기술 혁신으로 인해 생산성이 높은 일자리로의 전환이 이루어지면서 국민소득은 계속해서 상승했다.

(5) 고용창출과 성장, 창업의 중요성

우리나라의 국민소득은 계속 2만 달러에 멈춰 있었다. 막스플랑크연구소는 '국민소득 2만 달러까지의 성장은 생산요소의 투입으로 가능하지만 그 이상 성장하기 위해서는 기업가정신의 확산이 관건이다.'라고 하였다. 미국, 영국, 이스라엘은 국민소득 2만 달러 달성 시점에서 기업가정신 교육을 국가 아젠다로 정하고 기업가정신 교육을 의무화하였다. 우리나라도 국민소득 3만 달러의 달성을 이루었지만 4만 달러 시대의 개막을 위해서는 기업가정신으로 무장된 청년들의 창업도전이 요구된다.

■창조경제연구회, 21차 공개포럼 발표자료–창조경제의 세계화(2016)

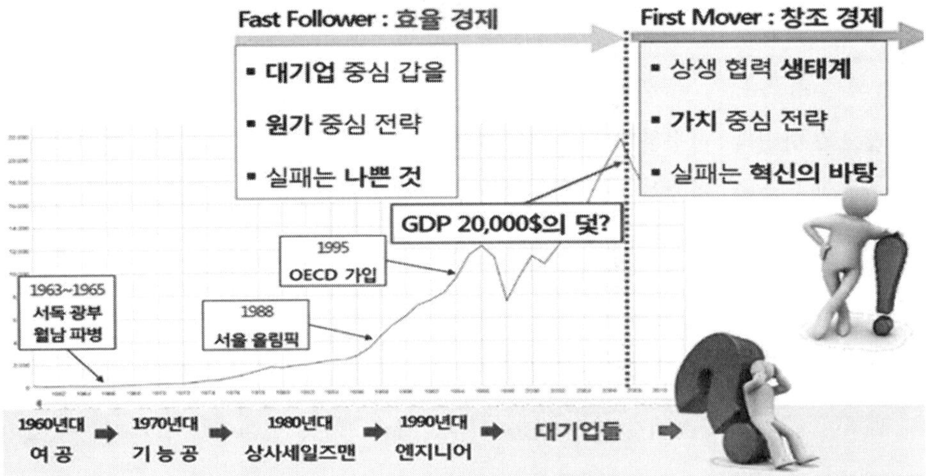

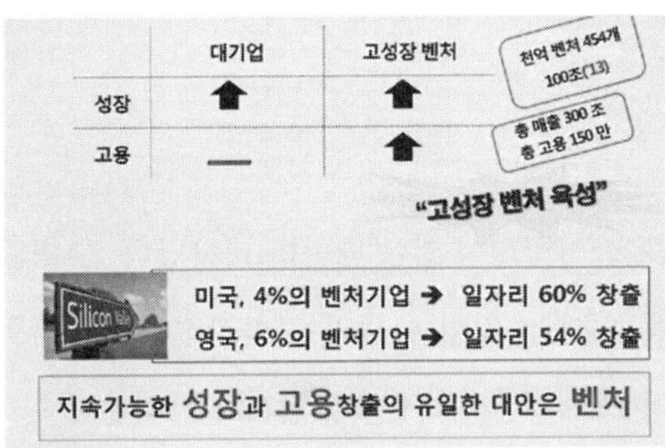

3. 글로벌 창업 트렌드 이해와 미래유망시장 예측

1) 글로벌 창업 트렌드의 이해

창업의 변화는 무거운 창업과 가벼운 창업으로 특징지어진다. 가벼운 창업은 창업비용이 저렴하고, 협업기반의 창조성을 발현하며, 핵심역량만을 갖춘 협력적인 경쟁구조를 형성한다. 또한, 플랫폼 기반의 경쟁으로 복합 기업 생태계를 구축한다.

■협업기반의 창조성 발현

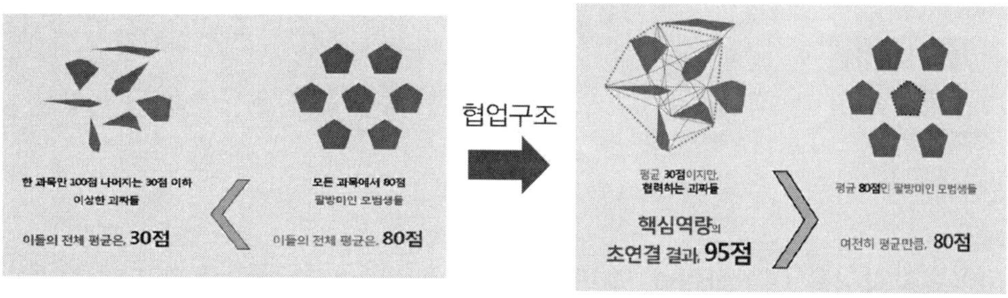

■무거운 창업 vs 가벼운 창업

무거운 창업	가벼운 창업
R&D + 생산 + 영업 + 관리 공장, 부품, 재고 막대한 자본의 소요 개별 기업 경쟁 - 비 핵심 역량이 중요 - 국가전체 자원의 중복 여과 후 출판	핵심역량만 혁신 중심 가벼운 창업 플랫폼 기반 경쟁 - 복합 기업 생태계 - 구글, 애플, 카카오 출판 후 여과

4차 산업혁명과 미래 유망기술은 창업의 새로운 기회를 제공한다. 세계경제포럼이 선정한 10대 미래유망기술은 다음과 같다.

(1) 액체생체검사(Liquid biopsies)

혈액과 같은 액체를 사용하여 암 등을 진단하는 기술이다. 비침습적이고 정확하며 빠른 진단이 가능하다.

(2) 공기에서 물 획득(Harvesting clean water from air)

공기 중에 있는 수분에서 깨끗한 물을 얻을 수 있는 기술이다. 전기 에너지가 없이도 물로 전환할 수 있는 다공성 결정물이나 태양광 시스템을 이용하는 방법이 개발되었다.

(3) 시각작업 딥 런닝(Deep learning for visual tasks)

컴퓨터의 인공지능이 딥 러닝 기술을 통해 이미지 분석 능력을 향상시킨 기술이다. 자율 주행 차, 정밀의료진단, 보험 손해평가, 농업 작물 생산 현황 등 다양한 분야에 활용된다.

(4) 태양광이용 이산화탄소 액체연료화(Liquid fuels from sunshine)

광합성이 가능한 식물 인공 잎으로 이산화탄소와 물을 이용하여 설탕, 전분 등의 자장에너지를 만드는 기술이다. 태양광으로 활성화되는 촉매를 통해 물 분자에서 수소를 만들어서 공기 중 CO_2를 탄화수소로 전환할 수 있으며, 이를 통해 알코올, 휘발유, 디젤, 등유 등의 연료를 만들 수 있다.

(5) 인간세포 지도(The Human cell atlas)

인간신체를 해독할 목적의 국제 공동연구과제로, 인간조직에 있는 모든 세포의 위치, 형태, 기능, 유전자, 단백질 등을 파악하는 기술이다. 인체에서 일어나는 모든 현상을 정확히 파악하고, 개인건강관리, 의학, 화학, 식품, 제약 등 모든 산업에 엄청난 변화를 가져 올 것이다.

(6) 정밀농업(Precision farming)

4차 산업혁명기술을 농업에 적용하여 물과 비료, 농약 등의 화학물질의 투여를 최소화하고, 질병 및 해충 등을 정확히 파악하여 적절한 방제로 작물의 생산성과 질을 최대화하는 기술이다. 측정센서, 로봇, GPS, 드론, 이미지 및 데이터분석 소프트웨어 등을 사용하여 작물이 필요한 모든 것을 공여하고, 실시간 작물의 상태를 파악하여 예상되는 수확량과 출하시기를 조정할 수 있으며, 농장 간 클라우딩으로 농업의 수요/공급을 조정할 수 있다.

(7) 녹색 자동차용 범용촉매기술(Affordable catalysts for green vehicles)

수소연료전지 기술로 구동되는 자동차는 CO_2, 유해gas, 미세 먼지 등을 무 방출하는 기술이다. 수소연료전지는 백금이 포함된 고가의 촉매를 사용하여 경제성이 없었으나, 최근에는 백금을 사용하지 않거나 희귀금속과 같은 금속을 전혀 사용하지 않는 촉매가 개발되어서 수소를 저렴한 가격으로 생산하는 실용화 기술이 개발되고 있다.

(8) 유전자 백신(Genomic vaccines)

유전자인 DNA나 RNA를 사용한 백신은 전통적인 단백질로 생산된 백신에 비해 우수하고 돌발적으로 발생하는 감염병에 대해서 빠른 시간에 대응하고 저렴한 시용이 가능하다. 인체 내에서 직접 감염병 항체를 생산하게 만들어 사용하는 방법으로 인류가 큰 난제 중 하나인 감염병 문제를 해결할 수 있게 된다.

(9) 지속가능 공동생활 디자인(Sustainable design of communities)

녹색 디자인기술로 공동생활을 하면서 소비하는 물과 에너지 등을 획기적으로 줄일 수 있는 기술이다. 지역적으로 생산되는 solar energy를 smart microgrid를 사용하며 50%의 전력소비를 줄일 수도 있고 화장실, 하수도 폐수의 재활용하는 기술과 빗물을 이용하는 물 사용 재디자인 기술은 현재에 사용하는 수돗물을 70%까지 줄일 수 있다. California와 Berkeley대학에서는 공동생활체에서 탄소제로(Carbon zero)방출 과제도 수행 중이다.

(10) 양자 컴퓨팅(Quantum computing)

양자컴퓨터는 양자가 가지는 파동과 입자적인 이중성과 불확실성 때문에 중첩(Superposition)되어 있어서 단 한 번의 조작으로 모든 가능한 상태를 모두 조작한 것과 같은 효과를 가지고 굉장히 빠른 연산이 가능한 컴퓨터이다. 56비트의 비밀암호를 현재의 컴퓨터로 찾으면 1,000년이 걸리지만 양자 전산을 사용하면 4분이면 가능하다. 기상재해, 복잡한 자연 현상, 거시경제, 유전체 등 아주 복잡한 영역의 연구가 쉽게 해결될 전망이고, 그만큼 빠른 발전을 기대해 볼 수 있다.

■2014-2017년 여러 가지 미래유망기술

2014년	2015년	2016년	2017년
신체적응 웨어러블 전기전자기술	연료전지 자동차	나노센서와 나노 사물인터넷	액체 생체검사
나노구조 탄소복합체	차세대 로보틱스	차세대 전지	물 획득 기술
해수담수화 과정에서 금속 채취	재활용 가능한 열경화성 고분자	블록체인	시각 작업 딥 러닝
전기저장 그리드	정밀한 유전공학 기술	2D소재	태양광 이용 액체연료 제조기술
나노와이어 리튬이온 전지	첨삭가공	자율주행자동차	인간세포 도감
스크린없는 디스플레이	다가오는 인공지능	장기 칩	정밀농업
인간 마이크로비옴 치료제	분산 제조업	페로브스카이트 태양전지	환경친화 이동수단 촉매
RNA기반 치료제	'감지와 회피' 드론	개방형 인공지능 생태계	게놈백신
개인 계량화 및 예측분석	뉴로모픽 기술	광유전학	공동생활권 디자인
뇌-컴퓨터 인터페이스	디지털 게놈	시스템대사공학	양자컴퓨팅

■한국과학기술정보연구원(KISTI)이 2016년 선정한 10대 미래유망기술

미래유망기술	기술 정의
바이오 프린팅	살아있는 세포를 원하는 형상이나 패턴으로 적층하여 조직이나 장기를 제작하는 3D 프린팅 기술
합성 세포 기술	인공적으로 합성된 유전체를 유전자가 제거된 생명체에 도입하여 인공세포를 만드는 기술
신체 증강 기술	자연적 또는 인공적 수단을 통하여 영구적으로나 일시적으로 인간의 몸의 한계를 뛰어넘게 시도하려는 기술
의료용 가상현실 응용 기술	현실 세계를 모방한 가상의 3차원 디지털 환경을 의료 분야에서 응용하는 기술
소프트 웨어러블 기술	신체에 착용하여 사용자의 생체신호 및 주변의 환경 정보를 지속적으로 수집하고 음성, 영상, 터치 등으로 사용자와 소통할 수 있게 하는 기술
자동차 경량화 소재	알루미늄, 마그네슘, 고장력 강판 등의 금속재료와 탄소섬유강화복합재료 등 자동차의 차체 경량화를 위해 사용되는 소재 기술
산업 인터넷 (Industrial IoT)	사물인터넷을 제조업 전부문의 공정, 제품, 서비스, 마케팅, 유통 등에 적용 및 활용하여 기계-데이터-사람의 연결에 기반한 새로운 부가가치를 창출하는 플랫폼 기술

가시광 활용 차세대 통신 (Li-Fi)	라디오 전자기파를 이용하는 와이파이 전송기술에 비해 가시광선을 이용해 빛에 디지털 정보를 담아 데이터를 전송하여 기존의 와이파이보다 무선 인터넷 속도가 최고 100배 이상 빠른 차세대 통신기술(Li-Fi, Light-Fidelity)
지능형 사이버 보안	인공지능 기법을 활용하여 방대한 사이버 보안 위협의 탐지와 대응을 자동화하고, 알려지지 않은 잠재적 위협까지 예측하는 보안 기술
카멜레온 환경감응 소재	물리적/화학적 자극(열, 기계적 힘, 압력, 자성, 전기장, 빛, 압력, 화학물질, pH 등)에 의한 외부 환경의 미세한 변화에 스스로 반응하여 화학적 성질 및 물리적 형상을 가역적 혹은 비가역적으로 제어할 수 있는 자극-응답 첨단 화학소재 기술

2) 미래 유망시장 예측

블루슈머는 블루오션의 새로운 소비자로, 경쟁이 없는 시장에서 창업을 통해 꿈을 이룰 수 있는 사람들이다. 통계청은 블루슈머를 찾아내고 사업기회를 제시하는 정책적 노력을 하고 있다. 블루슈머의 예로 다음과 같은 새로운 소비자층이 있다.

(1) 과거 지우개족

인터넷에서 자신이 남긴 흔적을 삭제하거나 관리하고 싶은 사람들이다. 디지털 세탁소, 디지털 장례식, 디지털 유산 관리 등의 서비스가 이들을 위한 사업 아이템이다.

사례

강선미(가명, 30세) 씨는 지난 해 사랑하는 가족을 잃는 슬픔을 겪었다. 장례를 포함한 이별 절차를 거의 마무리했다고 생각하고 있었는데, 갑자기 당황스러운 일이 생겼다. 고인의 페이스북을 확인해보니 사망소식을 모르고 있었던 지인들이 생일축하 메시지나 안부를 묻는 글을 남기고 있는 것을 확인한 것이다. 계정을 삭제하려고 해봤지만 한 두 개도 아니고 너무 과정이 복잡했다. 우연히 디지털 장례를 서비스하는 업체를 소개받아 고인의 온라인 기록을 일괄 정리할 수 있었다.

(2) 스몰 웨딩족

결혼비용을 줄이고 실속있는 결혼식을 하고 싶은 사람들이다. 작은 결혼식, 자유허니문 여행, 신혼집 인테리어 등의 상품이 이들을 위한 사업 아이템이다.

사례

소프트웨어 엔지니어인 최필섭(가명, 33세) 씨는 오래 사귄 연인이 있다. 하지만 서로 쉽게 결혼 얘기를 꺼내지 못한다. 부모님의 지원을 기대하기 힘들고 박봉에 저축한 돈도 넉넉지 않아 결혼식 비용, 주거 마련 등을 감당키 어렵다는 사정을 서로 알기 때문이다. 혼수와 결혼식 비용을 과감하게 줄이고 '작은 결혼식'을 치르자고 얘기하고 싶은데 양가 부모님을 설득하기가 난감할 것 같아 망설여진다. 하지만 최근 '웨딩푸어', '허니문푸어' 등이 화두가 되면서 알뜰 웨딩을 하는 친구들이 많아지고 있어 용기를 내볼까 생각하고 있다.

(3) 꽃보다 누나

4050 여성으로, 아름다움과 젊음을 위해 과감히 투자하는 사람들이다. 4050 여성 전용 패션, 건강기능식품, 화장품, 외식, 공연 등의 상품이 이들을 위한 사업 아이템이다.

사례

주부 임지연(가명, 47세) 씨는 지난해 부쩍 외출이 늘었다. 지난해 외동딸이 대학을 진학한 이후 시간이 많아졌기 때문이다. 비슷한 상황인 친구들과 오전에 만나 이야기를 나누고 맛있는 음식을 먹으러 다니는 일이 즐겁기만 하다. 오전 시간에 관람료를 할인해 주는 공연들도 많아 문화생활도 풍족해졌다. 친구들이 미시족같은 몸매와 외모를 가꾸는데 과감히 투자하는 것을 보고 이제 가족만이 아니라 자신을 위해서도 씀씀이를 늘리겠다고 다짐해본다.

(4) 가족과 떨어져 살아도 행복한 방법

직장 이전 등으로 가족과 멀리 살아야 하는 남편들은 주거, 식사, 가사 등의 문제를 해결하기 위해 다양한 서비스를 이용하고 있다. 떨어져 살다가 만나는 가족들은 펜션 여행 등으로 오붓한 시간을 보내고, 디지털 액자나 홈 CCTV 등으로 일상을 공유하고 있다.

사례

공공기관에 근무하는 김복동(가명, 40세) 씨는 지난해 갑자기 다니던 직장이 지방으로 이전했다. 가족들과 함께 이사를 하고 싶었지만 아내의 직장과 아이들의 교육 때문에 혼자만 내려갔다. 처음에는 낯설고 힘들었으나 생활가전과 가구가 갖춰진 빌트인 오피스텔을 얻어 주거 걱정을 덜었고, 아내가 국배달서비스 주문 등 멀리서도 식사까지 꼼꼼하게 챙겨줘 큰 불편함이 없이 사는 편이다. 외로움이 문제였지만 오랜만에 만나니 가족에 대한 정이 더욱 두터워지는 느낌도 있다. 하지만 언제까지 이렇게 살아야 하나 하는 걱정도 종종 한다.

(5) 반려동물을 가족처럼 대하는 사람들

애완동물은 삶의 동반자로서 외로움을 달래주고, 키우는 인구가 꾸준히 증가하고 있다. 반려동물을 위한 용품과 서비스는 고급화 및 다양화되고 있으며, 장례, TV, 관리사 등의 새로운 분야도 등장하고 있다.

사례

11살 여자아이를 둔 직장맘 문미진(가명, 38세) 씨는 지난 해 생소한 반려동물 장례식을 치렀다. 혼자 있는 아이를 위해 몇 년 전에 애완견을 한 마리 마련해 주었다. 지난 해 갑자기 강아지가 죽자, 정이 많던 아이가 비통함 때문에 밥도 못 먹고, 아프기까지 해서 애완견 장례업체에 의뢰해 사람 못지않은 장례식을 치루고 납골함까지 마련했다. 장례식 후 아이가 마음을 추스르자 비용이 아깝다는 생각이 들지 않았다. 새로운 애완견을 입양할 때도 반려동물 관리사에 의뢰를 했다.

(6) 사회적 책임을 지는 소비자들

소비자들은 공정무역, 착한 소비 등의 개념에 관심을 가지고, 사회적 책임을 잘 이행한 기업의 상품을 선호하고 있다. 사회적기업과 마을기업은 공익적 목적과 영리활동을 병행하면서 다양한 분야에서 차별화된 마케팅을 펼치고 있다.

사례

주부 박정란(가명, 34세) 씨는 쇼핑이 취미일 정도로 많은 물건을 인터넷이나 홈쇼핑을 통해 구매한다. 비싸거나 명품을 구입하는 것도 아닌데, TV나 신문에서 공정무역이니, 착한 소비니 하는 얘기를 들으면 괜히 죄책감이 들기도 한다. 그렇다고 소비를 안 할 수도 줄일 수도 없는 상황에서 사회적 기업 제품과 마을기업, 협동조합 제품을 알게 되어 조금씩 구매를 해 보았는데 선입견과 달리 상품의 질도 만족스러워 점점 구입품목을 늘리고 있다.

■블루슈머 아이템 : 유망 창업기회

블루슈머	주요 통계	유망 산업
과거 지우개족	• 인터넷진흥원 〈개인정보침해 상담건수〉 2010년 54,832건 → 2013년 177,736건으로 224% 증가 • 사이람(Cyram) 〈국내 트위터 계정현황〉 한국 내 720만 트위터 계정의 63.6%가 6개월 이상 휴면상태	‣ 디지털 흔적 지우기 – 휘발성SNS, 디지털 세탁소 ‣ 온라인 유산관리사업 – 디지털 장례식, 생전 디지털 콘텐츠 관리
스몰 웨딩족	• 여성가족부〈2010년 제2차 가족실태조사〉 평균 결혼비용 남자 8,078만원, 여자 2,936만 원 • 통계청〈인구동향조사〉 2000년대 이후 결혼을 가장 많이 하는 달, 10월, 11월, 5월 순	‣결혼식&신혼여행 – 소규모 웨딩 컨설팅 사회적 기업 ‣ 신혼주거 – 신혼집 수납 인테리어, 폴딩 베드, 벽걸이 가전
꽃보다 누나	• 통계청〈가계동향〉 2011년 대비 2012년 소득증가율 2030세대 가구 2.9% 증가 40대는 6.7%, 50대는 8.5% • 현대경제연구원〈연령별 소비구조 분석〉 생활비 관리주체 '아내' 응답비율 59.8%	‣ 패션, 화장품 – 4050여성 전용 체형변화 바지 – 좌훈카페 ‣ 건강 및 외식 – 갱년기 증상 완화 건강식품 – 오전 이용고객 할인 레스토랑
견우와 직녀	• 통계청 〈2010 인구주택총조사〉 결혼을 했지만 배우자와 떨어져 사는 기러기 가구 115만 가구, 전체 가구의 10%	‣ 주거&여행 – 코쿤하우스 등 빌트인 소형주택, 키즈펜션 ‣ 생활 편의 – 국, 반찬 배달서비스 – 의류관리기
반려족	• 통계청 〈1인가구 비중〉 2000년 15.6% → 2012년 25.3%로 증가 • 여신금융협회〈2013.8 카드사용 현황〉 애완동물 관련업종 카드사용액 831억 9천만 원, 전년 동기 대비 20.9%상승	‣ 반려동물 용품 – 유기농 간식, 친환경 목재가구 ‣ 서비스 – 반려동물 장례 서비스 Dog TV
배려 소비자	• 보험연구원 〈CSR과 소비자구매형태〉 사회적 책임 이행 기업 상품 구매 경향 85.9% • 통계청 〈2012 기업생멸 행정통계〉 신생기업 5년후 생존율 29.6% • 고용노동부 〈2012 사회적기업실태조사〉 2007년 인증 사회적기업 생존율 82.7%	‣ 차별화된 사회적 기업 – 환경, 보건, 복지 등 분야 ‣ 마을기업 및 협동조합 – 지역 특산품, 도농 연계 사업

제6장

관광창업환경 분석

06

제6장

관광창업환경 분석

학습성과

1. 관광사업 현황에 대해 설명할 수 있다.
2. 관광시장 트렌드에 대해 설명할 수 있다.
3. 관광창업 트렌드에 대해 구상할 수 있다.

관광여건을 분석하기 위해서는 관광사업을 이해할 수 있어야 한다. 관광진흥법상으로 분류된 관광사업의 분류를 살펴보며 관광사업의 현황을 알아본다. 또한, 관광시장과 관광창업 트렌드를 학습하면서 관광창업환경 전반에 대한 내용을 알아본다.

1. 관광산업 현황

관광여건을 분석하기 위해서는 관광사업의 여건을 이해할 수 있어야 한다.

1) 관광사업의 종류

관광진흥법 제3조에서는 관광사업의 종류를 7가지로 구분하고 있고 관광진흥법 시행령 제2조에 따라 다음과 같이 세분하고 있다.

(1) 여행업

여행업은 여행자나 여행에 필요한 시설을 이용하는 사람들을 위해 여행 일정을 계획하고 안내하는 업종으로, 종합여행업과 국내외여행업, 국내여행업 이렇게 3가지로 나뉜다.

종합여행업은 국내외를 여행하는 내국인 및 외국인을 대상으로 하는 여행업으로, 사증(査證)을 받는 절차를 대행하는 행위를 포함한다.

국내외여행업은 국내외를 여행하는 내국인을 대상으로 하는 여행업으로, 사증을 받는 절차를 대행하는 행위를 포함한다.

또한, 국내여행업은 국내를 여행하는 내국인을 대상으로 하는 여행업을 말한다. 이러한 여행업은 여행자나 운송시설, 숙박시설, 여행에 딸리는 시설의 경영자 등을 위하여 시설 이용 알선이나 계약 체결의 대리, 여행에 관한 안내, 그밖의 여행 편의를 제공하는 업으로 구성되어 있다.

(2) 관광숙박업

관광숙박업은 관광객들이 숙박할 수 있는 시설을 제공하는 업종으로, 다양한 형태의 숙박시설을 포함한다. 이러한 시설은 관광객들이 여행지에서 휴식을 취하고 지역의 문화와 관광명소를 체험할 수 있는 기반을 제공한다. 주요 관광숙박업으로는 호텔업과, 휴양 콘도미니엄업이 있다. 호텔업은 관광객의 숙박에 적합한 시설을 제공하고 음식, 운동, 오락, 휴양, 공연 등 다양한 부대 시설을 함께 제공하여 관광객을 유치하는 업종이다. 여기에는 관광호텔업, 수상관광호텔업, 한국전통호텔업, 가족호텔업, 호스텔업, 소형호텔업, 의료관광호텔업 등 다양한 형태로 나타난다.

휴양 콘도미니엄업은 관광객에게 숙박과 취사에 적합한 시설을 제공하고, 해당 시설의 회원이나 공유자, 그 외의 관광객에게 숙박에 딸린 음식, 운동, 오락, 휴양, 공연, 연수 등 다양한 부대 시설을 함께 제공하는 역할을 하고 있다.

이러한 관광숙박업은 지역의 관광산업 발전과 관광객들의 만족도 향상에 큰 역할을 한다. 또한, 관광숙박업은 지역 경제 활성화와 일자리 창출에도 기여하며, 지역의 관광자원을 활용하여 지역 경제를 지속적으로 발전시키는 역할을 한다. 따라서, 관광숙박업은 관광산업 전반의 발전과 지역사회의 발전에 중요한 역할을 하는 업종으로 평가된다.

(3) 관광객 이용시설업

관광객 이용시설업은 크게 전문휴양업, 종합휴양업, 야영장업, 관광유람선업, 관광공연장업, 외국인관광 도시민박업, 한옥체험업으로 나뉜다. 전문 휴양업은 민속촌, 해수욕장, 수렵장, 동식물원, 수영장, 체육시설, 박물관 미술관 등을 포함하고 있다. 종합 휴양업은 관광진흥법시행령 제2조제1항제3호나목에 의거 제1종종합휴양업과 제2종종합휴양업으로 나뉜다. 제1종 종합휴양업은 관광객의 휴양이나 여가 선용을 위하여 숙박시설 또는 음식점시설을 갖추고 전문휴양시설 중 두 종류 이상의 시설을 갖추어 관광객에게 이용하게 하는 업이나, 숙박시설 또는 음식점시설을 갖추고 전문휴양시설 중 한 종류 이상의 시설과 종합유원시설업의 시설을 갖추어 관광객에게 이용하게 하는 업이다.

제2종 종합휴양업은 관광객의 휴양이나 여가 선용을 위하여 관광숙박업의 등록에 필요한 시설과 제1종 종합휴양업의 등록에 필요한 전문휴양시설 중 두 종류 이상의 시설 또는 전문휴양시설 중 한 종류 이상의 시설 및 종합유원시설업의 시설을 함께 갖추어 관광객에게 이용하게 하는 업으로 규정되어 있다.

야영장업은 일반야영장업과 자동차야영장업으로 나뉘며, 야영장업은 야영장비 등을 설치할 수 있는 공간을 갖추고 야영에 적합한 시설을 함께 갖추어 관광객에게 이용하게 하는 업이다. 자동차 야영장업은 자동차를 주차하고 그 옆에 야영장비 등을 설치할 수 있는 공간을 갖추고 취사 등에 적합한 시설을 함께 갖추어 자동차를 이용하는 관광객에게 이용하게 하는 업으로 설명하고 있다.

관광유람선업은 일반관광유람선업과 크루즈업으로 나뉜다. 일반관광유람선업은 「해운법」에 따른 해상여객운송사업의 면허를 받은 자나 「유선 및 도선사업법」에 따른 유선사업의 면허를 받거나 신고한 자가 선박을 이용하여 관광객에게 관광을 할 수 있도록 하는 업이다. 크루즈업은 「해운법」에 따른 순항(順航) 여객운송사업이나 복합 해상여객운송사업의 면허를 받은 자가 해당 선박 안에 숙박시설, 위락시설 등 편의시설을 갖춘 선박을 이용하여 관광객에게 관광을 할 수 있도록 하는 업으로 규정하고 있다.

관광공연장업은 관광객을 위하여 적합한 공연시설을 갖추고 공연물을 공연하면서 관광객에게 식사와 주류를 판매하는 업이다.

외국인관광 도시민박업은 「국토의 계획 및 이용에 관한 법률」 제6조제1호에 따른 도시지역의 주민이 자신이 거주하고 있는 특정 주택을 이용하여 외국인 관광객에게 한국의 가정문화를 체험할 수 있도록 적합한 시설을 갖추고 숙식 등을 제공하는 업으로 규정한다.

한옥체험업은 한옥에 관광객의 숙박 체험에 적합한 시설을 갖추고 관광객에게 이용하게 하거나, 전통 놀이 및 공예 등 전통문화 체험에 적합한 시설을 갖추어 관광객에게 이용하게 하는 업이다.

이러한 시설은 관광객들이 휴식을 취하고 지역의 문화와 레저 활동을 즐길 수 있도록 돕는 역할을 한다.

예를 들어, 관광객 이용시설업은 관광객들이 운동을 즐길 수 있는 체육시설, 문화와 예술을 즐길 수 있는 공연장, 레저 활동을 즐길 수 있는 시설 등을 포함한다.

이러한 시설은 관광객들의 다양한 취향과 요구를 충족시키기 위해 다양한 형태로 제공된다. 관광객 이용시설업은 지역의 관광자원을 활용하여 관광객들에게 다양한 경험과 활동을 제공함으로써 지역 관광산업을 발전시키는 데 기여한다. 또한, 관광객 이용시설업은 지역의 문화와 예술을 보존하고 홍보하는 역할을 하며, 관광객들이 지역을 방문하고 머무는 동안 다양한 활동과 경험을 즐길 수 있도록 지원한다.

(4) 국제회의업

국제회의업은 대규모 관광 수요를 유발하여 관광산업 진흥에 기여하는 국제회의(세미나, 토론회, 전시회, 기업회의 등)를 개최할 수 있는 시설을 설치 · 운영하거나 국제회의의 기획 · 준비 · 진행 및 그 밖에 이와 관련된 업무를 위탁받아 대행하는 업종을 말한다.

이에 따라 국제회의업은 국제회의시설업과 국제회의기획업으로 구분된다. 국제회의시설업은 국제회의 및 전시를 위한 시설을 갖추고 운영하는 업체를 말하며, 국제회의기획업은 국제회의 및 전시의 기획, 준비, 진행 및 관련 업무를 담당하는 업체를 의미한다.

이러한 국제회의업은 국제적인 교류와 협력을 촉진하고, 지역 경제에 기여하는 역할을 한다. 또한, 국제회의를 통해 지식과 기술의 교류가 이루어지며, 대규모 관광을 유도하기에 지역의 관광 산업을 활성화시키는 데 중요한 역할을 한다. 국제회의업은 관광산업의 다양성과 성장을 촉진하며, 지역의 국제적인 이미지와 경쟁력을 향상시키는 데 기여한다.

(5) 카지노업

카지노업은 전문 영업장을 갖추고 주사위, 트럼프, 슬롯머신 등의 특정한 기구를 이용하여 우연의 결과에 따라 특정인에게 재산상의 이익을 주고 다른 참가자에게 손실을 주는 행위 등을 하는 업종을 말한다. 카지노업은 주로 게임을 통해 돈을 걸고 베팅하는 형태로 운영되며, 이러한 활동은 법과 규제에 따라 엄격한 통제를 받는다.

카지노업은 관광산업과 연관이 깊은 업종으로, 관광객들의 유치와 지역 경제 활성화에 기여할 수 있다. 그러나 카지노업은 도박 중독 문제와 금전적인 위험 등을 동반하고 있어, 이에 대한 사회적 책임과 규제가 필요하다. 우리나라의 경우, 카지노업은 문화체육관광부령에 따라 특정한 시설과 기구를 갖추어 문화체육관광부장관의 허가를 받아야 하며, 외국 간을 왕래하는 여객선에서 운영되는 경우에도 특정한 규제와 허가 절차가 필요하다.

따라서 카지노업은 관광산업과 함께 지역 경제에 기여할 수 있는 업종이지만, 도박 중독 문제와 금전적인 위험 등을 고려하여 적절한 규제와 사회적 책임을 수행해야 하는 분야로 이해된다.

(6) 유원시설업

유원시설업은 관광객들에게 유기시설이나 유기기구를 갖추어 이를 관광객에게 이용하게 하는 업이다. 다른 영업을 경영하면서 관광객의 유치 또는 광고 등을 목적으로 유기시설이나 유기기구를 설치하여 이를 이용하게 하는 경우를 포함한다. 유원시설업의 종류는 크게 세가지로 나뉘는데 종합유원시설업, 일반유원시설업, 기타유원시설업으로 구분짓고 있다.

종합유원시설업은 유기시설이나 유기기구를 갖추어 관광객에게 이용하게 하는 업으로서 대규모의 대지 또는 실내에서 관광진흥법 제33조에 따른 안전성검사 대상 유기시설 또는 유기기구 여섯 종류 이상을 설치하여 운영하는 업으로 규정된다.

일반유원시설업은 유기시설이나 유기기구를 갖추어 관광객에게 이용하게 하는 업으로서 관광진흥법 제33조에 따른 안전성검사 대상 유기시설 또는 유기기구 한 종류 이상을 설치하여 운영하는 업이다.

기타유원시설업 유기시설이나 유기기구를 갖추어 관광객에게 이용하게 하는 업으로서 관광진흥법 제33조에 따른 안전성검사 대상이 아닌 유기시설 또는 유기기구를 설치하여 운영하는 업으로 규정하고 있다.

유원시설업은 놀이공원, 테마파크 등 다양한 형태로 나타나며, 관광객들에게 다양한 경험을 제공한다. 놀이공원은 놀이기구, 테마파크 등을 통해 관광객에게 즐거운 경험을 제공하고, 테마파크는 문화 · 예술 · 과학 등 다양한 주제로 테마화된 공간을 제공한다.

이러한 유원시설업은 정부의 안전규제와 시설운영 기준을 준수하여 운영되어야 한다. 또한, 홍보 및 마케팅 전략을 통해 관광객을 유치하고, 지역 활성화 및 환경 보전을 위해 지역사회와 협력하는 것이 중요하다. 유원시설은 다양한 경험과 활동을 통해 관광객들에게 즐거움을 제공하며, 지역 개발에 기여하는 중요한 역할을 하고 있다.

(7) 관광 편의시설업

관광 편의시설업은 관광진흥법 제3조 제1호부터 제6호까지의 규정에 따른 관광사업 외에 관광진흥에 이바지할 수 있는 사업이나 시설 등을 운영하는 업종을 말한다. 관광객들의 편의를 제공하고, 관광산업의 발전에 기여할 수 있는 업종으로 분류된다.

관광 편의시설업은 다양한 형태로 구성될 수 있다. 예를 들어, 관광유흥음식점업은 관광객이 이용할 수 있는 음식점을 운영하는 업종을 말한다. 이 경우, 식품위생 법령에 따른 유흥주점 영업의 허가를 받아야 한다.

또한, 관광객들의 휴식과 편의를 위해 숙박시설, 민예공예품 판매점, 관광안내소, 관광기념품점 등 다양한 시설을 운영할 수 있다.

관광 편의시설업은 관광객들의 즐거운 체험과 휴식을 제공하며, 지역 경제에 기여할 수 있는 업종이다. 그러나 관광객들의 안전과 건강을 위해 적절한 규제와 안전성 검사가 필요하다. 또한, 관광객들에게 편의를 제공하는 업종이기 때문에, 고객 서비스와 관련된 역량과 기술 또한 요구된다.

■관광사업체 수

(단위 : 개)

구분		2018	2019	2020	2021	2022
사업체 수	전체	267,561	275,619	191,524	195,280	198,626
	여행업	19,039	18,223	16,660	17,433	17,865
	관광숙박업	2,110	2,218	2,223	2,372	2,155
	관광객이용시설업	4,323	4,657	6,079	6,582	7,372
	국제회의업	886	1,040	1,110	1,201	1,314
	카지노업	17	17	17	17	17
	유원시설업	3,000	2,981	2,689	2,611	2,760
	관광편의시설업	4,077	4,189	3,237	3,337	3,524

인포그래픽

전체 사업체 수

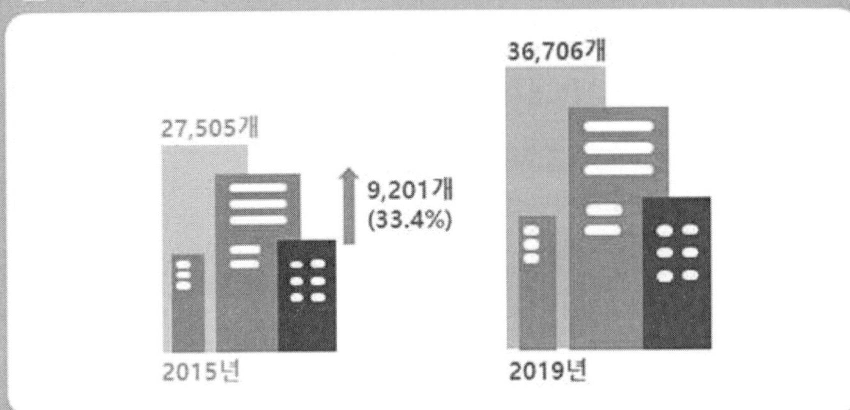

업종별 사업체 수

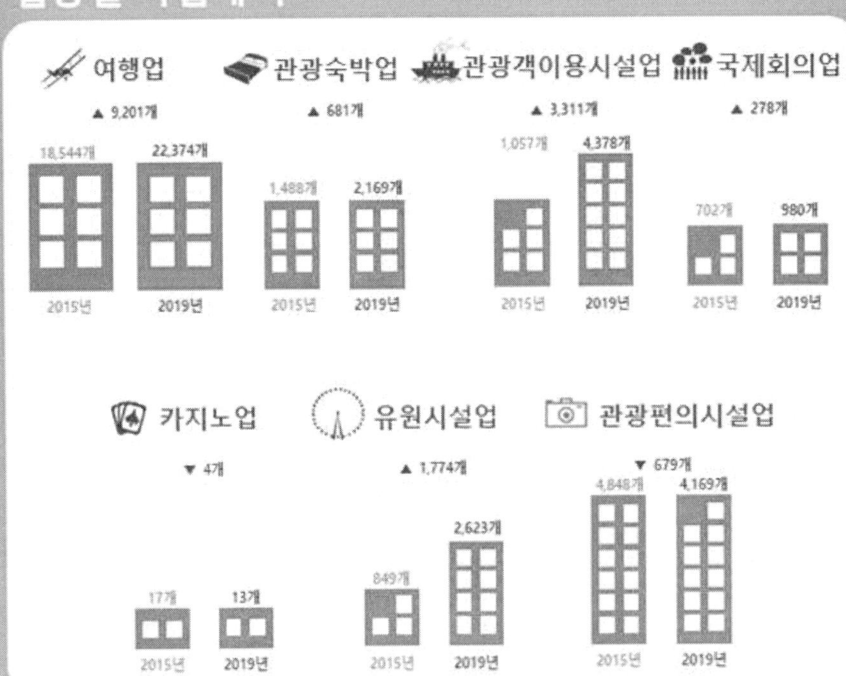

관광사업을 경영하고자 하는 자는 등록, 허가, 신고, 지정 절차를 거쳐야 한다. 이에 대한 각각의 절차는 다음과 같다.

관광사업 절차

1. 등록(Registration)
   - 여행업, 관광숙박업, 관광객 이용시설업, 국제회의업을 경영하고자 하는 자는 특별자치시장, 특별자치도지사, 시장, 군수, 구청장에게 등록하여야 한다.
   - 등록은 행정관청이 어떤 법률사실이나 법률관계의 존재를 공적으로 공시 또는 증명하는 공증행위의 성질을 가지는 것으로, 등록청인 행정관청이 등록을 수리할 것인가 또는 거부할 것인가에 대하여 재량의 여지가 없는 것이 원칙이다.

2. 허가(Permission)
   - 종합유원시설업, 일반유원시설업, 카지노업을 경영하고자 하는 자는 시 · 도지사, 시장, 군수, 구청장으로부터 허가를 받아야 한다.
   - 허가는 행정관청이 어떤 행위를 하도록 하거나 하지 못하도록 하는 행정처분으로, 행정청이 재량의 여지 없이 허가를 하거나 거부할 수 있다.

3. 신고(Report)
   - 기타유원시설업을 경영하고자 하는 자는 행정관청에 신고하여야 한다.
   - 신고는 행정관청에 어떤 사실을 고지하는 행위로, 행정청이 해당 사실을 확인하고 관리한다.

4. 지정(Designation)
   - 관광 편의시설업을 경영하려는 자는 특별자치시장, 특별자치도지사, 시장, 군수, 구청장의 지정을 받아야 한다.
   - 지정은 관련법령에 의하여 허가, 인가, 신고를 통해 행정기관의 장으로부터 받아 영업을 하는 사업들 중에서 시 · 도지사, 시장 · 군수 · 구 청장 또는 관광협회가 지정하는 관광사업이다.

이러한 등록, 허가, 신고, 지정 절차는 관광사업을 안정적으로 운영하고, 관광객 및 소비자의 권익을 보호하기 위해 필요한 절차이다.

■관광사업별 등록 · 허가 · 신고 · 지정의 행정처분관청

구분	특별자치시장 · 특별자치도지사 · 시장 · 군수 · 구청장	문화체육관광부 장관	시 · 도지사 시장 · 군수 · 구청장
등록대상사업	여행업 관광숙박업 관광객 이용시설업 국제회의업		
허가대상사업	종합유원시설업 일반유원시설업	카지노업	
신고대상사업	기타유원시설업		
지정대상사업			관광 편의시설업

2. 관광시장 트렌드

1) 국내 관광시장

국내 관광시장은 지속적으로 성장하고 있다. 이 성장은 여행에 소비되는 총 비용과 이동 총량의 증가를 통해 확인할 수 있다.

여행 트렌드는 매년 변화하며, 이는 기술의 발전과 여행객의 욕구 변화에 따른 것이다. 특히 4차 산업의 발달로 인해 인기 여행지와 여행 트렌드가 SNS와 연계되는 현상이 발생하였다.

한국관광공사는 매년 다양한 데이터를 종합분석하여 관광트렌드를 발표하고 있다. 관광트렌드는 직전 3개년도의 관광빅데이터를 활용하여 방문객 이동과 소비행태의 변화를 분석한다. 주로 이동통신과 카드소비 데이터를 활용하여 관광지 방문자 수 및 평균 체류시간, 연령별 소비유형별 카드소비유형을 분석하여 트렌드를 도출한다.

한국관광공사가 분석하여 발표한 관광트렌드를 연도별로 알아보자. 2021년도 관

광 트렌드 키워드는 BETWEEN이 선정되었고, 2022년도는 HABIT-US, 2023년도는 MOMENT, 2024년도는 ROUTE가 키워드로 선정되었다.

■관광 트렌드의 변화(2021~2024)

연도	관광 트렌드
2021	BETWEEN : 코로나로 인한 불안감과 회복 기대감 '사이'
	B : Break 균열 → 코로나19로 인한 여행산업의 변동 E : Encourage 위로 → 위로를 전하는 힐링 여행 T : Tie 연결 → 더욱 끈끈해진 지자체 간 네트워크 W : Wherever 어디든 관광지 → 내가 가는 곳이 여행 명소 E : Enhance 강화 → 친밀한 사람들과 함께 즐기는 여행 E : Expect 기대 → 여행에 대한 갈망 N : Note 주목 → 변화 속 새로운 여행의 행태에 주목
2022	HABIT-US : 나의 특별한 순간
	H : Hashtags 개별화-다양화 → 뚜렷한 격차, 개별화되고 다양해진 여행 취향 A : Anyone 누구와 함께라도 → 누구와 함께라도 행복한 여행. 키즈, 반려동물, 혼자여행 B: Beyond Boundary 경계를 넘어 → 여행경계, 정해진 틀을 넘어서 I: In a Wink 즉흥여행 → 미리 계획을 세우지 않아도 떠나고 싶을 때 바로 T : Therapy 위로와 치유 → 나를 위로하고 치유하는 여행 U : Usual Unusual 일상이 된 비일상 → 코로나 이후 등장한 대체여행 트렌드 지속 S : Special me 특별한 나 → '나의 특별한 순간'을 만드는 여행 기록
2023	MOMENT : 일상의 모든 순간이 여행
	M : Meet the local 로컬관광 → 지역 여행지에서의 새로운 일상 경험 추구 O : Outdoor/leisure travel 아웃도어/레저여행 → 레저스포츠 참여 목적의 여행 선호 M : Memorable time in rural area 농촌 여행 → 휴식 + 새로운 경험 '촌캉스' 유행 E : Eco-friendly travel 친환경 여행 → 환경보호 실천 여행에 대한 관심 증가 N : Need for longer stay 체류형 여행 → 한 지역에서 오래 살아보는 여행 T : Trip to enjoy hobbies 취미 여행 → 나만의 취미를 즐기는 '취미 여행' 관심 증가
2024	ROUTE : 나만의 경험을 찾아가는 여정
	R : Relax and empty your mind 쉼이 있는 여행 → 휴식과 쉼을 주된 목적으로 하는 여행 O : One point travel 원포인트 여행 → 단일테마 혹은 활동을 목적으로 하는 여행 U : Undiscovered Place 나만의 명소 여행 → 보다 고유한 경험을 하고자 하는 욕구 T : Travel Tech스마트 기술 기반 여행 → 첨단 기술을 활용한 관광콘텐츠 활용 및 습득 E : Easy access for everyone 모두에게 열린 여행 → 관광취약계층 동반 여행객에 대한 인식 및 환경 변화

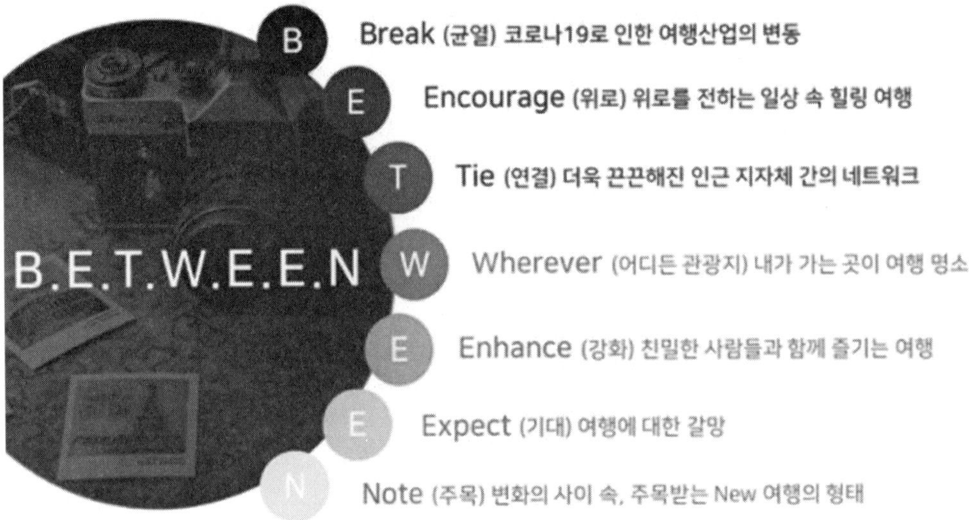

코로나19가 전 세계적으로 확산된 2020년 말에 발표된 2021년 국내여행 트렌드 키워드는 코로나로 인한 불안감과 회복 기대감의 '사이'를 나타내는 표현 'B.E.T.W.E.E.N.'이 선정되었다. 이는 균열(Break), 위로(Encourage), 연결(Tie), 어디든(Wherever), 강화(Enhance), 기대(Expect), 주목(Note)을 의미한다.

2022년에는 코로나19 이후 변해버린 일상 속, '현재'와 '나'의 행복에 초점을 맞춘 개인은 여행을 통해 자신의 취향을 경험하고 기록한다는 의미의 '해빗-어스(H.A.B.I.T-U.S.)'가 2022년 국내관광의 핵심이 될 것이라고 하였다. 코로나19 장기화로 인한 전년도 관광트렌드의 기조가 지속적으로 유지되는 가운데, 코로나19가 바꾼 '개인화', '파편화' 등 삶의 태도가 여행행태에 영향을 미치며 '여행취향의 다양화', '여행거리의 확장', '즉흥여행', '여행루틴' 등 개인의 취향을 경험하고 기록하는 형태로 자리 잡은 것으로 파악하였다.

2023년 국내관광 트렌드로 제시된 '모멘트(M.O.M.E.N.T.)'는 엔데믹 시대 억눌렸던 여행수요가 정상화되면서 '일상의 매 순간이 여행의 순간이 될 수 있다는 것'을 의미한다. 나만의 즐거운 여행을 추구하는 소비자 니즈와 함께 주목되는 다양한 여행형태로 로컬관광, 아웃도어/레저여행, 농촌 여행, 친환경 여행, 체류형 여행, 취미 여행 등 6개의 테마를 선정했다.

*사회, 여가, 소비, 환경, 노동분야의 주요 변화를 토대로 2023년 유망 여행 테마 6가지 선정함

*사회, 여가, 소비, 환경, 노동분야의 주요 변화를 토대로 2023년 유망 여행 테마 6가지 선정함

2024년에는 여행자 개인의 취향에 따라 개성 있고 차별화된 여행을 추구한다는 의미의 '루트(R.O.U.T.E.)'가 관광트렌드로 선정되었다. '나만의 경험을 찾아가는 여정'이라는 의미의 '루트(R.O.U.T.E.)'는 쉼이 있는 여행, 원포인트 여행, 나만의 명소 여행, 스마트 기술 기반 여행, 모두에게 열린 여행 등 총 5개 테마로 구하였다.

이외에도 관광 트렌드 분석은 다양하게 진행되고 있는데, 대표적으로 한국문화관광연구원에서 작성한 '관광 트렌드 분석 및 전망 2023-2025'에서는 아래와 같이 10개의 핵심 트렌드를 선정하였다.

이 보고서는 급격하게 변화하고 있는 관광환경이 관광에 영향을 미치는 요인들이 증가하고 있고, 급변하는 환경과 변수들로 기존에 계획하였던 정책이나 사업 추진방향이 변경되거나 신속한 대응에 어려움을 겪고 있다고 설명하였다. 이 보고서에서는 지금까지의 트렌드 연구와 다르게 단순 관광객 행태 분석이 아닌 관광산업과 지역에서 변화하는 관광환경에 대응할 수 있도록 정책 방향성이 포함된 관광 트렌드를 제시하는 기초자료를 제공하고 있다.

*사회, 여가, 소비, 환경, 노동분야의 주요 이슈를 토대로 2024년 유망 여행 테마 5가지 선정함

다음의 내용은 위의 보고서에서 분석한 10가지의 핵심 관광 트렌드이다.

가. 뉴노멀 시대, 새로운 여행 워케이션 확산

현재 '워라밸'에 대한 관심이 높아지면서 코로나 팬데믹으로 디지털 기기 이용이 증가하면서 '하이브리드 근무' 및 '워케이션' 관광시장이 급성장하고 있다. 기업들은 재택근무를 통해 창의적 인재를 유치하고, 지역에서는 워케이션을 통해 '관계 인구'를 창출하여 지역 경제를 활성화하려는 노력을 기울이고 있다. 이러한 트렌드는 국내외에서 나타나고 있어 정책적으로는 디지털 노마드 유치와 방한 워케이션 활성화를 위해 부처 간 협력과 차세대 요구에 부응하는 관광 서비스 개발이 필요하다.

나. 위기 회복 시대, 웰니스 치유 여행 가속화

한국은 현재 행복지수 중위권에 속해 있으며, 코로나 팬데믹으로 사회적 고립과 우울증이 증가하면서 힐링 여행 및 웰니스 관광 수요가 상승하고 있다. 웰니스 산업이 급성장하며 스파, 명상을 넘어 다양한 형태로 확장되고 있다. 정부와 다른 부처들은 웰니스 관광을 선정하고 정책을 추진하고 있지만, 관점 변화와 새로운 서비스가 필요하다. 정책적으로는 부처 간 협력을 강화하여 웰니스 시장을 확대하고 경쟁력을 높이는 선진적 대응이 필요하며, 지속적인 노력을 통해 국내에서 웰니스 관광이 발전할 수 있도록 해야 한다.

다. 초개인화 시대, 여행경험의 나노화

엔데믹 이후, 보상여행이 증가하면서 여행 형태가 양극화되고 있다. 해외여행과 근거리 여행이 주목받으며, 럭셔리 여행과 가성비 좋은 상품이 선호되고 있다. 소그룹 여행과 혼자 하는 여행(혼행)이 인기를 끌며, 정보 분석 기술을 활용한 커스터마이징 업체들이 다양한 여행 옵션을 제공하고 있다. 혼자 하는 여행에서는 특정 테마를 중심으로 한 미식관광, 야간관광, 캠핑과 차박 등이 활발해지고 있다. 보상여행의 증가와 함께 다양한 여행 경험을 추구하는 개인들의 니즈에 부응하는 여행 옵션들이 시장에서 주목받고 있다.

라. 관광할 권리, 모두가 즐기는 여행 실현

코로나 팬데믹으로 고령자 및 장애인 등 관광약자의 여행이 감소했지만, 2019년 TPO 회의에서는 관광을 선택이 아닌 권리로 선언되어 이들의 여행을 촉진하기 위한 방안이 모색되고 있다. 관광이 기본적 권리로 인식되면서 ESG 경영의 측면에서 관광 기본권 대응이 강화되어야 한다. 장애인, 고령자, 채식주의자, 반려동물 가구와 같은 소수로 인식되었지만 이제는 모두가 즐길 수 있는 관광 개념으로 정착되었으며, 이들의 관광활동을 촉진하기 위한 방안이 모색되고 있다. 예를 들어 숙박시설의 무장애 객실 확충과 음식점의 접근성 개선 등이 필요하다. 관광업계는 물리적, 내용적, 심리적인 장벽을 제거하기 위한 노력이 요구되고, 적극적으로 무장애 관광 상품 및 서비스를 제공할 필요가 있다.

마. K-컬처 시대, 방한 여행의 스펙트럼 확장

한류는 특정 장르에 한정되던 이미지를 벗어나 전반적인 문화에 영향을 확장하여 한국을 세계적으로 대표되는 분야로 성장하고 있다. 코로나 팬데믹 기간 동안 국제관광이 단절되면서 OTT를 통한 한국 콘텐츠 소비가 증가하며 한류의 경쟁력이 강화되고 있다. '오징어게임', '기생충', 'BTS' 등은 세계적으로 그리고 장기적 인기를 얻고 있으며, 웹툰, 게임 등 다양한 분야에서 성장하고 있어 한류의 스펙트럼이 다양화되고 있다. 선제적인 국제관광 경쟁력을 확보하기 위해 정책적으로는 주요 거점별 관광 관련 인프라 구축과 지역의 한류 자원 활용이 필요하며, OTT와 관련된 인력 육성 및 세계적 경쟁력 강화를 위한 조사 및 연구가 필요하다.

바. 로컬의 시대, 지역 관광의 진화

요즘 관광객들은 대규모나 표준화된 관광지보다 독특하고 매력적인 지역 자원과 콘텐츠를 선호하며, 이로써 '로컬 힙(Local Hip)'이라는 개념이 부각되고 있다. 국내 여행이 증가하면서 기업들은 지역 특성을 반영한 상품을 개발하고 있으며, 관광객들은 해당 상품의 우수성뿐만 아니라 지역으로의 소비가 지역 경제와 사회에 기여하는 혜택을 기대하고 있다. 이에 지자체들은 지역의 정체성을 유지하면서 잠재력이 있는 자원을 발굴하여 관광객을 지속적으로 유치하기 위한 선순환 구조를 확립하는 노력이 필요하다.

사. 디지털 전환 시대, 신(新)융합 관광 확대

디지털 기술의 혁신과 코로나19로 인한 비대면 확산으로 관광 분야에서는 무인 서비스와 랜선 투어, 메타버스 등의 비대면 기술이 도입되었으며, 대국민 조사에 따르면 디지털 콘텐츠 경험 중 '빅데이터와 AI를 통한 맞춤형 관광정보 제공'에 대한 의향이 높아졌다. 국내 관광기업은 관광지의 물리적 공간을 가상 디지털 공간으로 변화시켜 부가가치를 창출하기 위해 제도적 환경 정비가 필요하다.

아. 기후변화 시대, 탄소중립 여행의 부상

2020년 10월에 '2050년까지 탄소중립 선언' 이후 관광산업에서도 탄소중립을 달성하기 위한 논의가 진행되고 있다. 코로나19 이후 생태계, 지속가능성, 기후변화, 인권, 동물복지 등의 윤리적 가치가 상승함에 따라 탄소중립 달성을 위한 실천이 요구되고 있다.

이에 따라 여행 및 관광업계는 소비자의 요구를 반영하여 탄소중립 캠페인 시행 및 탄소 라벨링 체계 개발과 같은 다양한 프로젝트를 진행하고 있다. 호텔 등, 관광시설은 탄소중립으로 전환, 에너지 전환 가속화, 신재생 에너지 사용, 이동교통수단의 저탄소화를 위한 모델도 마련되어야 한다.

자. 탈 경계 시대, 일상에 스며든 관광

가까운 거리에서 안전하게 시간을 보내는 '근거리 여행'이 강조되며, 어반 힐링(Urban Healing) 현상이 부각되고 있다. '스테이케이션', '니어케이션' 대신 '근거리 여행'이라는 용어가 사용되며, 거주지에서 1시간 이내의 근거리를 여행하여 새로운 경험을 찾는 추세가 나타나고 있다. 이 스타일은 인파와 교통체증을 피하면서 가까운 지역에서 편안한 시간을 보내는 것을 강조하며, 학생 중심의 교육체험에서 직장인, 가족 등으로 관광 시장이 확대되고 있다. 특히, 독특한 경험을 제공하는 숙박공간이 성공적인 사례로 소개되고 있으며, 생활밀착형 관광이 발전하기 위해서는 지역주민을 고려하고 지역 아이덴티티를 강화하기 위한 노력이 필요하며, 관광시설의 특징을 강조하여 매력적인 공간으로 전환하는 것이 중요하다.

차. 창조의 시대, 스스로 성장하는 지역관광

'지역주도형' 관광정책이 강조되면서 법 · 제도 및 사업이 진행되고 있다. 지역에서는 스스로 관광 문제를 인식하고 해결하기 위해 노력하며, 자립적인 관광발전을 위해 지역관광추진조직이 구축되고 확대되고 있다. 로컬 크리에이터들은 지역문화를 외부와 연계하는 역할을 하며, 공공부문에서는 로컬 크리에이터를 체계적으로 양성하고 관광 두레와 같은 지역주민 중심의 관광창업이 활성화되고 있다. 인력은 관광산업을 활성화하고 정책을 추진하기 위한 핵심 자원으로, 지역주민 및 지역 인재의 참여를 촉진하고 산학연이 협력하여 장기적으로 지역 인재를 육성하여야 한다.

보고서에서 나타낸 10대 핵심 관광 트렌드는 코로나 기간을 거치며 새로이 등장한 트렌드도 있다. 그러나 기존 관광 트렌드가 지속되면서 환경의 변화에 따라 변화된 트렌드도 존재한다. 코로나 이후에도 감염의 위험은 여전히 존재하고 있으며, 코로나 이외에도 불안정한 국제정세와 경기침체같은 거시 환경의 불확실성을 가지고 있다. 이러한 위기 속에서도 관광의 역할은 앞으로 더욱 중요하게 대두될 전망이라 하였다.

문화관광연구원 '관광 트렌드 분석 및 전망 2023-2025'

코로나 시대의 새로운 관광, "NEW ERA TRIP"

키워드	10대 핵심 관광 트렌드	주요 내용
New travel experiences: Workation	뉴노멀 시대, 새로운 여행 워케이션 확산	• 코로나 팬데믹 이후 뉴노멀 시대 새로운 여행스타일로 워케이션 등장
Extremely-personalized travel	초개인화 시대, 여행경험의 나노화	• 엔데믹 도래로 여행 보상수요가 본격적으로 실현될 것으로 전망
Widen the spectrum of K-culture	K-컬처 시대, 방한여행의 스펙트럼 확장	• 코로나 팬데믹 동안 OTT 시장 급성장으로 K-콘텐츠에 대한 전 세계적인 관심이 증폭되면서 향후 한류 관광의 비상이 기대됨
Evolution of local trips	로컬의 시대, 지역 관광의 진화	• 지역의 고유성을 기반으로 하는 관광 콘텐츠 업체 등장 • 지역다움이 가장 큰 경쟁력으로 부상 • 특정 지역의 색깔이 담긴 공간과 식품, 굿즈를 통한 로컬 힙(HIP)
Recovering from a crisis: Wellness	위기 회복 시대, 웰니스 치유여행 가속화	• 코로나 블루 극복을 위한 힐링 및 웰니스 여행 가속화 전망
Accessible tourism for all	관광할 권리, 모두가 즐기는 여행의 실현	• 관광권리에 대한 관심 증가로 비주류층 관광여행 잠재시장 증가 전망
Towards digital transformation	디지털 전환 시대, 신(新)융합 관광 확대	• 코로나 팬데믹 동안의 비대면 관광경험 증폭으로 관광산업 DX 가속화 • 트래블 테크 관광기업 증가로 AI, D&A, IoT 등 융합 가속화 • 관광 플랫폼 비즈니스 지각변동 가속화
Realizing Net-Zero tourism	기후변화 시대, 탄소중립 여행의 부상	• 기후변화에 따라 전 세계적으로 탄소중립 중요성 가속화 • 관광기업의 온실가스 절감, ESG 경영으로 저탄소 경제 전환 노력 확산 • 관광객의 탄소중립 인식 확대 및 친환경 여행 수요 가속화
Interaction between tourism and everyday life	탈 경계 시대, 일상에 스며든 관광	• 거주 지역을 중심으로 가까운 장소에서 여가 활동 • 장기간의 숙박여행이 아닌 짧은 여행기간, 횟수는 증가 • 일상의 삶이 곧 관광이 되는 마을호텔 등 성공사례 창출
Power of local-driven tourism	창조의 시대, 스스로 성장하는 지역관광	• 청년층을 중심으로 로컬 크리에이터 역할의 확대 • 지역주민들이 스스로 참여하는 관광두레의 성공 • 지역관광추진조직에 대한 기대와 역할 정립이 필요

2) 국외관광시장

(1) 꾸준히 높아지는 국민 해외여행 증가율

국민 해외여행 증가율은 코로나기간에 대폭 하락하였으나 이전 까지는 꾸준한 상승 추세를 보이고 있었다. 지속적인 여가시간의 증가와 해외여행 가격의 하락 등이 해외여행률 증가에 영향을 미쳤다. 2019년에는 2,800만 명 이상 출국하며 3,000만 명 출국을 목전에 두고 있었으나 코로나로 인해 120만 명 수준까지 감소하였다. 다만, 2023

년 다시 2,000만 명 이상 출국하여 급격한 증가세를 나타낸 것으로 미루어볼 때 코로나 이전 수준까지 회복하는데 오랜 시일이 걸리지 않을 것으로 판단된다.

(2) 고착화되는 외래관광객 활동

외래관광객의 방문 지역 편중현상은 서울을 중심으로 한 서울 권역이 높은 비중을 차지하고 있다. 정부는 이러한 편중 문제를 해소하고 지역 관광을 활성화하기 위해 '관광거점도시 육성사업'을 추진하고 있다. 부산, 강릉, 전주, 목포, 안동 등을 국제관광도시로 지정하여 관광지 다변화 및 브랜드 개발, 홍보를 강화하고 있다. 외래관광객을 특정 도시에 국한되지 않고 분산시켜 지역 경제를 활성화하고 지역 체류를 유도하기 위해 다양한 프로그램과 시설을 개선하는 등의 지원이 진행 중이다.

이러한 정책들은 국외 관광시장에서의 한계와 트렌드를 파악하며 적극적인 대응이 필요함을 시사하고 있다. 지속적인 모니터링과 적응력 있는 정책 수립을 통해 국내와 국외의 관광시장을 지속적으로 발전시켜 나가는 것이 필요하다.

3. 관광창업 트렌드

1) 관광창업 트렌드의 이해

관광창업 트렌드를 파악하기 위해서는 다음과 같은 것들이 필요하다.

먼저 시장 동향 파악이다. 관광산업의 최신 트렌드와 변화를 파악하는 것이 중요하다. 이를 위해 관련 보고서, 뉴스, 연구 자료 등을 참조하거나, 관광 전문가의 의견을 듣는 것이 도움이 될 수 있다. 관광객의 선호도와 행동 패턴을 파악하여 고객을 이해하는 것이 중요하다. 이를 위해 고객 설문조사, 인터뷰, 소셜 미디어 분석 등을 활용할 수 있다. 지속적으로 발전하고 있는 디지털 기술을 활용하여 새로운 서비스를 제공하는 것이 중요하다. 예를 들어, 빅데이터, AR/VR/XR, 인공지능 등의 기술을 활용한 디지털 서비스 사업이 주목받고 있으며, 관광객들 역시 기술을 이용한 관광서비스 제공에 대한 수요가 점차 증가하고 있다.

다음으로 지역의 특성과 문화를 고려한 상품 개발이 중요하다. 예를 들어, 지역 특산품 체험, 지역 문화/음식 체험, 지역 축제 및 이벤트 참여 등이 관광객들에게 인기를 끌고 있다.

마지막으로는 기발하고 혁신적인 아이디어를 통해 경쟁력을 확보하는 것이 중요하다. 이를 위해 다양한 아이디어를 제시하고 창업하는 청년 중심의 로컬 크리에이터들의 역할이 중요해지고 있다.

2) 우수 관광기업 사례를 통한 관광창업 트렌드 예측

위 내용을 바탕으로 관광창업 트렌드를 본격적으로 파악하고 이해하기 위해서는 원론적인 내용의 이해도 중요하지만, 실제 사업을 운영하는 기존 관광기업의 우수사례를 살펴보는 것이 중요하다.

문화체육관광부에서는 한국관광공사와 함께 두 가지 분야에서 우수한 관광기업 혹은 벤처를 발굴하여 지원하는 사업을 진행하고 있다. 분야로는 혁신적인 아이디어를 지닌 관광 분야 예비 창업자와 창업기업을 지원하기 위한 '관광벤처 사업공모전'을 진행하고 있으며, 1년간의 사업성과가 우수하거나 사업모델 혁신 등의 내용을 통해 '올해의 관광벤처'를 선정하여 시상한다.

먼저 2021년의 사례를 살펴보자. 2021년 관광벤처 사업공모전에서는 140개의 사업이 선정되었다. 2021년 공모전에 참여한 사업들을 살펴보면, 코로나 위기 상황에서의 생존과 성장을 목표로 한 서비스들이 강조되었다. 온 · 오프라인 연계(O2O), 메타버스, AR · VR · XR, 인공지능과 같은 디지털 서비스 사업들이 두드러지게 나타났다. 그뿐만 아니라 중소 규모의 관광기업들을 위한 디지털 전환(DX)을 지원하는 B2B 서비스도 새롭게 등장했다. 더불어, 코로나 종료 상황에 따른 국내 여행의 급격한 성장을 반영하는 지역 콘텐츠와 상품들이 다양하게 제시되었다.

관광콘텐츠 분야에서는 '비대면' 트렌드에 맞춰 치유 · 명상, 캠핑 · 차박, 해녀 체험, 수중레저 등이 부상하였으며, 재택근무 보편화와 일상에서 벗어나는 욕구로 '휴가지 원격근무(워케이션)' 서비스도 증가했다. 사회적 책임(ESG) 관점에서 안전, 환경, 관광 약자를 고려한 공정여행 상품도 늘어나고 있었다. 지역 특색 있는 공간을 활용한 지역 콘텐츠 기반의 사회 프로그램도 주목받았다.

대표적인 기업 사례로는 장애인과 비장애인이 공유하는 O2O여행 서비스를 제시한 'ㅁ'사가 있다. 이 업체는 베리어프리 여행플랫폼을 구축하여 VR이나 AR 등과 같은 기기를 임대나 공유를 통해 공급해 홈 트레블 서비스를 제공하고자 하였다. 또한 장애인과 비장애인이 공유하는 온오프라인 연계 여행 서비스를 제안하여 우수사업으로 선정되었다.

2021년 올해의 관광벤처 선정에는 24개사가 선정되었다. 코로나 이후 대비하여 일자리창출과 관광산업 발전에 기여한 우수기업 발굴이 목적이며, 2021년도 올해의 관광벤처로 선정된 기업들은 코로나19 장기화에 따른 국내 관광산업의 침체에도 불구하고, 비대면 관광상품 · 서비스 등 새로운 사업모델을 찾거나 코로나 이후를 선제적으로 대비하는 등 위기를 기회로 전환하는 노력을 통해 주목할 만한 성과를 창출했다. 성장 관광벤처의 기업 성장, 일자리 창출, 초기 관광벤처 부문 최우수 3개 기업은 문체부 장관상을 받는다.

성장 관광벤처 중 '기업 성장' 부문에서는 '넥스트스토리 주식회사'가 현장에서 여행의 즐거움을 제공하는 서비스로 우수한 성과를 거두어 최우수 기업으로 선정되었다. '일자리 창출' 부문에서는 외국인을 대상으로 스마트폰 기반의 서비스를 제공하는 '로드시스템'이 관련 실적과 성과로 최우수 기업으로 선정되었으며, '신입' 부문에서는 테이블매니저와 비지트가 우수 기업으로 선정되었다. 초기관광벤처 부문에서 최우수 기업으로 선정된 '네이처모빌리티'는 다양한 이동 수단을 조회하고 예약할 수 있는 플랫폼을 운영하며 국외 시장 진출과 함께 매출 200억 원을 달성했다. '친환경, 사회적 책임경영, 지배구조 개선(ESG)' 부문에서는 '해녀의부엌'이 해녀 유휴공간을 활용한 상생 관광상품 최우수 기업으로 선정되었다.

2022년 제13회 관광벤처 사업 공모전에서 선정된 기업을 살펴보면 2022년 당시 관광벤처의 핵심 내용을 살펴볼 수 있다. 혁신적인 기술과 지역 콘텐츠 중심의 관광 산업 동향에서, 해외 시장 진출을 목표로 하는 기업들이 늘고 있다.

인공지능, 사물인터넷, 증강/가상현실과 관광을 결합한 융 · 복합 서비스를 제공하는 기업들이 부상하고 있으며, 찜카, 짐캐리, 라운델, 어신 등이 대표적인 서비스로 선정되었다. 또한, 맞춤형 지역 콘텐츠와 초개인화된 체험 서비스를 중시하는 경향도 나타났다. 지역 창작자와 소비자를 직접 중개하는 플랫폼(솜씨당), 지역 식자재를 활용한 미식 여행 서비스(푸디온), 지역주민이 운영하는 휴가지 원격 근무 프로그램(로컬 그래비티) 등이 주목을 받았다. 또한, 관광객 유형과 관심사별로 세분화한 추천 서비스도 급증하고 있으며, 아동 놀이 플랫폼(애기야가자), MZ세대 여가 문화를 활용한 어르신 관광 도우미 서비스(포페런츠), 반려견 동반여행 정보 제공 플랫폼(펫온) 등이 대표적인 서비스로 선정되었습니다. 뿐만 아니라, 관광 분야의 소셜링 플랫폼도 성공적으로 운영되고 있으며, 여행 온라인 동호회와 연계한 여행상품 공동 구매, 여행 패키지의 동행인 추천 등이 맞춤형 지원 사업으로 선정됐다. 이러한 동향들이 현대 관광산업의 다양성과 맞춤형 서비스로 이어지고 있으며, 관광 업계의 협업과 교류의 장을 마련하고 세계시장 진출 지원과 같은 맞춤형 지원을 강화하고자 하였다.

대표적으로 '짐캐리'라는 업체의 사례를 살펴보자. '짐캐리'는 여행짐 당일 배송 서비스 플랫폼이다. 역/공항 수하물 보관 및 픽업 서비스를 제공한다. 현장 혹은 모바일을 통해 예약이 가능하며, 역/공항에서 숙소 간 수하물을 원하는 시간에 옮겨주거나 보관하는 O2O 여행 딜리버리 서비스이다. 관광객에게 편리함을 제공하는 한편 수하물 보관과 픽업서비스를 이용하여 관광객 1인당 관광소비를 촉진하는 서비스를 제공하여 공모전에 선정되었다.

2022년 올해의 관광벤처로는 42개의 관광벤처가 선정 되었다. 2022년 우수 관광벤처로 선정된 42개사는 코로나19 장기화로 인한 고통과 침체 위기에도 불구하고, 비약적인 발전을 거듭해 관광산업의 변화와 혁신을 선도했다. 특히 비대면 관광상품 · 서비스 등 새로운 사업모델을 찾거나 코로나 이후를 선제적으로 대비하는 등 위기를 기회로 전환하는 노력을 통해 주목할 만한 성과를 창출했다. 휴가지 원격근무, 친환경,

빅데이터 기반 한국문화 연계 등 신규 여행수요 창출, 방한 관광 활성화, 전통관광업계 디지털 전환이 이루어지고 있다.

기업성장 부문 최우수 장관상을 수상한 트래블메이커스 주식회사는 호텔에서 한 달살기 상품 등 프리미엄 호텔 장기투숙 서비스인 '호텔에삶'을 제공한다. 국내 최초로 제공되는 호텔 장기투숙 전용 예약 서비스를 개발하였고 이를통해 창업 3년차에 흑자전환에 성공한 기업이다. 일자리 창출 부문 최우수 장관상을 수상한 캡슐 미디어 주식회사는 3D 실감형 여행영상 콘텐츠 플랫폼이다. 지역별 여행 크리에이터 육성을 통한 홍보영상 제작 활성화를 통해 강원도에 총 200편의 영상 제작을 지원하였고 협업 크리에이터 1,200명 이상, 총 영상 제작 1,500편을 제작하여 최우수 기업으로 선정되었다.

2023년 관광벤처 사업공모전의 특징을 살펴보면, 2023년 엔데믹 시대의 관광 트렌드를 반영한 점이 눈에 띈다. 여행 트렌드를 반영한 최근의 관광벤처사업 동향을 살펴보면, 지역관광, 아웃도어, 농촌여행, 친환경 여행, 체류형 여행, 취미여행 등이다. 관광공사가 발표한 '2023 관광트렌드'와 부합하는 이러한 테마들은 현재의 엔데믹 시대 특성을 반영하고 있다. 관광벤처 중에는 일하면서 여행을 즐기는 이들을 위한 여행 모임 플랫폼 '노마드맵', 원스탑 캠핑 서비스 플랫폼 '캠핏', 산불피해지역 에코하이킹 활성화 상품 '에코라인', 양조장체험 전통주 클래스 '밀물주조' 등이 관광트렌드를 반영한 아이디어로 선정되었다.

기술 변화 또한 두드러지며, AI, 빅데이터, B2B 솔루션 서비스 등이 도입되고 있다. 특히, AI를 활용해 맞춤형 야외 활동 일정을 추천하는 '페어플레이', 빅데이터를 활용한 숙박시설 수익관리 최적화 서비스 '데이터메니티', 소셜미디어 상 빅데이터를 활용한 관광마케팅 솔루션 제공 '해시스냅' 등은 현대 기술의 활용 사례로 주목받고 있다. 또한, 비대면 체크인 및 모바일 프런트 솔루션을 제공하는 '오시리'와 서비스형 소프트웨어(SaaS)를 기반으로 한 맞춤형 여행 관리 서비스 '온베케이션'은 생산성과 효율성 향상을 위한 사업으로 인정받고 있으며, AI, 빅데이터, 기업 간 거래(B2B) 솔루션 서비스 등 기술변화의 흐름이 두드러지는 것을 알 수 있다.

2023년 관광벤처 사업공모전에 선정된 사업의 사례를 살펴보자. 먼저 노마드맵은 디지털 노마드를 위한 지역 연계형 여행 모임 플랫폼으로, 디지털 노마드를 대상으로 하는 여행 모임 프로그램을 다양한 지역에서 제공하여 지역관광을 활성화시키고자 한다. 이 플랫폼은 인적 네트워킹이 필요한 디지털 노마드를 위한 프로그램으로 구성되어, 웹 플랫폼에서 상품 결제 및 커뮤니티 기능을 통합하여 효율적인 서비스를 제공한다. 여기서 디지털 노마드는 스마트폰 테블릿 등과 같은 디바이스를 활용하여 장소에 구애받지 않고 업무를 수행하는 이들을 지칭한다.

두 번째 사례로는 비대면 체크인 솔루션 오시리이다. 오시리는 비대면 체크인 및 모바일 프론트 솔루션으로, 예약별로 자동 생성되는 비대면 모바일 체크인 링크와 스마트 도어락, 가이드북 링크를 통해 고객의 체크인 및 응대를 원활하게 지원하고 있다. 일회성 웹링크를 이용하여 간편한 사전 체크인이 가능하며, 각 고객에게 생성되는 가이드 링크를 통해 맞춤형 서비스를 제공한다. 이를 통해 오시리는 효과적인 비대면 서비스를 제공하여 고객들에게 더욱 편리하고 안전한 여행 경험을 제공한다.

2023년 선정된 올해의 관광벤처는 34개의 기업이 선정되었다. 2023년에는 특히 성장관광벤처의 환경 · 사회 · 투명 경영(ESG) 부문을 신설해 재무적 평가 외에도 환경, 사회, 지배구조를 고려, 관광산업의 지속 가능한 발전을 모색했다. ㈜트립비토즈는 성장관광벤처-기업성장 부문에서 최우수기업으로 선정되었다. 이 회사는 영상콘텐츠를 기반으로 한 숙박예약 플랫폼을 운영하며, 전 세계 100만 개 숙박시설 예약시스템을 구축하여 이번 해에는 매출이 크게 성장하였다. 또한, 성장관광벤처-일자리 창출 부문에서는 ㈜짐캐리가 최우수기업으로 선정되었는데, 이 회사는 기차역과 공항을 거점으로 하는 여행객의 짐을 보관하고 운송하는 서비스를 운영하여 신규고용을 다수 창출했다. 짐캐리는 2022년 제13회 관광벤처 사업 공모전에서 우수 사업으로 선정되었고 이후 성공적인 운영을 통해 성장과 일자리 창출부문 2023년 우수 관광벤처로 선정된 기업이다. 초기관광벤처 부문에서는 ㈜레인포컴퍼니가 최우수기업으로 선정되었으며, 이 회사는 프리미엄 모빌리티 서비스를 통해 기존 택시나 렌트카와 차별화된 관광사업 모델을 제공하여 주목받았다.

또한, '관광글로벌챌린지' 부문에서는 ㈜트래블월렛이 최우수기업으로 선정되었다. 이 회사는 70개국 45개 통화에 대한 실시간 환전과 수수료 없는 결제서비스를 제공하며 올해에는 싱가포르 법인 설립 등 해외 서비스 확장에 속도를 내고 있다. '관광액셀러레이팅 프로그램' 부문에서는 ㈜트립소다가 최우수기업으로 선정되었는데, 이 회사는 여행 동행친구 찾기, 여행 정보 공유와 함께 여행 상품 구입이 가능한 플랫폼으로 월간활성사용자수(MAU) 등에서 성장세를 보이고 있다.

마지막으로, '관광플러스팁스'와 '관광기업혁신바우처' 부문에서는 각각 ㈜반려생활과 에이엔더블유가 최우수기업으로 선정되었다. 반려생활은 반려동물 동반 여행 서비스를 제공하며, 에이엔더블유는 야간관광에 특화된 멀티미디어 콘텐츠로 지역의 관광지를 매력적인 방문지로 변화시키고 있다.

우수 관광기업의 사례를 살펴보는 것은 관광창업의 트렌드를 파악하는데 매우 중요하다. 해당 기업들이 운영하고 있는 사업과 비즈니스 모델을 살펴본다면, 해당 시점의 관광 수요와 정책, 환경 등 창업 트렌드에 대한 자연스러운 습득이 가능하기 때문이다.

3) 창업환경 분석

창업환경 분석이란 새로운 사업 시작 시 고려해야 하는 것으로서 창업을 할 수 있는 환경이 조성되어 있는지 살펴보는 것이다. 이를 위해 정부의 지원제도와 대책, 시장규모, 투자 창업 여건, R&D 강화, 관광산업 업종분류 체계 정비 등을 분석하게 된다.

제5차 관광진흥 5개년 계획에서는 타부처 간의 연계사업을 적극 활용하여, 기존계획과의 차별점으로 정책범위의 확장을 도모하였다. 특히 관광의 사회적 순기능을 최대한 발휘하고자 하였으며, 이를 통해 관광산업의 경쟁력을 제고하고, 관광산업진흥 대응체계를 구축하였다.

또한 창업 시장에서는 시장규모의 확대와 창업 여건의 개선을 도모하여 일자리 창출을 목표로 하며, 신규 창업지원, 중소기업 인센티브제공, R&D 강화, 관광산업 업종분류 체계 정비 등을 제시하였다. 이를 위해 민간투자의 규제 완화, 산업 제도 도입, 인큐베이팅 시스템을 개선하여 도입하였다.

따라서 창업환경 분석을 통해 정부의 관광진흥 정책과 창업의 연결점을 파악하고, 창업에 대한 위험을 최소화하여 창업을 성공적으로 이끌어 나갈 수 있다.

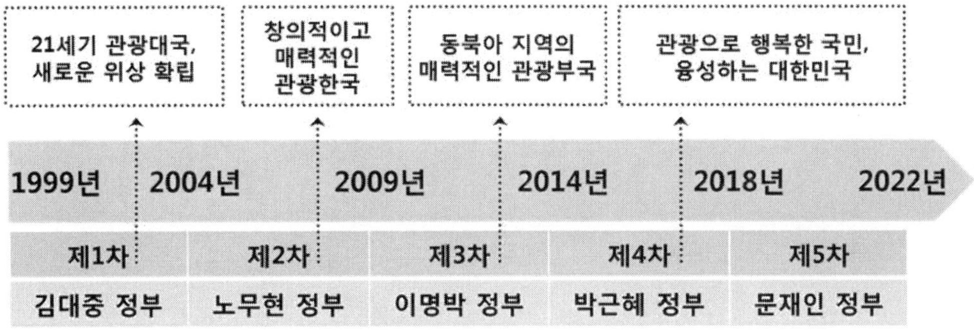

제7장

기업가 정신의 이해

07

제7장

기업가 정신의 이해

◇◇◇◇◇◇◇◇◇◇◇◇◇◇◇◇◇

학습성과

1. 기업가 정신의 개념을 설명할 수 있다.
2. 글로벌 기업가 정신 지수와 중요성을 설명할 수 있다.
3. 기업가 정신의 특성과 사례를 설명할 수 있다.

기업가 정신의 개념과 정의에 대해 알아보며, 기존의 전통적 경영관리자와 기업가의 차이점을 탐구하고, 글로벌 기업가 정신 지수와 그 중요성에 대해 알아본다. 마지막으로 기업가 정신의 특성과 사례의 학습을 통해 새로운 가치를 창출할 수 있는 기업가에 대한 이해 속에서 기업가 정신을 함양하고 이를 본받을 수 있다.

1. 기업가 정신의 개념

1) 기업가 정신의 개념

기업가 정신이란 무엇인가를 시도하거나 착수하며 위험을 감수하는 기술, 조건, 특징을 가진 사람을 의미한다. 이는 기업가의 개인적인 태도와 역량, 가치 창출 행동 등을 포괄하는 개념이다. 기업가는 제한된 자원과 불확실성, 위험에도 불구하고 진취적이고 혁신적인 사고로 새로운 가치를 창출하려는 의지 또는 태도 및 행동 양식을 가지고 있다.

기업가 정신(entrepreneurship)은 "안트루프누어; Entrepreneur"와 "십; ship"이라는 두 부분으로 이루어져 있다. "안트루프누어; Entrepreneur"는 프랑스어인 "앙트레펀더; entreprendre"에서 유래되었으며, 시도하다, 착수하다, 위험을 감수하다라는 의미를 갖고 있다. "Ship"은 기술, 조건, 특징을 나타내며, "안트루프누얼 십; Entrepreneurship"은 이러한 기술, 조건, 특징을 통해 무엇인가를 시도하거나 착수하며 위험을 감수하는 활동을 의미한다.

■기업가 정신의 개념

구분	내용
기업가 정신	- entrepreneur(기업가) : 프랑스어인 entreprendre (시도하다, 착수하다, 위험을 감수하다.) - ship : skill(기술), condition(조건), character(특징)을 의미 → entrepreneurship은 무엇인가를 시도, 착수하거나 위험을 감수하는 기술, 조건, 특징

기업가 정신은 주로 새로운 가치를 창출하는 기업가의 의지나 활동으로 정의되며, 이 용어가 자주 사용될 때는 '기업가로서 가져야 할 도전적이고 진취적인 마인드 또는 혁신적인 사고'로 제한적으로 이해되곤 한다. 그러나 기업가 정신은 단순히 정신적인 상태나 심리적인 측면뿐만 아니라 기업가의 개인적인 태도, 역량, 가치창출 행동 등을 종합적으로 포괄하는 개념이다. 이는 제한된 자원과 불확실성, 위험에도 불구하고 진취적이고 혁신적인 사고를 가지고 새로운 가치를 창출하고자 하는 기업가의 의지, 태도, 행동양식을 포함한다.

기업가 정신에 대한 정의는 명확하게 합의된 것은 없지만, 일반적으로는 어려움을 피하지 않고 변화를 모색하며 이윤을 추구하는 자로서의 기업가의 특성을 강조하고 있다.

2) 기업가 정신에 관한 다양한 정의

기업가의 유래는 17, 18세기로 거슬러 올라간다. 16세기 대항해 시대에서 영국이 동인도 회사를 설립하였다. 기존 유럽 지중해 중심의 무역로는 세계로 확장되어 상인들은 위험을 무릅쓰고 해외로 나아가는 시도를 하였고 당시 유럽에서 위험한 해외무역에 종사하는 모험적인 상인을 가리키는 말로 기업가라는 단어가 사용되었다.

기업가의 특징은 기업가정신의 의미에서 찾을 수 있다. 슘페터, 드러커, 티몬스가 정의한 기업가 정신(Entrepreneurship)에서는 기업가 정신에 있어 '혁신'과 '리더십' 그리고 '가치 창조'를 강조하고 있다. 결국에는 누군가의 지시가 아닌 능동적으로 행동하며 다수를 이끌어 가는 사람이 기업가라고 할 수 있다.

- J. A. 슘페터(Schumpeter)에 의해서 기업가라는 개념을 체계적으로 확립하였으며, 기업가는 '이윤을 추구하는 직무를 수행하는 자'로 정의하여 소유주 또는 경영자와 구별하였다. 또한 '어려움을 피하지 않고 변화를 모색'하여 기업가의 재능이 중요하게 작용하는 점도 강조하였다. 즉 창조적인 생각을 통해 새로운 제품을 발명, 시장을 개척하여 혁신적인 기능을 수행하는 사람이 정확한 의미에서의 기업가라고 정의할 수 있다. 또한, 창조적 파괴(Creative Destruction)를 통해 새로운 생산방법과 시장을 개척하는 혁신자로서, 기업가 정신을 혁신적인 활동을 가능하게 하는 기업가의 노력이나 의지로 정의하고, 창조적 기쁨을 강조하고 있다.
- P. 드러커(Drucker)는 기업가에 대해 '변화를 탐구하고, 변화에 대응하며, 변화를 기회로 이용하는 자'라고 정의하였다. 변화 자체를 건강한 것, 정상적인 것으로 받아들이며 새로운 것을 만들어내는 혁신을 위해 지속해서 노력하는 사람을 기업가라고 볼 수 있으며, 변화를 느끼기 위해서는 직접 세상을 접하며 흐름을 읽어낼 때 기회가 발생한다고 강조하였다.

■ J. 티몬스 (Timmons)는 기업가정신을 아무것도 아닌 것에서 가치 있는 것을 만들어내는 창조적인 행동으로 설명하며, 기회를 추구하고 위험을 감수하는 것을 강조하였다.

■ K. 베스퍼 (Vesper)는 다른 사람들이 발견하지 못한 기회를 찾아내는 사람으로, 사회의 상식이나 권위에 사로잡히지 않고 새로운 사업을 추진할 수 있는 사람을 기업가로 정의했다.

■ M. 모리스 (Morris)는 기업가정신을 기업 지속 성장의 원천으로, 비합리적인 것을 창조하는 과정으로 설명하며, 기회를 찾기 위해 자원의 독특한 조합을 통해 가치를 창출하는 과정을 강조하고 있다.

■ 기업가 정신에 관한 다양한 정의

J, A Schumpeter	• 새로운 생산방법과 시장을 개척하여 창조적 파괴(creative destruction)에 앞장서는 혁신자 • 기업가정신은 혁신적인 활동을 가능하게 하는 기업가의 노력이나 의지. 창조적 기쁨
J, Timmons	• 기업가정신은 실질적으로 아무것도 아닌 것에서 가치 있는 어떤 것을 만들어내는 창조적인 행동 • 기회를 추구하고 위험을 감수하는 것
P. Drucker	• 기업가란 언제나 변화를 탐구하고, 변화에 대응하며, 변화를 기회로 이용하는 자 • 위험을 무릅쓰고 변화에서 포착한 기회를 사업화하려는 모험과 도전정신
K, Vesper	• 다른 사람들이 발견하지 못한 기회를 찾아내는 사람, 사회의 상식이나 권위에 사로잡히지 않고 새로운 사업을 추진할 수 있는 사람
M, Morris	• 기업가정신이란 기업 지속 성장의 원천으로, 비합리적인 것을 창조하는 것 • 기회를 찾기 위해 자원의 독특한 조합을 통하여 가치를 창출하는 과정

3) 기업가와 전통적 경영관리자의 차이

기업가와 전통적 경영자 간의 구분은 명확하게 인식하기 어렵다. 기업가는 창의적 도전정신을 기반으로 리더십을 발휘하며, 기업의 문제 해결과 목표 달성에 직접적인 영향을 미치는 역할을 수행하는 사람이다. 투자, 창업, 관리와 같은 직접적인 행동을 취하기도 하며, 이러한 행동으로 인해 발생하는 위험 부담을 직접 감수하기도 한다.

반면에 경영자는 기업을 경영하는 역할을 가지며, 이는 CEO나 사장 외에도 사업이나 단체별로 나뉘어질 수 있다. 경영자는 주로 임금을 받고 기업의 경영을 수행하는 사람으로 정의되며, 전문적인 경영 역할을 수행한다.

국내에서는 '기업가'라는 용어와 그 정의에 대해 이견이 많이 존재하며, 잘못 해석되는 경우가 있다. '기업가'는 한자로 '企業家(기업가)'로 표기되고 있지만, 이는 단순히 새로운 사업을 운영하는 매니저(Manager)나 비즈니스맨(Businessman)의 의미와 유사해 보인다.

그러나 진정한 의미에서 기업가는 '起業家(기업가)'로 혁신적인 활동과 가치 창출을 하는 사람을 의미하며, 정확한 의미에서는 사업을 시도하거나 계약을 체결하는 사람이라는 뜻의 안트루프느누어(Entrepreneur)라고 할 수 있다. 이러한 해석의 차이를 이해함으로써 기업가와 경영자의 역할 및 의미에 대한 명확한 인식을 가질 수 있다.

기업가와 전통적인 경영자의 차이를 간략히 정리해보면 다음와 같다.

기업가와 전통적인 경영자의 차이

- ■주된 동기 측면에서 기업가는 자기의존적이고 자기 동기적이며 목적지향적 그리고 보다 자유를 원하는 경향이 있다. 반면에 전통적인 경영관리자의 경우 권력지향적이고, 전통적인 보상을 원하는 경향이 있다.
- ■행동적인 측면에서는 기업가의 경우 갑작스러운 작업수행 등의 직접적인 행동을 수행하는 반면 전통적인 경영관리자는 행동을 위임하고 감독과 보고업무에 주력하는 것을 볼 수 있다.
- ■관심의 측면에서 기업가는 기술과 시장에 관심을 가지지만 전통적인 경영관리자는 기업 내부의 사건에 더 관심을 가지는 경향이 있다.
- ■위험감수의 부분에서도 차이를 보이는데 기업가는 적절한 위험을 감수하며 즐기는 반면, 전통적인 경영관리자는 위험에 대해 주의하는 경향을 보인다.
- ■실패와 실수에 대해서 기업가는 이를 기회로 삼는 경향을 보인다. 그러나 전통적인 경영관리자는 실패와 실수에 대해 회피하는 경향을 보인다.

- 기업가는 의사결정에 있어서 개인의 견해를 추종하고 결단력과 행동지향적인 성향을 보인다. 반면 전통적인 경영관리자는 권력을 가진자에게 동조하곤 한다.
- 봉사대상의 측면에서 기업가는 자신과 고객에게 봉사하지만 전통적 경영관리자는 타인에게 봉사한다.
- 체제의 측면에서 기업가는 조직에서 거부당할 시 새 조직을 형성하여 새로운 체제를 구축하고자 하는 반면, 전통적 경영관리자는 기존 체제를 따르는 경향성을 보인다.
- 기업가는 문제해결 시 자신의 독자적인 방식으로 해결하고자 하는 반면, 전통적인 경영관리자는 조직 내의 규율과 제도에 따라 문제를 풀어가려 한다.
- 마지막으로 타인과의 관계에서도 차이점이 나타나는데 기업가의 경우 상호작용을 기본관계로 인정하지만, 전통적인 경영관리자는 위계질서를 기본질서로 간주한다.

기업가 정신은 새로운 가치를 창출하려는 의지와 행동을 포함하는 개념이다. 이는 다음과 같은 7가지 전략으로 구체화될 수 있다.

(1) 도전과 개척

기업가들은 위험을 감수하며 창업의 뜻을 이루기 위해 개척정신을 발휘하면서 시련과 역경을 극복하고, 극한의 어려움을 무릅쓰고 개척하며 성공하는 사업 정신을 의미한다.

(2) 신용제일주의

성공한 기업가들은 고객과의 믿음과 약속 그리고, 신용이 깨지지 않는 것을 신념으로 여기며 사업을 이끈다.

사례

▶ 기업가의 도전정신, 아산 정주영 회장 : "이봐 해봤어?"

현재 현대기업의 정신인 아산 정주영 회장은 생명이 있는 한 실패는 없다는 신념으로 한평생을 살았다. 그의 앞에서는 절대 하면 안 될 3가지 말이 있었다. "불가능합니다.", "못하겠습니다.", "시간이 더 필요합니다." 특히 불가능하다는 단어와 같이 자신을 제한하는 단어는 절대 가지면 안 된다고 말하곤 하였다.

이는 특히 1984년 서산방조제 물막이 공사에 얽힌 일화에서 나타난다. 당시 초속 8m의 빠른 물살로 인해 마지막 300m 구간을 남겨두고 공사가 멈춰 버렸다. 그는 해체해서 쓰려고 사뒀던 폐유조선을 끌고 와서 해당 구간을 틀어막은 채 공사를 끝내 국내외 관계자들을 놀라게 했다. 그는 부하 직원이 힘든 일을 앞두고 포기하려고 할 때마다 그는 "이봐 해봤어?"라는 말과 함께 좌절하지 말라는 메시지를 전했다.

정주영 회장은 기업을 창설하고, 신시장을 개척하는 데 있어 어려움이 있더라도 부딪히는 정신으로 임하였고, 그 결과 현대그룹이라는 대기업을 창설하는 결과를 낳게 하였다.

(3) 캔두이즘; Candoism(하면 된다)

사업을 처음 시작하는 경영자는 자신의 생각이나 행동이 옳다고 믿는 마음의 신념을 가지고 있다. 이는 불굴의 정신, 개척정신과 도전정신을 실행할 수 있는 정신을 의미한다.

(4) 근검절약

성공한 기업가들은 필요한 때에만 돈을 쓰며, 그 부지런함과 검소함이 뛰어나다고 한다. 근검절약 정신은 한국 재벌총수의 경영이념 가운데 하나로, 근검하고 저축할 때 부를 쌓을 수 있다고 말하고 있다.

(5) 인재제일주의

기업이 사업을 진행하는 데 있어 사람은 필수적인 요소이다. 특히 다변화되는 시대에 맞춰 기존 인력 중에서 재주나 능력이 뛰어난 사람, 기술개발이나 혁신을 이끌 인재를 발탁하여 적재적소에 배치하는 것이 중요하다.

(6) 고객만족주의

성공한 기업은 항상 고객을 최우선으로 생각하고 경영의 모든 부문을 고객의 처지에서 생각한다. 그들은 진정한 의미에서의 고객 만족을 통해 기업의 생존과 번영을 유지하고자 한다.

(7) 정직과 정도경영

사업은 신용을 기반으로 정직하게 진행해야 하며, 그것이 바로 정도이다. 특히 기업가로서 고객에게 정직해야 하며, 타 기업과는 공정한 거래를 하여 상호발전을 추구해 책임과 의무를 다해야 한다. 윤리경영은 OECD를 비롯한 선진국의 21세기 기업이 가지고 있는 경쟁력의 원천이다.

이러한 기업가 정신은 기업의 성장과 발전에 크게 기여하며, 기업가 개개인의 성공을 이끌어낸다. 이는 기업가가 사회와 경제에 미치는 중요한 영향을 보여주는 것이다. 글로벌 기업가 정신 지수는 기업가 정신을 계량화하여 수치화한 자료로, 경제발전에 있어 중요한 원동력이 되는 기업가정신을 한눈에 볼 수 있는 지표다. 이는 시장의 세계화에 따라 글로벌 차원의 연구 조사가 진행되고 있으며, 각 조사기관에서 측정지표를 통해 비율을 산정하고 국가 간의 비교가 이루어지고 있다.

2. 글로벌 기업가 정신 지수와 중요성

1) 글로벌 기업가 정신 지수

기업가 정신을 계량화하여 수치화한 자료는 기업가 정신을 한눈에 볼 수 있는 지표이다. 경제발전에 있어 중요한 원동력이 되는 기업가정신은 시장이 세계화됨에 따라 글로벌 차원의 연구 조사가 진행되고 이으며 각 조사기관에서 측정지표를 통해 비율을 산정하고 국가 간 비교를 하고 있다.

(1) GEI(Global Entrepreneurship Index)

GEI(Global Entrepreneurship Index)는 세계 기업가 정신 발전기구(GEDI)에서 발표하는 기업가 정신 지수로, 매년 11월마다 글로벌 기업가 정신 네트워크(GEN)와 함께 137여 개 국가의 기업가 정신 지수와 수치를 발표한다.

글로벌 기업가 정신 지수는 여러 가지 하위 지수들을 고려하여 측정된다. 일반적으로는 다음과 같은 요소들이 포함한다.

- 기업가적 태도(Entrepreneurial Attitudes): 기업가 정신을 가진 사람들의 태도 및 신념을 측정한다. 이는 창의성, 도전정신, 기회 발견에 대한 자신감 등을 포함하고 있다.
- 기업가적 활동(Entrepreneurial Activities): 창업 활동의 수준과 성과, 기업의 규모 및 성장 등과 같은 실질적인 활동들을 평가한다.
- 기업가적 기회(Entrepreneurial Opportunities): 기업가가 새로운 기회를 발견하고 그것을 활용할 수 있는 환경을 측정하며, 이는 시장의 환경, 기술 혁신 및 시장 수요 등을 고려하고 있다.
- 기업가적 인프라(Entrepreneurial Infrastructure): 기업가 활동을 지원하는 제도, 규제, 자금 조달 및 지원 기구 등의 인프라를 평가한다.

- ■ 기업가적 사회규범(Entrepreneurial Social Norms): 사회적인 환경에서 기업가 정신이 존중받고 장려되는 정도를 측정하며, 문화적 가치 및 사회적 기대치 등을 고려한다.
- ■ 기업가적 교육(Entrepreneurial Education): 교육 체계가 기업가 정신을 얼마나 지원하고 육성하는지를 평가한다.

글로벌 기업가 정신 지수는 이러한 다양한 요소를 종합적으로 평가하여 국가 간의 기업가 정신 수준을 비교하고, 정책 결정에 도움을 제공하고 있다. 이는 각 국가가 경제적 혁신과 발전을 위해 어떠한 노력을 기울이고 있는지를 이해하고, 정책 수립에 참고 자료로 활용된다.

평가에서는 창업기술, 제품혁신, 국제화 등의 개별설문 항목에 있어 교육의 질, 연구개발비, 기술사업화, 경제 복합성 등의 제도적 변수를 더해 총 14개 항목을 구성하여 나라별 기업가정신 지수를 측정하고 지수화한다.

2018년도의 대한민국 예시를 살펴보자.

2018 한국 기업가 정신 지수에 따르면 여러 측면에서 국내 창업 및 기업가 활동이 평가되었다. 종합 지수 및 창업 유형 변화는 다음과 같다.

2018년 한국의 종합 지수는 0.542로 137개국 중 24위를 기록하였다. 이는 전반적으로 국내의 기업가 정신이 양호하게 평가되는 것을 나타낸다. 또한, 창업 유형에서는 생계형 창업이 줄고 기회형 창업이 늘어났다.

태도 영역에서는 창업을 시작하는 데 필요한 기회 인식과 위험 수용을 평가하는데, 한국은 위험 수용에서 높은 점수를 받아 국가 위험도에서 안전하다고 평가되었다. 그러나 문화적 지원 항목에서는 국민의 시각과 직업 선호도 등에서 부정적인 평가를 받았으며, 부패도 역시 다른 항목에 비해 상대적으로 심각한 수치를 보이고 있다.

능력 영역에서는 창업 및 기업활동을 이행할 수 있는 능력을 평가하는데, 한국의 능력 지수는 대체로 낮았다. 기술 흡수는 높은 순위를 기록하였지만, 다른 항목들은 저조한 편으로, 창업을 활성화할 수 있는 태도는 높으나 실행할 수 있는 능력이 부족한 것으로 나타났다. 경쟁환경이 자유롭지 못한 시장이 조성된 것으로 판단된다.

포부 영역에서는 창업 이후의 미래 포부를 측정하며, 한국의 포부 지수는 상대적으로 낮았다. 생산 공정과 연구개발, 신기술 항목은 높은 성과를 보이지만 국제화 및 고도성장에서는 낮은 평가를 받아 미래에 대한 대비가 부족한 결과를 나타내고 있다. 이러한 결과는 경제가 복합적이지 않은 한국의 상황을 반영하고 있다.

■2018 기업가 정신 지수 평가항목

지수	항목	개별설문 항목	제도항목
태도	기회 인식	거주권 내 창업 기회 인식	경제 자유도, 재산권
	창업기술	사업 역량 판단	고등교육, 교육의 질
	위협 수용	창업 실패에 대한 두려움	국가위험도
	네트워킹	창업한 사업가의 인지	집단화, 기반시설
	문화적 지원	직업선호도, 국민의 시각	국가 부정부패 수준
능력	창업 기회	기회적으로 시작한 창업 비율	과세, 정부의 효율성
	기술 흡수	정보기술산업 영역 비율	기술 흡수
	인적 자본	교육수준	노동시장, 직원 훈련
	경쟁	같은 서비스 경쟁자 비율	시장지배력, 독점규제
포부	제품 혁신	신제품 생산 능력	기술사업화
	생산공정 혁신	신기술 사업 비율	GDP대비 연구계발비 과학기술자 가용성
	고도 성장	향후 성장가능성 있는 기업 비율	벤처케피탈 사업
	국제화	수출능력	경제 복합성
	위험자본	비공식 투자비율	자본시장 성숙도

자료 : Global Entrepreneurship Index 2018

※ 참고 – 2018 한국 기업가 정신 지수 수치

■ 생계형 창업은 줄고, 기회형 창업은 늘었다.

- 2018년 GEI 결과에 따르면 한국의 종합 지수는 0.542로 전체 137개국 중에 24위를 기록하였다.

■ 태도영역 : 위험감수율은 높으나 문화적 지원은 낮다.

- 창업을 시작하는 데 있어 기회 인식과 위험수용을 평가하는 항목으로 사회의 기업, 기업가정신에 대한 전반적인 느낌을 평가한다.
- 태도 항목에서는 한국은 위험수용 항목에 있어 높은 점수를 받아 국가 위험도에서 안전하다고 평가된다. 낮은 점수를 받음 항목은 문화적 지원 항목으로 국민의 시각과 직업 선호도 등에서 사회적으로 부정적인 평가를 받으며, 부패도 상대적으로 심한 것으로 나와 해당 지수가 가장 낮게 나온 것으로 보인다.

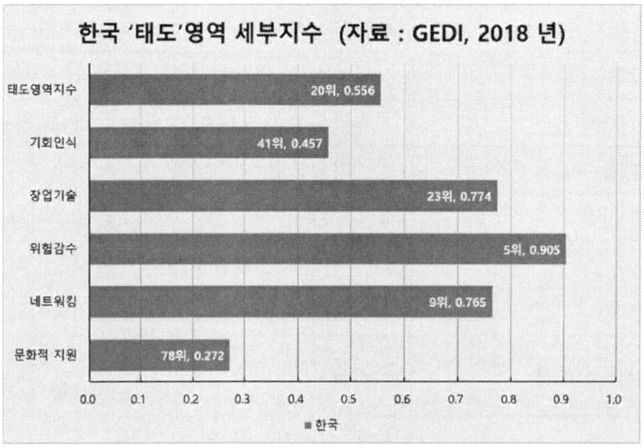

■ 능력영역 : 낮은 인적 자본과 자유롭지 않은 경쟁환경

- 능력지수에서는 창업 및 기업활동을 이행할 수 있는지에 대해 평가하는 지수로 시장과 기업 형태의 전반적인 분위기를 나타낸다.
- 한국의 능력영역 지수는 대체로 낮은 편이다. 기술흡수는 27위로 상대적으로 높지만 다른 항목들은 저조한 편으로, 창업을 활성화할 수 있는 태도는 높으나 실행할 수 있는 능력이 그에 미치지 않는 것으로 나타나, 창업에 있어 소극적인 한국의 상황이 반영되고 있으며, 경쟁환경이 자유롭지 않은 시장이 조성된 것으로 보인다.

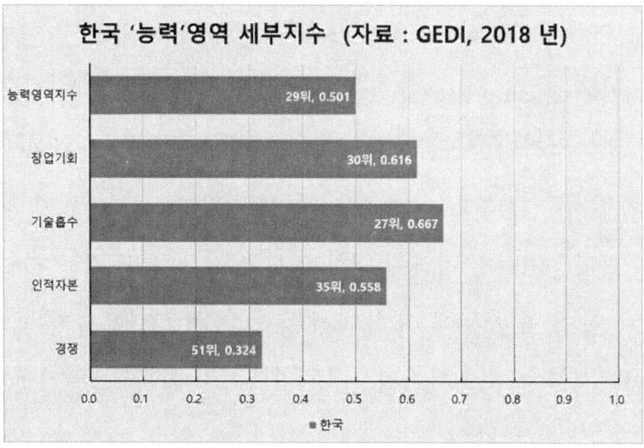

■ 포부영역 : 높은 혁신성에 비해 저조한 국제화

- 포부지수에서는 창업 이후 기업활동에 있어 앞으로의 포부를 측정하며, 앞으로의 성장 가능성과 투자 가능성을 나타낸다.
- 한국의 포부영역지수는 27위로 상대적으로 낮다. 생산공정 자체는 1위를 기록하며 GOP대비 연구개발과, 신기술에 있어 높은 퀄리티를 가지고 있으나 국제화(66위), 고도성장(46) 등은 상대적으로 낮은 것으로 나타난다. 이는 경제가 복합적이지 않으며 일방적인 경제 상황을 가진 것으로 나타난다.

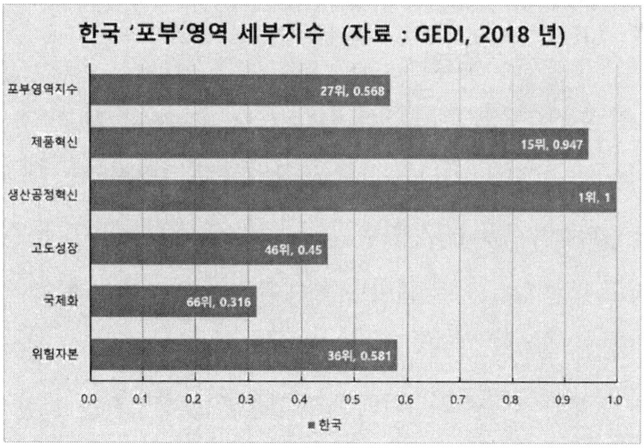

(2) GEM(Global Entrepreneurship Monitor)

GEM(Global Entrepreneurship Monitor)은 글로벌 기업가 정신 연구 협회(GERA · Global Entrepreneuship Research Association)에서 발표하는 기업가정신 지수로, 1999년도부터 벱슨 칼리지 주도로 매년 수치를 발표한다. 조사 내용으로는 초기 창업활동에 따른 활동비율(TEA)과 기회추구 창업활동(ODEA), 생계형 창업활동(NEDA), 안정기 소유경영 활동(EBOR)영역에 대한 조사를 시행한다. 각각 창업에 대한 인식 · 태도, 창업활동, 창업 열망 등에 대한 인식 등이 변수로 작용하며 국제비교 연구로서 한 국가의 기업가정신에 대한 사회적 인식, 기업가적 활동특성, 기업가정신 생태계의 건전성을 파악할 수 있는 지수이다.

2022년 Global Entrepreneurship Monitor (GEM) 보고서는 50개 국가의 기업가정신 활동을 평가하였다. 이 보고서에 따르면, 아랍에미리트, 네덜란드, 그리고 핀란드가 기업가들에게 가장 좋은 국가로 순위되었다.

GEM 보고서는 각 국가의 기업가 정신 생태계를 평가하는 데 사용되는 13가지 기업가 정신 프레임워크 조건을 포함하고 있다. 이러한 조건들을 통해 각 국가가 얼마나 잘 기업가 정신을 지원하는지를 평가한다. 이를 통해 GEM은 국가 창업 환경 지수; National Entrepreneurial Context Index (NECI)를 생성하며, 이는 이 13가지 조건의 점수를 평균화하여 수치를 얻는다.

국가 창업 환경 지수(NECI)는 Global Entrepreneurship Monitor (GEM)이 2018-2019년 보고서에서 소개한 지표로, 기업을 창업하고 발전시키는 데 필요한 조건들을 평가하는 지표이다. 이 지표는 창업에 필요한 환경 조건들의 평균 상태를 측정하여, 기업을 창업하고 발전시키는 데 얼마나 용이한지를 나타내는 복합 점수로 요약된다.

이 지표는 기업가들이 그들의 활동을 적절하게 지원받을 수 있는 필수적인 환경 조건들에 대한 정보를 제공한다. 이러한 조건들에는 창업자를 위한 자금 조달, 정부 정책(지원 및 관련성, 세금 및 규제), 창업자를 위한 정부 프로그램, 창업 교육 및 훈련, R&D 이전, 비즈니스 및 전문 인프라의 접근성 및 가용성, 내부 시장의 개방성, 물리적 인프라 및 서비스의 접근성 및 가용성, 사회적 및 문화적 규범 등이 포함된다.

이 지표는 각 국가의 창업 환경의 조건들이 얼마나 만족스러운지, 그리고 그들의 활동이 어떤 상황에서 발전할 수 있는지에 대한 정보를 제공하고 있다. 이를 통해, 창업자들의 계획을 실현하고 경제에 중요한 기여를 할 수 있도록 도움을 주고 있다.

아랍에미리트는 2022년에 창업하기 가장 좋은 국가로서, NECI 점수가 가장 높은 6.8을 기록하였으며, 이어서 네덜란드, 핀란드, 사우디아라비아, 그리고 리투아니아가 순위를 이었다.

이러한 정보는 각 국가의 기업가정신 생태계의 현재 상태를 보여주며, 국가 간 비교를 가능하게 하여 각 국가의 성과를 시각화한다. 이는 정책 결정자들이 자원을 어디에 집중해야 GEI 점수를 향상시킬 수 있는지에 대한 가이드를 제공한다.

OECD에서는 2006년부터 '한눈에 보는 기업가 정신'이라는 보고서를 발간하여 OECD 회원국과 다른 국가의 기업가 정신과 국가에서 활동하는 기업활동 현황을 비교 분석하고 있다. 조사 내용으로는 기업인력 구조와 성과, 기업 규모별 생산선, 기업 역동성, 일자리 창출, 성별 기업가 정신에 대한 조사를 시행한다.

▶ 한국의 서비스 부문 중소기업은 대기업보다 생산성이 훨씬 낮다.

각국에서 250명 이상의 근로자를 고용한 도 · 소매업 회사에 종사하는 직원 1인당 부가가치를 보았을 때 한국은 다른 나라보다 생산성이 떨어지는 것으로 파악된다.

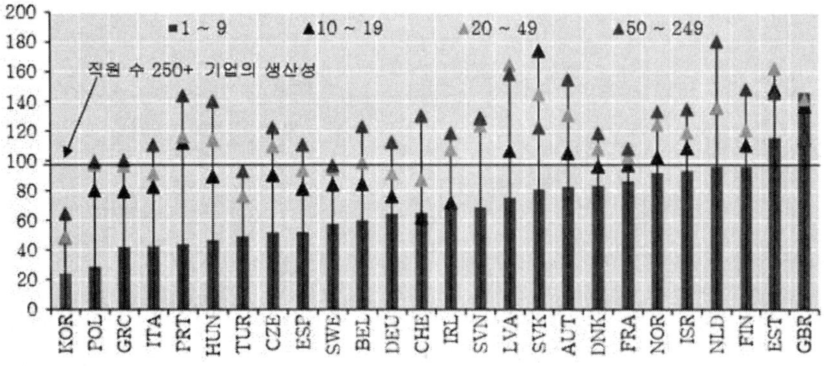

자료 : OECD(2015), Entrepreneurship at a Glance 2015(2015년, 한눈에 보는 기업가 정신), OECD 출판

2) 기업가 정신의 확장

일반적으로 우리나라에서는 기업가 정신이 창업의 영역에서만 강조되고 있다. 하지만 선진국의 경우 기업가정신은 비즈니스 창업뿐만 아니라 기존 조직에서의 변화와 혁신적 인재양성을 위한 사내 기업가정신과 사회 전반적인 변화와 혁신, 공존과 공생의 사회적 경제 등과 더불어 사회적 기업가 정신으로 확산되고 있다.

사내 기업가 정신은 조직 또는 개인이 현재 가지고 있는 자원을 고려하지 않고 적극적인 기회부여를 추구하는 과정이다. 이러한 기업가적인 관리자는 고객의 문제를 해결하고 시장을 만족시키는 기술적 역량과 새로운 지식을 연결하여 조직이 다음 단계로 성장하는데 기여한다. 기존 조직 내부에서 새로운 비즈니스를 탄생시키고 핵심 아이디어를 쇄신함으로써 변화를 추구하도록 한다.

사회적 기업가 정신은 기업가정신의 기존 이슈가 수익창출을 가져오는 사업기회에 대한 확인, 평가, 탐색의 과정이라면, 사회적 기업가 정신은 사회적 변화와 가치창출을 가져오는 기회에 대한 새로운 과정이라고 할 수 있다. 최근 들어 관심을 받고 있는 사회적 경영의 세부 형태인 사회적 기업, 마을기업 등에도 기업가적인 태도와 역량이 적용되고 있다.

3) 기업가 정신의 중요성

오늘날의 경제 시스템은 관리적 경제에서 기업가적 경제로 이동하는 시대이다. 이제 기업들은 보유하고 있는 경영 자원을 효율적으로 사용하는 것에만 몰두하는 기존의 경영 시스템에서 새로운 가치를 창출하는 기업가형 조직으로 변화해야 한다. 경쟁은 날이 갈수록 더욱 치열해지고 있으며, 끊임없는 품질 향상과 기술 개발을 통해 새로운 가치를 창출하는 기업만이 경쟁에서 살아남을 수 있다. 따라서 틈새시장을 찾아내고 글로벌 전략으로 시장을 개척해 나가는 기업경영이 요구된다.

최근 많은 사람들이 창업에 도전하고 있다. 수많은 아이디어가 쏟아지고 있고, 창업에 대한 정부와 기업의 지원도 이어지고 있다. 성공적인 창업을 이루기 위해서 많은 것들이 요구된다. 독특하고 차별화된 아이디어, 사업을 효과적으로 실행할 수 있는 경쟁력 있는 팀빌딩, 명확하고 구체적인 사업계획서와 이에 따른 자원 조달 등을 준비해야 한다. 하지만 이러한 준비에 앞서 창업가의 열정과 의지, 혁신적인 태도 등의 기업가 정신이야말로 성공창업을 위한 핵심요소라 할 수 있다. 기존 시장의 경쟁자들과 차별화된 아이디어를 개발하며, 좋은 팀을 구성하고 적절한 자금을 마련하기 위해서 수많은 어려움을 극복해 나가야만 한다.

3. 기업가 정신의 특성 및 사례

1) 기업가 정신의 특성

(1) 도전정신 : 성공적인 기업가는 포기하지 않고 끊임없이 도전한다.

우리는 살아가면서 수많은 일들을 경험하게 된다. 물론 누구나 자신이 좋아하고 즐거워하는 일만 하기 바라지만 때로는 어렵고 위험한 일을 해야 할 경우도 생기기 마련이다.

사례

커널 샌더스는 1890년 9월 9일에 태어나 1980년 12월 16일에 사망한 미국의 기업인으로, KFC를 창업하고 그 브랜드의 마스코트로 널리 알려져 있다. 40세 때, 샌더스는 켄터키주 코빈에서 운영하던 주유소에서 손님들을 대상으로 한 닭요리를 개발하였다. 그는 9년 동안 그만의 닭튀김 조리법을 개발하였고, 이 때 그는 당시 널리 사용되던 팬 튀김 방식보다 조리시간이 빠른 압력튀김 방식을 개발하였다. 그러나 얼마 후부터 그가 운영하던 식당은 적자 더미에서 헤어나지 못하더니 급기야는 파산하고 말았다. 이때 그의 손에 남은 것은 사회보장비 명목으로 켄터키주 정부로부터 받은 100달러자리 수표 한 장뿐이었다. 이후 그는 그의 요리법을 사줄 후원자를 모집하기 시작하였다.

샌더스는 많은 나이에 1,008회나 사업자들에게 문전박대를 당하고 1,009번째 도전해서 웬디즈 올드 패션드 버거즈의 창립자인 데이브 토마스의 후원으로 식당을 유지할 수 있었다.

성공적인 기업가는 부족한 자원과 어려운 환경 속에서도 포기하지 않고 불굴의 의지로 주어진 문제를 해결해 나가는 사람이며, 이러한 도전정신은 기업가로서 갖추어야 할 가장 기본적인 태도라 할 수 있다.

(2) 진취성 : 성공적인 기업가는 새로운 기회를 한 발 앞서 포착한다.

우리가 살고 있는 시대는 바야흐로 초경쟁의 시대라고 할 수 있다. 무수히 많은 경쟁업체, 그리고 새로운 제품과 기술이 끊임없이 쏟아져 나온다. 자칫 머뭇거리는 순간 뒤처질 수밖에 없다. 따라서 경쟁자들보다 한 발 앞서 시장변화에 참여하려는 적극적인 행동이 필요하다. 주위를 둘러보면 훌륭한 아이디어를 가진 사람들은 많지만 정작 이를 실행에 옮기는 사람은 드물다. 또는 이런저런 이유를 들어 새로운 기회를 찾기보다는 현실에 안주하는 사람들이 많다. 성공적인 기업가는 주위의 문제나 수요를 면밀히 관찰하고 그 속에서 새로운 기회를 발굴하며 한발 앞서 적극적으로 행동하는 사람들이다.

사례

'시련은 있어도 실패는 없다.' 정주영 회장의 사례이다. 1971년 정주영 회장은 혼자서 미포만 해변 사진 한 장과 외국 조선소에서 빌린 유조선 설계도 하나 들고 유럽을 돌았다. 차관을 받기 위해서였다. 부정적인 반응만 받다가 1971년 9월 영국 바클레이 은행의 차관을 받기 위한 추천서를 부탁하기 위해 A&P 애플도어의 롱바톰 회장을 만났지만 역시 거절 당하였다. 이때 정주영은 우리나라 5백 원짜리 지폐를 꺼내 거기 그려진 거북선 그림을 보여주었다. "우리는 영국보다 300년이나 앞선 1500년대에 이미 철갑선을 만들어 외국을 물리쳤소. 비록 쇄국정책으로 시기가 좀 늦어졌지만, 그 잠재력만큼은 충분하다고 생각하오."라며 설득하였고, 이러한 진취적인 정주영의 모습은 결국 차관 도입을 성공시킬 수 있었다.

(3) 혁신성 : 성공적인 기업가는 창조적 파괴를 통해 늘 변화한다.

사람은 누구나 익숙하고 편안한 것을 좋아한다. 새로운 시도나 변화를 추진하다가 괜히 실패할까 걱정하는 것이 어떻게 보면 자연스러운 것일지도 모른다. 하지만 지금 우리가 사용하고 있는 모든 제품과 서비스, 기술 등도 누군가 부단한 시행착오를 거쳐 만들어 낸 것들이다. 세계적인 IT 기업인 마이크로소프트를 창업한 빌 게이츠는 본인의 성공요인이 바로 끊임없는 변화와 혁신이라고 말한 바 있다. 그는 끊임없이 현재를 변화시키려고 노력하는 과정에서 새로운 기회가 만들어진다고 강조하였다.

사례

빌 게이츠 마이크로소프트 회장이 하였던 말이 하나 있다. “나는 힘이 센 강자도, 두뇌가 뛰어난 천재도 아니다. 단지 날마다 새롭게 변화했을 뿐이다. 이것이 나의 성공 비결이다. 변화(Change)의 ‘g’를 ‘c’로 바꿔보아라. 기회(Chance)가 될 것이다, 변화 속에 반드시 기회가 숨어 있다.”

(4) 위험감수성 : 성공적인 기업가는 위험을 예측하고 통제한다.

일반적으로 창업의 성공률은 낮다. 중소기업청이 발표한 2013년도 통계조사에 따르면 신규 창업한 법인기업이 5년 이상 생존하는 확률은 30%에 지나지 않는다고 한다. 뿐만 아니라 수많은 글로벌기업이 만들어지고 있는 미국의 실리콘밸리에서 조차 창업의 실패 확률이 90%에 이른다고 한다. 하지만 모든 말들에 100% 성공이 보장되지 않는 법이다. 오히려 성공 가능성이 높은 분야일수록 새로운 가치는 창출되기 어렵다. 누구도 가지 않는 길을 위험하다고 포기하는 순간 우리에게 새로운 미래는 만들어지지 않을 것이다. 위험감수성은 기업가 정신의 가장 핵심적 요인이며, 기업가와 경영자를 구분하는 결정적인 기준이다. 위험감수성은 불확실한 결과가 예상됨에도 불구하고 과감히 도전하려는 의지이며, 적극적으로 기회를 모색하고자 하는 의욕을 말한다. 오히려 성공적인 기업가는 불확실한 미래와 위험을 도전정신과 치밀한 준비를 통해 계산하고 통제하는 태도를 가진다.

사례

호암자전에는 이병철 회장의 삼성 반도체 산업 진출 관련 일화가 다음과 같이 적혀있다. "막대한 투자, 기술 혁신 주기가 짧은 반도체 생산에는 많은 위험이 따른다. 그 위험을 뛰어넘어 성공을 쟁취해야 삼성의 내일이 열린다고 확신한다. 73세의 결단이었지만 경위가 있다. 1980년 봄, 일본 방문길에 지인이 찾아와 일본이 반도체 등 첨단기술산업에 집중하고 있는 상황을 얘기했다. 1982년 21년만의 미국 방문에서는 미국이 고난을 겪는 현장을 봤다. 일본 반도체가 미국 시장을 잠식하고 있었기 때문이다. 이때 반도체는 미래산업의 쌀이며 21세기를 풍미할 산업 혁신의 핵인 반도체를 개발하는 것이라고 판단했다."

2) 기타 기업가 정신 사례

(1) 세상을 변화시킨 세 명의 기업가 : 베서머, 카네기 그리고 포드

① 헨리 베서머 (Henry Bessemer, 1813~1898)

헨리 베서머(Henry Bessemer, 1813~1898)는 영국 제철 사업가로 효과적인 제강법을 개발하였다. 당시까지만 해도 철강의 생산은 제한되어 칼이나 연장 등에만 사용되었는데, 베서머는 산소바람을 가해서 철의 불순물을 다 태워버리고 알맞은 양의 탄소를 첨가해서 30초 만에 철강을 제조하는 공정을 개발하였다.

② 앤드류 카네기 (Andrew Carnegie, 1835~1919)

앤드류 카네기(Andrew Carnegie, 1835~1919)는 베서머의 방식을 도입하여 자신의 회사를 급성장시켰고, 이를 통해 세계 최대 철강 트러스트로 미국 철강 생산의 4분의 1을 차지하게 되었다. 이처럼 새로운 기술의 개발로 철강가격은 떨어지고 품질은 개선되면서 대량 생산된 강철은 건물 뼈대에 사용되어 지금과 같은 도시의 마천루를 형성시키는 원동력이 되었고 교량, 철도, 자전거, 크레인 등에까지 철강이 사용되면서 도시의 삶 전체를 넘어 인류의 문화를 변화시키게 되었다.

③ 헨리포드(Henry Ford, 1863~1947)

헨리포드(Henry Ford, 1863~1947)는 포드자동차 회사를 설립하면서 소수의 부자가 아닌 대중을 위한 자동차를 만들 것을 선포하고 당시에는 혁신적인 방식인 컨베이어 벨트를 공장 내에 설치하였다. 또한 포드의 아이디어는 자동차를 규격화하는 것으로 각 부품공급자들에게서 공급받는 각 부품을 동일한 크기로 통제하면서 대량생산의 기틀을 마련, 당시 2천 달러였던 자동차를 포드자동차는 825달러에 출시하였고, 조립시간 역시 740분에서 93분으로 급격히 단축하였다. 이처럼 지금까지 헨리 포드가 칭송받는 이유는 그가 발명가가 아니라 여기저기서 아이디어를 취합하여 더 저렴하고 나은 차를 탄생시켜 사람들에게 공동체적 가치를 증진시켰기 때문이다. 이렇게 포드가 내놓은 저렴한 자동차가 팔리자 미국 전역에 자동차 도로 공사가 진행되면서 일자리를 창출하게 되었고 자동차 도로 주변 주유소와 쇼핑센터 등이 등장하면서 도시 주변지역까지 발전하게 되었다.

이와 같이 기업가 안트루푸누어(Entrepreneur)는 단지 돈을 버는 사람, 이윤만을 추구하는 사람이 아니라 자신의 아이디어 혹은 발명품으로 창조적 파괴라는 혁신을 창출하고 그 혁신의 혜택을 전체 사회가 받게 되어 경제적 가치와 풍요로움을 누릴 수 있게 되는 것이다.

(2) 사내 기업가 정신 성공사례

① KT

KT는 공기업 구조조정 차원에서 사내 벤처 제도를 도입하였고, 1998년 벤처기업육성 특례규정을 만들어 사내 기초 연구 분야 중 한국통신 자체적으로 사업화하기 어려운 기술 중심으로 사내 벤처를 육성하여 사업화하고자 했다.

② 로티스

로티스는 LG그룹 회장실 직속의 교통정보팀으로 출발한 국내 최초로 독립 법인화된 사내 벤처다. 독립법인 출범을 위해 LG는 실질적인 경영의 권한과 책임을 벤처팀에 위양하고 경영의 독자성을 보장하기 위해 프로젝트 팀장을 대표이사로 선임하였다. 또한 조직 구성 전권을 창업멤버들에게 위임하여 총 40명의 직원으로 시작하였으며 대표이사에게 총 주식의 10%를 스톡옵션으로 활용할 수 있는 권한을 부여하여 조직을 활성화하고 우수한 인재를 유치하였다.

③ 네이버

네이버는 삼성 SDS가 인터넷 검색엔진 WebGilder를 오픈하고 이를 전담할 사내 벤처 Naver Port를 출범시킨 것이 시작이었다. 현재 최고의 벤처기업 성공사례로 평가받고 있는데, 네이버가 분사 후 단기간 내에 성공할 수 있었던 요인에는 경기가 회복국면을 보일 때 창업기회를 포착하고 시기적절하게 분사를 단행한 것이 가장 큰 요인이라고 할 수 있다.

④ 인터파크

인터파크는 데이콤의 소사장제로 시작하여 1년 11개월 만에 분사하였다. 이후 인터파크의 사내 벤처로 출발한 G마켓도 성공을 거두게 되었다.

(3) 사회적 기업가 정신 성공사례

① 어큐먼펀드(Acumen Fund)

어큐먼펀드는 글로벌 임팩트 투자기관으로서 인도, 파키스탄, 케냐 등에서 일자리를 창출하고 물이나 식량 등을 싸게 생산하는 글로벌 기업들을 지원한다. 이 펀드는 빈곤 국가에 대한 단순한 원조 방식이 아니라 월스트리트 방식으로 지원할 기업을 선정하고 효율성과 수익성을 동시에 추구한다는 점에서 비영리 자선단체의 특징과 자본주의 특징이 결합된 형태의 독특한 펀드이다.

② 골드만삭스

골드만삭스는 도시투자, 환경투자, 1만의 여성, 1만의 벤처 등 크게 4개로 투자형태를 구분해 임팩트 투자를 진행한다. '도시투자'는 저소득층을 위한 주택건설, 노인

층을 위한 유지보수에 초점을 맞춰 투자하였으며, '1만의 여성'과 '1만의 벤처'는 여성 경영자, 소상공인에 대한 경영교육과 자금지원을 통해 기업성장과 일자리 창출을 유도하는 프로그램이다.

③ 탐스슈즈(Toms Shoes)

탐스슈즈는 미국 캘리포니아에 본사를 둔 신발제조 기업으로서 임팩트 투자를 통해 글로벌 기업으로 성장한 대표적인 사례이다. 창업자인 미국인 블레이크 마이코스키는 2006년 우연히 아르헨티나로 여행을 갔다가 그곳에서 신발조차 신을 수 없이 가난해서 맨발로 돌아다니는 어린이들이 토양의 기생충에 감염되거나 상처 때문에 갖가지 질병에 시달리는 모습을 목격한 후, 미국으로 돌아와 '내일을 위한 신발'이라는 슬로건을 앞세워 탐스슈즈를 설립한 뒤 한 켤레의 신발을 판매하면 한 켤레의 신발을 제3세계 어린이들에게 기부하는 사업 모델을 도입하였다. 다른 창업회사와 달리 마케팅 광고도 안했지만 '착한 기업'이라는 이미지가 폭발적인 호응을 얻으면서 창업 5년 만에 100만 켤레의 신발을 기부했고 글로벌 브랜드로 성장하였다.

④ 유한양행

유한양행은 우리나라의 타 기업과는 다른 독특한 경영이념을 가지고 운영되어 왔으며, 유일한 회장에서 비롯된 그 이념은 현재까지 유한양행을 발전시켜온 저력의 산실이 되어왔다. "기업에서 얻은 이익은 그 기업을 키워 준 사회에 환원하여야 한다.", "기업의 생명은 신용이다."라는 유일한 박사의 신념은 유한양행의 경영이념에 담겨져, 우량상품의 생산, 대한민국 최초의 소유와 경영의 분리, 성실한 납세, 그리고 이익의 사회환원으로 이어지고 있다.

이처럼 기업가는 단지 돈을 버는 사람, 이윤만을 추구하는 사람이 아니라 자신의 아이디어 혹은 발명품으로 창조적 파괴라는 혁신을 창출하고 그 혁신의 혜택을 사회 전체가 공유하는 것이다.

제8장

창의적 아이디어 발굴 및 기회의 포착

08

제8장

창의적 아이디어 발굴 및 기회의 포착

◇◇◇◇◇◇◇◇◇◇◇◇◇◇◇◇◇◇

학습성과

1. 창의력의 중요성과 창의적 사고기법에 대해 설명할 수 있다.
2. 창업 아이디어의 발상에 대해 설명할 수 있다.
3. 창업 아이디어 평가 및 사업화 방안에 대해 설명할 수 있다.

창의력은 기존의 지식을 활용하여 새로운 작품, 제도, 생각 등을 만들어내는 능력으로, 이는 상상력과 독창성을 필요로 한다. 창의력은 창업 아이디어의 발상에 필요한 원동력으로, 창의력을 통한 창업 아이디어를 평가하고 사업화할 수 있는 방안을 알아보고자 한다.

1. 창의력의 중요성과 창의적 사고기법

1) 창의력의 개념

창의력(creativity)은 새로운 아이디어를 도출하거나 기존의 것을 혁신적으로 변화시키는 능력으로 정의된다. 이는 더 나은 방법이나 새로운 관점을 찾아내는 과정으로, 창의력은 무엇인가를 창조하거나 새롭게 생각해내는 데에 중점을 둔다. 이는 물리적인 물체뿐만 아니라 아이디어, 제도, 예술 작품 등 다양한 영역에서 나타날 수 있다.

창의력은 기존의 지식을 활용하여 새로운 작품, 제도, 생각 등을 만들어내는 능력으로, 이는 상상력과 독창성을 필요로 한다. 창의력은 혁신적인 아이디어를 도출하고 새로운 가능성을 탐구함으로써 발전과 성장을 이끌어내는 역할을 하고 있다. 또한, 창의력은 단순히 새로운 것을 만들어내는 것뿐만 아니라, 문제 해결, 의사소통, 협업 등 다양한 상황에서도 적용될 수 있다.

창의력은 일상생활에서도 중요한 역할을 수행한다. 문제에 직면했을 때 새로운 관점에서 해결책을 찾아내거나, 일상적인 상황에서도 창의적으로 대처함으로써 더 풍요로운 삶을 살 수 있다. 학교에서는 창의력을 키우기 위해 학생들에게 다양한 도전 과제를 제공하고, 개방적이고 유연한 사고방식을 촉진하는 교육이 중요하게 강조되고 있다.

창의력을 개발하기 위해서는 관습이나 원리, 법칙, 고정관념, 편견에 사로잡히지 않는 것이 매우 중요하다. 또한, 창의적 사고를 향상시키기 위해서는 새로운 아이디어를 받아들일 수 있는 개방적인 마음가짐이 필요하며, 다양한 분야의 지식과 경험을 수용하고 융합하는 능력이 요구된다. 결국 창의력은 예측 불가능한 상황에서 새로운 가능성을 발견하고 적용하는 데에 중요한 역할을 한다.

2) 창의력의 성격

창의력은 다양한 성격을 포함하고 있으며, 이를 평가하는데 중요한 성격들 중 일부는 유창성, 정교성, 유연성, 그리고 독창성으로 설명할 수 있다.

(1) 유창성(Fluency)

유창성은 창의적 사고의 한 측면으로, 얼마나 빠르고 다양하게 아이디어를 생각해 낼 수 있는지를 나타낸다. 문제 상황에서 의미 있는 여러 가지 반응이나 아이디어를 산출하는 능력으로, 이는 의미 있는 반응의 개수로 판별될 수 있다. 높은 유창성을 가진 사람은 다양한 관점에서 빠르게 창의적인 아이디어를 도출할 수 있다.

(2) 정교성(Elaboration)

정교성은 생각이나 아이디어를 구체적으로 발전시키고 세밀하게 다듬어내는 능력을 나타낸다. 유창성으로 생성된 결과를 더욱 심화시키고 발전시켜 나가는 과정으로, 구체적이고 세밀한 아이디어를 형성하는 데 중요하게 작용한다.

(3) 유연성(Flexibility)

유연성은 어떤 문제에 부딪쳤을 때 다양한 각도에서 조명해보고 보다 나은 방법들을 찾아내는 능력을 의미한다. 다양한 관점이나 접근법에서 아이디어를 도출하고 새로운 방법을 모색하는 능력으로, 유연성이 높은 사람은 다양한 상황에 대처하며 창의적인 해결책을 찾을 수 있다.

(4) 독창성(Originality)

독창성은 다른 사람이 생각하지 못한 독특하고 창의적인 것을 생각해내는 능력이다. 다른 사람들과는 다른 아이디어를 산출하는 능력으로, 이는 아이디어의 통계적 희소성으로 판별될 수 있다. 독창성이 높은 사람은 혁신적이며 창의적인 아이디어를 만들어내는 데 능숙하다.

이러한 창의력의 성격들은 상호 보완적이며, 현실적인 문제 해결이나 창의적인 작업을 수행하는 데에 필수적인 능력들이라고 할 수 있다.

■창의력의 성격

구분	내용
유창성	좋은 아이디어를 재빨리 많이 생각해낸 능력 – 유창성은 문제 상황에서 의미 있는 여러 가지 반응이나 아이디어를 산출하는 능력으로 의미 있는 반응의 개수로 판별될 수 있다.
정교성	사고방식이나 아이디어를 구체적으로 발전시키는 능력 – 유창성은 문제 상황에서 의미 있는 여러 가지 반응이나 아이디어를 산출하는 능력으로 의미 있는 반응의 개수로 판별될 수 있다.
유연성	어떤 문제에 부딪치면 다양한 각도에서 조명해보고 보다 나은 방법들을 찾아내는 능력 – 유연성은 서로 다른 범주 및 유형의 아이디어를 산출하는 능력으로 반응의 유형별 가지 수로 판별할 수 있다.
독창성	다른 사람이 생각하지 못한 독특한 것을 생객해내는 능력 – 독창성은 다른 사람들과는 다른 아이디어를 산출하는 능력으로 반응의 통계적 희소성으로 판별될 수 있다.

3) 창의력의 중요성

현대 사회에서 소비자들은 더 이상 흔한 제품이 아닌 개성 있는 제품을 선호한다. 이에 따라 기업들은 대량 생산 대신 다양한 제품을 소량 생산할 수 있는 기술을 개발하고 있다. 이러한 기술 평준화는 작은 기업, 1인 창조기업, 프리랜서 디자이너들도 경제적인 비용으로 창의적인 제품을 생산할 수 있게끔 하였다. 기술 발전, 제품 다양성, 수명주기 단축 등 다양한 이유로 창의적인 제품은 소비자의 주목을 받는 추세이다.

뿐만 아니라 창의력은 일상생활에서도 중요한 역할을 한다. 학교나 직장에서의 발표뿐만 아니라 일상적인 문제들에 대한 창의적인 해결책을 찾는 데도 필수적인 요소이다. 오디션 프로그램에서는 그 무엇보다 창의적인 노래나 요리가 관객과 심사위원들을 매료시키는 데 중요한 역할을 하고 있다.

그러나 왜인지 많은 사람들은 창의력을 갖고 있지 않다고 생각하며, 창의력을 향상시키는 것이 어렵다고 여기는 경향이 있다. 이는 사회적인 기준이나 타인의 평가에 얽매여 차이를 내는 것을 두려워하는 것에서 비롯될 수 있다. 그러나 창의적인 아이디어는 자신이 좋아하고 잘하는 일을 찾아내는 노력 안에서 발현될 수 있다.

창의적 아이디어는 자신이 좋아하고 흥미를 느끼는 분야에서 나온다. 사람들은 종종 창의력을 타고난 능력으로 여겨 창의력 향상에 많은 어려움을 느낀다. 그러나 창의성은 노력을 통해 향상시킬 수 있는 능력이다. 자신의 관심과 열정을 토대로 노력하면 새로운 아이디어를 발굴하고 창의적인 해결책을 찾을 수 있다.

이렇게 창의력은 다양한 분야에서 필요한 능력으로, 자신의 관심과 열정을 통해 개발 가능하며, 차별화된 제품 생산이나 일상생활에서의 문제 해결에 큰 도움을 줄 수 있다. 창의력을 키우고자 하는 노력은 자신의 능력을 더욱 높일 수 있고, 더 나은 아이디어를 창출할 수 있게끔 많은 도움이 되어줄 것이다.

4) 창의적 사고기법

(1) PMI 기법

PMI 기법은 '수평적 사고'라는 개념을 정립한 창의적 사고의 대가인 에드워드 드 보노(Edward de Bone)가 많든 가장 간단한 창의적 사고기법이다.

PMI 기법은 여러 가지 아이디어를 평가하여 하나를 골라내는 방법으로, 각각의 아이디어에서 좋은 점[Plus], 나쁜 점[Minus], 흥미로운 점[Interest]을 찾아 가장 알맞은 아이디어를 선택할 때 편견과 사고의 편향을 극복하는 데 도움을 주는 기법이다.

PMI 기법에 따른 아이디어 평가의 예는 다음과 같다.

'자석을 이용해 연필꽂이를 냉장고에 붙인다'라는 예시를 들어보자 좋은 점으로는 벽에 못을 박을 필요가 없고, 쉽게 떼고 붙일 수 있다는 결론이 나온다.

반면 나쁜 점으로는 무거운 재질로 만들기 어렵고, 연필꽂이에 무거운 것을 넣기 어렵다는 결과가 나온다.

마지막으로 흥미로운 점으로는 뒷면에 여러 개의 자석을 붙이면 좀 더 튼튼하게 고정시킬 수 있다라는 결과물을 얻을 수 있고, 결과적으로 장점을 부각하고 단점을 극복할 수 있다.

PMI 기법에 따른 아이디어 평가의 예 : 자석을 이용해 연필꽂이를 냉장고에 붙인다.

* 좋은 점(P) : 벽에 못을 박을 필요가 없다. 쉽게 떼고 붙일 수 있다.
* 나쁜 점(M) : 무거운 재질로 만들기 어렵다. 연필꽂이에 무거운 것을 넣기 어렵다.
* 흥미로운 점(I) : 뒷면에 여러 개의 자석을 붙이면 좀 더 튼튼하게 고정시킬 수 있다.

(2) Six Thinking Hats 기법

여섯 가지 사고 모자 기법(Six Thinking Hats)은 팀 혹은 개인이 여러 관점에서 문제를 분석하고 해결하는 데 사용되는 창의적 사고 도구이다. 각각의 "사고모자"는 특정한 유형의 사고를 나타내며, 이를 통해 참여자들은 다양한 시각에서 문제를 고려할 수 있다.

■ **흰색 모자(White Hat)** : 이 모자는 사실과 정보에 중점을 둔다. 현재의 정보나 이해된 사실을 기반으로 문제를 바라보고 분석한다. "무엇이 알려져 있는가?"에 중점을 두는 것이 중요하다.

■ **빨간색 모자(Red Hat)** : 감정과 직관을 나타낸다. 참여자들은 자신의 감정이나 직관을 자유롭게 표현할 수 있다. 이 모자는 직관적인 느낌과 감정을 강조한다.

■ **검은색 모자(Black Hat)** : 부정적인 측면에 중점을 둔다. 문제 또는 아이디어 위험성의 단점에 주목하며, 비판적 사고를 유도한다. "왜 이것이 동작하지 않을까?"에 주로 사용된다.

■ **노란색 모자(Yellow Hat)** : 긍정적인 면에 중점을 둔다. 아이디어나 제안의 장점과 이점을 강조하고 긍정적인 결과에 주목한다. "왜 이것이 동작할까?"에 중점을 둔다.

■ 초록색 모자(Green Hat) : 창의성과 새로운 아이디어에 중점을 둔다. 이 모자를 사용하여 새로운 관점을 찾고, 창의적인 해결책을 도출한다.

■ 파란색 모자(Blue Hat) : 제어와 조직에 중점을 둔다. 회의나 토론의 진행을 관리하고, 다양한 사고모자를 적절하게 전환하는 역할을 한다. 회의의 목표를 설정하고 진행상황을 모니터링해야 한다.

■ 여섯 가지 사고 모자 기법(Six Thinking Hats)

모자 색깔	의 미	내 용
하얀모자	정보	객관적인 정보에 대한 생각
빨간모자	감정, 느낌, 직관	문제에 대한 직관적, 감정적 판단
노란모자	낙관적, 긍정적 사고	단점이 존재할 지라도 긍정적인, 건설적인 측면을 찾아봄
검정모자	부정적 사고	문제가 실패할 만한 이유를 찾아봄
초록모자	창의적 사고	발전 가능한 요소를 찾고 창의적인 의견 제시
파란모자	점검, 요약, 결론	앞의 검토 과정에 대해 점검하고 다음 단계를 제안

어떤 문제나 아이디어 등이 있을 때 위와 같은 방법으로 여섯 가지 모자가 있다고 가정하고 한 가지씩 모자를 쓰며 생각해 본다면, 비효율을 피할 수 있고 다양한 사고를 해볼 수 있기 때문에 창의적인 사고력 증진에 많은 도움이 된다.

(3) 스캠퍼(SCAMPER) 기법

스캠퍼 기법은 아이디어를 내기 위해 의도적으로 시험할 수 있는 일곱 가지 체크리스트를 말한다.

■ S(Substitute) : 원래의 것을 다르게 바꿔서 관찰해야 한다는 뜻이다. 예시로 치약에서 가그린과 같은 구강청결제를 볼 수 있다.

■ C(Combine) : 서로 다른 것들을 묶어보는 것에 대한 내용이다. 예시로는 슬리퍼와 걸레를 결합한 청소슬리퍼와 같은 제품이 있다.

■ A(Adapt) : 다른 곳에 적용해보는 시도를 말한다. 예로 찍찍이는 식물의 씨앗이 옷에 잘 붙는 원리를 적용하여 만든 제품이다.

■ M(Modify, Magnify, Minify) : 수정, 확대, 축소를 통한 시도이다. 예를 들어 기존의 스마트 기기는 핸드폰에 국한되었지만, 스마트폰을 확장하여 새로운 수요를 만든 태블릿 pc가 있다.

■ P(Put to other uses) : 다른 용도로 써보기 위한 관점이다. 예시로는 오래되거나 퇴역한 선박을 이용해 선상레스토랑으로 전환하여 운영하는 사례가 있다.

■ E(Eliminate) : 기존의 아이디어나 제품에서 특정 요소를 제거해보는 시도이다. 가장 대표적인 예시로는 제로 콜라와 같은 음료수 개발이다. 당류에 대한 일반 소비자들의 거부감과 걱정과 건강에 대한 관심 증가로 기존의 당 성분을 제거하고 건강에 덜 해로운 대체 당류를 사용함으로서 성공적으로 시장에 정착한 제품이 되었다.

■ R(Reverse, Rearrange) : 기존의 것을 거꾸로 생각하거나 다시 배치해보는 관점이다. 일상에서 살펴볼 수 있는 예시로는 누드김밥이 있는데 이는 기존의 김밥에서 김과 밥의 위치를 변경해 내어놓은 식품이라고 볼 수 있다.

2. 창업 아이디어의 발상

1) 관심에서 아이디어 끌어내기

창업은 종종 자신의 관심과 취미에서 비롯되어 혁신적인 사업 아이디어를 찾는 경우가 많다. 성공한 기업가들의 이야기를 들여다보면, 자신이 좋아하는 활동이나 분야에서 출발해 창업 아이디어를 도출한 사례들이 많이 나타난다. 이러한 방식은 아이디어를 찾는데 있어서 가장 직관적이고 자연스러운 방법 중 하나로 여겨진다.

먼저 사례를 살펴보자.

사례

파타고니아사의 창업자 이본 취나드는 자신이 좋아하는 암벽등반에서 창업 아이디어를 발굴하였다. 자신이 암벽등반을 좋아하기 때문에 암벽을 등반하는 사람들이 겪는 어려움이 어떤 것인지, 그 어려움을 해결해 줄 수 있는 제품이 어떤 것인지에 대해서 고민하고 그에 맞는 암벽등반 장비를 개발하여 제품화에 성공하였다.

사례

World Class Teams를 설립한 로빈 베닌카사도 자신의 관심사를 사업 아이디어로 연결시킨 사례다. 로빈 베닌카사는 운동을 좋아했기에 소방관으로 일하면서 철인 3종 대회에 미국 대표로 참가하여 1위를 차지하였다. 자신이 좋아하고 잘하는 운동을 바탕으로 '사람들에게 용기를 주고 동기부여를 하는' 의미 있는 일을 찾은 그녀는 World Class Teams라는 프로그램을 운영하고 있으며, 이 프로그램은 사람들에게 신체적으로 도전적인 프로그램에 참여하도록 하여 사람들의 동기부여를 유도하고, 더 나은 삶을 살 수 있도록 그리고 팀빌딩을 하는데 도움을 주고 있다.

사례를 보면서 단순한 취미가 과연 창업으로 연결될 수 있을까 하는 의문이 들기도 할 것이다. 단순한 취미가 창업의 성공을 가져왔다기보다는 취미, 즉 좋아하면서도 그 일을 잘할 수 있는 일을 선택함으로써 성공을 하였다 볼 수 있다, 그 외에도 우리 주변에는 취미로 시작한 일을 바탕으로 사업화하여 크게 성공한 사례를 많이 볼 수 있다.

2) 관찰을 통한 문제 발견 및 해결

사업 아이디어를 찾는 것은 많은 사람들이 어렵게 느끼는 일이지만, 우리는 쉽게 지나쳐 왔던 일상에서도 창의적인 발상을 얻을 수 있다. 이를 위해선 관찰 습관을 키우고, 기존에 간과하고 있던 부분에 주목하는 것이 중요하다. 일상에서 놓치고 있던 새로운 가능성을 찾아내는 것은 단순한 관찰과 고민의 시작이기 때문이다.

우선, 관찰을 통해 우리가 평소에 무심코 지나쳐 왔던 현상이나 상황을 선택적으로 살펴보고, 이에 대한 문제점을 발견하는 것이 첫 번째 단계이다. 주변의 소리와 풍경, 사람들의 행동 등을 주의 깊게 살펴보면 우리는 기존에 인식하지 못했던 것들을 발견할 수 있을 것이다.

그 다음으로는 발견한 문제점을 사업 아이디어로 발전시키는 과정이 필요하다. 관찰한 결과를 토대로 문제점을 정확히 기술하고, 이 문제점이 가지는 비즈니스적 기회를 찾아내는 것이 중요하다. 이때, 발견한 문제점을 기회로 전환하는 창의적 사고가 필요하며, 문제를 해결하는 동시에 혁신적인 비즈니스 모델을 창출할 수 있다.

최종적으로는 관찰한 대상을 선정하고, 관찰한 결과를 토대로 발견한 문제점을 사업 아이디어로 연결해 나가는 단계를 거쳐야 한다. 이를 통해 우리는 새로운 시각과 사고방식을 통해 사업적 가치를 창출할 수 있게 된다. 따라서, 우리는 일상의 소소한 현상에서도 창의적 발상을 도출할 수 있으며, 이를 통해 비즈니스 아이디어를 발전시킬 수 있다는 것을 기억해야 한다.

① 관찰대상을 정하고 관찰한 내용을 기술한다.
② 관찰대상에 대한 문제점을 찾아본다.
③ 발견한 문제점을 기회로 연결해 본다.

3) 기존 제품 개선하기

처음부터 아주 새로운 아이디어를 발굴할 수도 있지만, 기존 제품을 개선하는 아이디어를 생각해 봄으로써 아이디어 발굴 연습을 할 수도 있다. 기존 제품 개선은 기업 내부에서도 자주 하는 일이다. 신제품을 출시하는 경우보다 기존 제품을 개선해서 더 좋은 제품을 생산하는 경우가 더 많기 때문이다.

기존 제품을 개선하는 것은 창의적인 사고를 기르고 아이디어 발굴 능력을 향상시키는데 효과적인 방법 중 하나이다. 새로운 제품을 개발하는 것보다 기존 제품을 분석하고 개선함으로써 시장에서 더 나은 제품을 선보일 수 있다. 기업 내부에서도 이러한 방식으로 제품을 개선하는 작업은 빈번하게 이루어지며, 이는 기업이 지속적인 혁신을 추구하는 데 중요한 역할을 한다.

사례

▶ 제품 개선 : 랙팩(Rack Pack)

독일의 오르트립(Oortrip)이라는 자전거 관련 제품을 생산하는 회사의 경우, 방수 가방 제품인 랙팩(Rack Pack)을 개발하면서 이를 실현했다. 이 제품은 기존의 방수 가방들이 갖고 있던 한계와 문제점을 찾아내어 개선하였다. 초기에는 간이로 만들어진 제품이었지만 지속적인 보완 작업을 통해 현재의 혁신적이고 실용적인 디자인으로 발전하였다.

이는 설계의 컨셉이 초기부터 완전하게 정립되어 있던 것이 아니라, 사용 중 발생한 문제점을 해결하고 제품을 개선해 나가며 현재의 형태에 이르렀음을 보여준다. 이처럼 기존 제품을 지속적으로 관찰하고 보완함으로써 새로운 창의적인 디자인과 실용성을 결합하는 것이 기업의 성공과 혁신에 기여할 수 있는 방법 중 하나이다.

다음으로 제품 개선 사례로 유명한 넛지에 대해 살펴보도록 하자.

'넛지(nudge)'는 원래 '(특히 팔꿈치로)슬쩍 찌르다', '주의를 환기시키다'라는 뜻의 영단어로 미국 시카고대의 행동경제학자 리처드 세일러(Richard H. Thaler)와 법률가 캐스 선스타인(Cass R. Sunstein)이 공저한 《넛지(Nudge)》란 책을 통해 널리 알려졌다.

세일러와 선스타인은 책에서 '타인의 선택을 유도하는 부드러운 개입'이란 의미로 이 단어를 사용했다. 금지와 명령이 아닌 팔꿈치로 옆구리를 툭 치는 듯한 부드러운 권유로 타인의 바른 선택을 돕는 것이 넛지인 것이다. 넛지는 더 나은 선택을 하도록 유도하지만 유연하고 비강제적으로 접근하여 선택의 자유를 침해하지 않는다는 '자유주의적 개입주의'(libertarian paternalism)에 바탕하고 있다. 어떤 선택을 금지하거나 경제적 인센티브를 크게 변화시키지 않고 예상 가능한 방향으로 사람들의 행동을 변화시키는 것이다.

4) 트렌드 분석을 통한 아이디어 발굴

기존에 관찰과 기존 제품 개선을 통한 아이디어 발굴을 경험한 후, 이제는 환경의 변화를 주목하고 이를 통해 사업 아이디어를 발굴하는 연습을 해보아야 한다. 환경의 변화를 탐색하기 위해서는 주변 신문의 다양한 세션들, 예를 들면 정치, 경제, 사회, 문화, 연예, 스포츠, 국제 등에서 다루고 있는 주요 이슈들을 살펴보아야 한다.

이슈에 대한 세분화된 접근을 통해 환경 변화에 어떤 사업 영향이 있을지를 고려해야 한다. 정치, 경제, 국제 정세 등 각 세션의 핵심 이슈에 주목하고, 이러한 환경 변화가 우리가 생각하는 사업에 어떤 영향을 미칠지 고민하는 것이 중요하다. 또한, 이러한 환경 변화를 통해 어떤 사업 아이디어를 도출할 수 있는지를 생각해보는 것이 중요하다.

좋은 아이디어는 주변에서 누군가가 느끼는 불편함이나 문제점에서 비롯될 수 있다. 이를 통해 창업의 기회를 찾아내고 경제적 가치를 창출할 수 있다. 특히, 누군가가 이미 그 불편함을 해결하기 위한 제품을 만들어 판매하고 있다면, 우리는 어떻게 그것을 더 발전시켜 경쟁 우위를 창출할 수 있는지를 고민하는 것이 필요하다.

좋은 사업 아이디어를 발굴하고 실현하기 위해서는 주변의 환경을 지속적으로 살피고, 그에 대한 관찰과 분석을 통해 창의적인 사고를 기를 필요가 있다.

트렌드 분석을 통한 아이디어 발굴은 주변의 환경 변화를 파악하고 이를 기반으로 창업 아이디어를 발굴하는 것을 의미한다. 아이디어의 기원은 종종 사회, 경제, 기술, 문화 등의 다양한 트렌드에서 나온다. 이를 효과적으로 활용하기 위한 방법에 대하여 살펴본다.

(1) 환경 변화 파악

신문, 인터넷 뉴스, 전문 레포트 등을 통해 주변의 환경 변화를 지속적으로 관찰해야 한다. 정치, 경제, 사회, 기술 등의 분야에서 어떠한 변화가 일어나고 있는지를 살펴보는 것이 매우 중요하다.

(2) 세부 분야 트렌드 조사

각 분야에서 어떤 주요 트렌드가 나타나고 있는지를 자세히 조사한다. 예를 들어, 기술 분야에서는 인공지능, 사물인터넷(IoT), 블록체인 등이 현재 주목받고 있는 트렌드로 최근 필수로 연구해야 하는 분야이다.

(3) 소비자 행동 이해

소비자의 행동 변화를 이해하는 것이 중요하다. 어떤 제품, 서비스에 대한 수요가 늘어나고 있는지, 소비자들이 어떤 가치를 중시하고 있는지 파악해야 한다.

(4) 기존 시장의 한계점 파악

기존 시장에서 어떤 한계점이나 불편함이 있는지를 찾아야 한다. 소비자들이 불만족하고 있는 부분을 파악하면 그것을 해결할 아이디어를 발굴할 수 있다.

(5) 경쟁사 분석

비슷한 아이디어나 제품을 가진 경쟁사들을 조사한다. 어떻게 그들과 차별화되는 제품이나 서비스를 제공할 수 있는지 고민하여야 한다.

(6) 미래 트렌드 고려

미래에 어떤 트렌드가 나타날 것으로 예측되는지를 고려해야 한다. 선제적으로 미래 트렌드에 대비하면서 아이디어를 발굴하고 구상한다.

(7) 창의적인 결합

다양한 트렌드와 정보를 종합하여 창의적으로 결합하는 것이 중요하다. 두 가지 이상의 트렌드나 개념을 융합함으로써 새로운 가치를 창출할 수 있다.

이러한 단계를 거친 트렌드 분석을 활용하여 창업 아이디어를 발굴하고, 현재와 미래의 시장에서 성공할 수 있는 독특하고 혁신적인 제품 또는 서비스를 창출할 수 있다. 다음으로 카멜 백 개발 사례를 살펴보자.

사례

Camel Bak 개발

"저는 마라톤 하는 것을 좋아합니다. 마라톤에서 완주하려면 적어도 일주일에 60km 정도는 달리기 연습을 해야 합니다. 달리기를 할 때마다 느끼는 건 '물 마시기의 불편함'입니다. 물병을 들고 뛰는 것은 불편하고, 그렇다고 목마른 채로 장거리를 달릴 수도 없습니다. 그래서 등에 메고 다니는 가벼운 가방에 물주머니가 있고 물주머니에 튜브가 달려 있다면 달리다가 쉽게 물을 먹을 수 있다는 생각을 했습니다."

이런 관찰, 불편함 등을 바탕으로 나오게 된 것이 Camel Bak이라는 회사의 제품인 등에 낙타처럼 메고 다니는 가방이다.

3. 창업 아이디어 평가 및 사업화 방안

1) 고객과 시장

고객의 시각으로 관점을 전환하면서 완전히 새로운 기회를 찾아내는 것은 혁신적인 창업에 있어서 필수적인 요소이다. 이는 단순히 아이디어를 내는 것을 넘어서, 주변 환경, 일상 업무, 관심사, 고객의 니즈 등을 깊이 있게 이해하는 것을 의미한다. 고객을 정확하게 이해하고 그들의 요구와 욕구를 파악하는 것이 없으면 혁신적인 사업 아이디어가 실제로 성공적인 기회로 이어지기 어려울 것이다.

고객관점을 효과적으로 가져오는 것은 모든 창업 비즈니스의 기본 원칙 중 하나이다. 아이디어가 훌륭하더라도 고객이 해당 제품이나 서비스에 대해 지불할 의사가 없거나 아이디어가 시장의 수요와 일치하지 않는다면 성공이 어려울 수 있다. 따라서 사업 아이디어를 검증하고 발전시키기 위해서는 고객에 대한 이해뿐만 아니라 시장에 대한 깊은 이해가 필수적이다.

■ 공공 화장실에 가방과 스마트폰 거치대를 설치하는 아이디어
　- 고객은 누구인가? 고객은 이 제품을 설치(구매)할 것인가?

고객 분석에 대한 내용을 상세히 살펴보면 다음과 같다.

(1) 고객 식별

먼저, 아이디어의 대상이 되는 핵심 고객을 정확히 식별해야 한다. 이는 나이, 성별, 지역, 소비 성향, 관심사 등을 고려하여 구체적으로 파악하는 것을 의미한다.

(2) 고객 니즈 파악

고객들의 실질적인 니즈와 문제점을 이해하는 것이 중요하다. 이를 통해 어떤 가치를 제공할지를 결정하고, 제품 또는 서비스를 개발할 때 이러한 니즈를 해결하는 방식을 고려해야 한다.

(3) 구매 패턴과 행동 분석

이전 구매 경험, 선호하는 구매 채널, 가격에 민감한 정도 등을 고려하여 고객의 행동을 예측하고, 이를 통해 마케팅 전략을 구성할 수 있다.

(4) 고객 피드백 수집

초기 아이디어를 향상시키기 위해 고객 피드백을 수집하고 분석하는 프로세스를 구축해야 한다. 소비자의 의견은 제품 또는 서비스의 품질 향상에 큰 역할을 한다.

특히 고객이 누구인지를 정확하게 파악한 후에는 시장조사가 필요하다. 시장조사를 통해 알아야 할 중요한 부분으로는 일반환경의 특성, 시장크기, 시장의 성장률 등이 있다. 또한, 어느 정도의 시장점유율을 목표로 하고 이를 얼마의 시간 동안 달성할 수 있는지를 파악하는 것도 중요하다. 이러한 접근 방식을 통해 창업 아이디어를 실제적인 성공 기회로 발전시킬 수 있다. 자세한 내용은 다음과 같다.

(1) 경쟁 분석

유사한 제품이나 서비스를 제공하는 경쟁 업체들을 파악하고, 그들의 강점과 약점을 이해해야 한다. 이를 통해 자신의 차별성을 부각시키고 경쟁우위를 확보할 수 있다.

(2) 시장 규모 평가

아이디어가 대상으로 하는 시장의 규모를 파악하고, 이 시장에서 자체 제품이 차지할 수 있는 비중을 추정해야 한다.

(3) 트렌드 및 예측 분석

산업 및 시장의 현재 트렌드와 미래 예측을 분석하여 기회와 위험을 식별해야 한다. 기술, 경제, 사회적 트렌드 등을 고려하여 비즈니스 모델을 설계해야 한다.

(4) 법규 및 규제 분석

해당 시장에서의 법적 규제사항과 향후 예상 변화에 대한 이해가 매우 중요하다. 이는 사업을 영위하는 데 있어서 법적인 문제를 최소화하고 안정성을 확보하기 위함이기 때문다.

이러한 고객과 시장 분석을 기반으로 한 평가는 창업 아이디어를 현실적이고 지속 가능한 사업으로 키우기 위한 중요한 단계이다.

▶ 창업 아이디어를 적은 다음 핵심고객은 누구인지, 고객관찰을 위해서 어떤 질문을 해야 하는지 작성해 보자.

- 아이디어 : ____________________
- 핵심고객 : ____________________
- 고객관찰을 위한 질문 : ____________________

____

____

____

▶ 우리의 핵심고객을 파악한 이후에는 시장조사를 해야 한다. 다음 내용에 답해 보자. 잊지 말아야 할 것은 자료 및 데이터의 출처를 기록하는 것이다.

■시장 트렌드 파악

1) 일반환경은 우리에게 유리한가, 불리한가?

– 이유 : ____________________

2) 목표시장(타겟)은 우리에게 유리한가, 불리한가?

– 이유 : ____________________

■시장크기

1) 고객이 얼마나 있나?(핵심고객만을 고객으로 간주)

2) 수요상황 : 공급보다 수요가 더 많을 것인가? 적을 것인가?

– 이유 : ____________________

■시장성장

- 시장성장률 : 우리제품 및 서비스의 해당 시장이 ______% 성장하고 있다.

– 이유 : ____________________

2) 경쟁자

경쟁자에 대한 탐구는 매우 중요하다. 소비자들이 우리 제품이 없다면 어떤 제품을 구매하는지 파악해보아야 한다. 대부분의 경우에는 소비자가 우리 제품을 구매하지 않더라도 많은 대안이 있음을 충분히 파악해야 한다. 경쟁자를 정의할 때는 소비자들이 선택할 수 있는 다양한 대안을 모두 경쟁자로 고려해야 한다.

경쟁자 분석은 창업 아이디어를 평가하는 핵심 단계 중 하나로, 아이디어의 시장 진입 가능성과 성공 가능성을 판단하는 데 결정적인 역할을 한다. 다음은 경쟁자 분석에 요구되는 세부적인 사항이다.

(1) 경쟁자의 존재 여부

아이디어를 검토할 때 가장 먼저 고려해야 할 사항은 경쟁자의 존재 여부이다. 경쟁자가 이미 시장에 존재한다면, 그들의 강점과 약점을 파악하여 자체 아이디어의 차별성과 경쟁력을 평가해야 한다.

(2) 경쟁자 식별

경쟁자를 정확하게 식별하는 것이 중요하다. 직접적인 경쟁자뿐만 아니라 대체 제품 또는 서비스도 경쟁자로 간주해야 한다. 예를 들어, 특정 식품 배송 서비스에 대한 경쟁자는 다른 배달 서비스뿐만 아니라 소비자가 직접 요리를 하는 것과 같은 대안들도 포함될 수 있다.

(3) 경쟁자의 특징

경쟁자의 특징을 깊이 파악해야 한다. 이들이 제공하는 제품이나 서비스의 장점과 단점, 가격 정책, 마케팅 전략, 고객 서비스 등을 분석하여 자신의 아이디어가 어떻게 이를 능가하거나 새로운 가치를 제공할 수 있는지를 고민해야 한다.

(4) 경쟁자가 없는 경우

경쟁자가 없다면, 이는 새로운 시장 또는 혁신적인 제품/서비스를 의미할 수 있다. 그러나 이는 시장이 매력적이지 않거나 존재하는 솔루션에 대한 수요가 부족할 수도 있다는 의미일 수 있다. 따라서, 이러한 상황에서는 왜 경쟁자가 없는지에 대한 분석이 필요하다.

(5) 대안적 선택지 고려

소비자들이 제품을 선택하지 않았을 때 어떤 대안적인 선택지들을 고려할지를 확인하는 것이 중요하다. 이를 통해 경쟁자의 외적인 영향과 소비자의 다양한 선택지에 대한 이해를 높일 수 있다.

경쟁자 분석을 통해 창업 아이디어의 강점과 취약점을 파악하고 개선의 여지를 찾아내는 것은 아이디어를 효과적으로 시장에 도입하기 위한 필수적인 단계이다.

▶ 우리의 경쟁자가 누구인지 정의해 보자.

- 아이디어 : ______________________ (한 문장으로 정의해 보자)
- 핵심고객 : ____
- 경 쟁 자 : ____

- 경쟁자를 구체적으로 구분하여 작성해 보자.
  - 직접경쟁자 : (우리와 똑같은 제품을 생산하는 경우) ____________
  - 간접경쟁자 : (우리와 유사한 제품을 생산하는 경우) ____________
  - 대체재 : (고객이 선택할 수 있는 다른 선택 사항) ______________

▶ 경쟁 프로파일 매트릭스를 작성해보자.

- 우리 제품(서비스)가 경쟁자 대비 어떤 특성과 경쟁우위를 갖고 있는 파악
- 우리제품이 시장에서 성공하기 위해서 중요한 성공요인은 무엇인가?

구분	우리 제품	제1경쟁자 (직접경쟁자)	제2경쟁자 (직접경쟁자)	홈메이드 (간접경쟁자)	회식(피자) (대체재)
맛					
가격					
접근편의성					
건강					
…					

3) 공급자

공급자가 우리 사업에 큰 지배력을 가지는지 파악해야 한다. 공급자의 교섭력이 크면 해당 기업을 좌지우지하는 경우도 많다.

공급자들이 충분히 많은지에 대해서도 판단해야 한다. 공급자들이 충분히 많지 않다는 것은 공급자의 영향력이 더 강할 수 있다. 공급자의 영향력이 큰 경우 우리 기업에 위협요소가 될 수 있다.

앞선 설명을 자세하게 풀어보자면, 창업 아이디어를 구체화하고 시장에 성공적으로 진입하기 위해서는 공급자에 대한 철저한 분석이 필요하다. 공급자와의 거래 관계가 기업의 안정성과 경쟁력에 큰 영향을 미치기 때문에 공급자에 대한 평가는 중요한 과정이다.

(1) 공급자 다양성

공급자의 다양성은 기업에게 유리한 상황을 나타낼 수 있다. 충분한 공급자 다양성은 원활한 생산과 유연한 공급망을 의미하며, 특정 공급자의 힘을 상쇄시킬 수 있다.

(2) 파워 불균형과 위협요소

만약 공급자들이 한정적이거나 독점적인 지위에 있다면, 이는 기업에게 위협이 될 수 있다. 공급자의 파워가 크다면 가격 변동성이나 조달 일정에 민감하게 반응해야 하므로 이를 감안하여 사업 전략을 수립해야 한다.

(3) 파트너십 구축과 협상 전략

공급자와의 효과적인 협력은 높은 교섭력이나 지배력을 극복할 수 있는 방안 중 하나이다. 파트너십을 강화하고 상호 협력적인 관계를 구축하는 것은 안정적인 공급망을 확보하고, 공급자와의 협상에서 유리한 조건을 얻을 수 있는 중요한 전략이다.

결론적으로, 공급자에 대한 심층적인 분석은 창업 아이디어의 지속 가능성과 경쟁 우위를 위해 필수적이다. 이를 통해 기업은 공급망 리스크를 최소화하고, 변화하는 시장에서 적응성을 유지할 수 있게 된다.

▶ 우리 제품 및 서비스를 생산하는 데 필요한 원료에는 어떤 것이 있는지 나열해 보고, 그 원료를 제공하게 될 기업들(잠재적 공급처)을 나열해 보자.

원료	(잠재적) 공급처
1.	1.
2.	2.
3.	3.
......	......

4) 정부정책

우리나라는 정부가 벤처 생태계를 조성하기 위해 적극적인 정책을 펼치고 있다. 정부의 정책이나 법규로 인해 우리 사업이 영향을 받을지에 대해 항상 조사하고 준비해야 한다. 규제가 심하여 정부의 승인을 얻어야 하는 경우라면 어느 정도 시간이 필요한지도 확인해야 한다.

(1) 벤처 생태계 지원 정책

우리나라 정부는 창업을 촉진하기 위해 다양한 지원 정책을 시행하고 있다. 기업 창업 지원금, 세제 혜택, 벤처 투자 유치 등의 정책이 벤처 기업에 유리한 환경을 조성하고 있다.

(2) 규제와 승인 프로세스

특히 일부 사업은 정부의 승인을 필요로 하며, 이에 따른 규제가 존재한다. 창업자는 어떠한 규제와 승인 프로세스를 거쳐야 하는지를 사전에 파악하고, 이에 대한 대응책을 마련해야 한다.

(3) 예상 시간과 비용

규제와 승인을 받기 위해서는 어느 정도의 시간과 비용이 소요될 것인지를 사전에 예상하는 것이 중요하다. 이를 통해 사업 계획 수립 시에 불확실성을 최소화하고 신속한 창업을 이룰 수 있다.

(4) 산업 동향과 정부의 장기 비전

정부의 장기 비전과 산업 동향을 파악하여, 현재 사업 아이디어가 정부의 장기적인 방향과 부합하는지를 고려해야 한다. 이는 사업의 지속성과 안정성을 보장하는데 기여할 수 있다.

(5) 정부와의 협력과 참여

정부의 지원을 적극적으로 활용하기 위해 정부 주도의 프로젝트, 창업 지원 기관 등과의 협력 및 참여 방안을 고려해 보는 것도 중요하다.

이와 같은 정부정책의 영향을 철저히 파악하여 이를 창업 전략에 반영함으로써 안정적이고 지속 가능한 사업 모델을 구축할 수 있다.

> ▶ 정부 정책은 우리 사업에 어떤 영향을 미칠 수 있는가?
> ▶ 규제가 우리 사업에 어떤 영향을 미칠 수 있는가?

5) 글로벌 환경

국내 시장의 규모가 한정적이라면 성장을 위해 글로벌 시장으로 진출하는 것이 좋다. 하지만 해외진출은 국내와 같이 호의적인 정부의 혜택을 받을 수도 없고 환경자체가 국내시장과 많이 다르다.

해외시장에 진출할 때도 우리의 고객은 누가 될 것인가, 그 고객에게 접근하는 것이 용이한지, 진출 시기는 언제가 좋은지 등에 대해 고려해야 한다. 특히 현지의 파트너 없이 해외시장에 진출하는 것보다 초기에 수익을 공유하더라도 해외파트너의 도움을 받아 해외시장에 진출하는 것이 좋다.

해외시장으로의 진출은 국내 시장의 한정적인 규모를 극복하고 성장을 이루기 위한 중요한 전략 중 하나이다. 그러나 해외진출은 새로운 도전과 다양한 어려움을 동반하므로 신중한 계획과 실행이 필요하다.

(1) 해외시장 진출 동기

해외진출의 동기가 명확히 정의되어야 한다. 국내시장의 한정성을 극복하거나 새로운 성장 기회를 찾기 위한 것인지, 아니면 기존 제품이나 서비스의 글로벌 수요를 충족시키기 위한 것인지를 분명히 해야 한다.

(2) 환경적인 차이와 도전

해외시장은 국내와 다른 문화, 경제, 법률적인 측면에서 다양한 도전에 직면하게 된다. 이러한 환경적인 차이를 정확히 이해하고, 그에 따른 대응책을 마련하는 것이 필요하다.

(3) 고객 식별 및 접근 전략

글로벌 시장에서 우리의 핵심 고객은 누구인지 정확하게 식별해야 한다. 그리고 이 고객층에게 효과적으로 접근할 수 있는 전략을 개발하는 것이 중요하다.

(4) 현지 파트너의 중요성

현지 파트너의 도움을 받는 것은 글로벌 시장 진출에서 핵심이다. 현지 파트너의 네트워크, 경험, 지식을 활용하여 초기 어려움을 극복하고 성공적인 진출을 이룰 수 있다.

(5) 시기와 전략적인 계획

해외시장으로의 진출 시기와 전략은 중요한 결정이다. 현지 경제 상황, 경쟁 환경, 제품의 시기적절성 등을 고려하여 최적의 진출 전략을 수립해야 한다.

(6) 현지화 전략

글로벌 시장에서 성공하려면 현지화 전략이 필요하다. 제품이나 서비스를 현지 시장의 특성에 맞게 수정하고 현지 소비자의 니즈를 충족시킬 수 있는 방안을 고민해야 한다.

글로벌 시장 진출은 큰 기회이지만, 그에 따른 위험도 함께 고려해야 한다. 철저한 분석과 준비를 할 때 성공적인 글로벌 확장이 가능할 것이다.

▶ 사업이 글로벌 시장으로 확장된다면 어느 국가로 제일 먼저 진출할 것이며, 해당 시장에서의 핵심고객은 누구인가?

- 진출국가 : ______________________________

- 핵심고객 : ______________________________

- 해당 시장에 진출한다면 시간은 얼마나 걸리는가? ______________

- 해당 시장에 진출한다면 언제부터 하는 것이 좋은가?____________

- 해외시장에 진출한다면 경쟁자는 누구인가? __________________

- 해외시장 진출의 장애물로 어떤 것이 예상되는가? ______________

제9장

아이디어를 보호하기 위한 지식 재산권

09

제9장

아이디어를 보호하기 위한 지식 재산권

학 습 성 과

1. 지식 재산권의 개념 및 종류를 설명할 수 있다.
2. 특허의 개념 및 중요성을 설명할 수 있다.
3. 특허권과 저작권, 특허권 만들기, 특허회피설계에 대한 과정을 설명할 수 있다.

지식 재산권이란 새로운 것을 발견하거나, 어떤 것을 만드는 새로운 방법을 알아내거나, 새로운 상품을 디자인하거나, 상품의 새로운 기능을 개발한 사람에게 주어지는 권리이다. 예를 들면 다른 사람의 캐릭터나 이미지를 자신의 것처럼 허락도 없이 마음대로 사용하는 건 지식 재산권을 침해하는 대표적인 행동이라고 할 수 있다.

지식 재산권은 크게 산업 재산권과 저작권, 그리고 신지식 재산권으로 나눌 수 있는데, 디자인만 살짝 변경해서 상품을 출시하는 것은 산업 재산권의 디자인권을 침해하는 행동이라고 볼 수 있으며, 유료로 지불하는 게임 등 프로그램의 공유, 인터넷으로 다운 받아 사용하는 폰트 파일 등은 저작권을 침해하는 행동이라고 할 수 있다. 또한 소프트웨어 불법사용 등은 신지식 재산권을 침해하는 행동이라고 할 수 있다.

이에 지식 재산권의 침해를 예방하는 방법 몇 가지를 살펴보면, CCL을 확인하거나, 특허정보검색서비스인 키프리스 이용하기, 저작권자에게 사전에 허락을 구하기, 저작권법을 미리 찾아보는 방법 등을 들 수 있다.

1. 지식 재산권의 개념 및 종류

1) 지식 재산권(Intellectual Property: IP)의 개념

지식 재산권(Intellectual Property: IP)은 창의적 아이디어에 대해 독점적으로 소유하고 다른 사람이 사용하지 못하게 보호해주는 법적인 권리를 말한다. 이는 아이디어나 발명물, 창작물 등의 지적 재산을 보호하고 이를 통해 경제적 가치를 창출할 수 있도록 하는 제도이다.

지식 재산권의 종류는 다음과 같다.

■지식 재산권의 종류

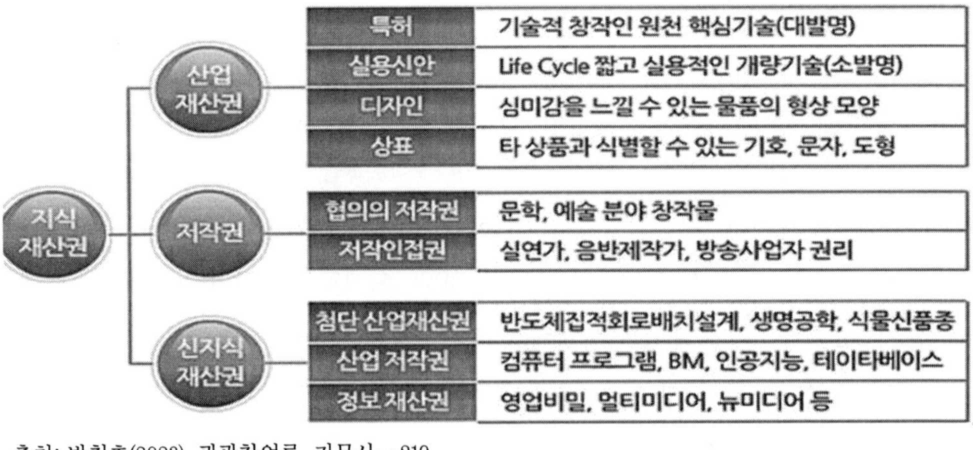

출처: 박철호(2023), 관광창업론, 기문사, p219

이러한 지식 재산권은 창의적인 활동을 보호하고, 이를 통해 경제적 가치를 창출하며, 기술 혁신과 문화 예술의 발전을 촉진하는 역할을 한다.

(1) 산업 재산권(Intellectual Property Rights: IPR)

산업 재산권(Intellectual Property Rights: IPR)이란 기술 혁신과 창작물 보호를 위한 법적인 권리를 말한다. 산업 재산권은 기술, 디자인, 상표 등의 형태로 나타나는 지식 재산권 중 기업이 생산적으로 이용할 수 있는 권리를 의미하는데, 이는 기업의 혁신적인 아이디어와 기술력을 보호하고, 경쟁에서 차별화된 경제적 가치를 창출할 수 있도록 도와주는 중요한 권리로 기업의 창의성과 독자성 보호를 위한 목적이 있다. 기업이 개발한 기술, 제품 디자인, 브랜드 등을 타인으로부터 독점적으로 보호하여 창의성과 독자성을 지키는 역할을 수행하는 것이다.

산업 재산권의 종류와 특징은 다음과 같다.

① 특허권(Patent)

특허권은 새롭고 창의적인 발명에 대한 독점적인 이용 권리를 부여하는 지식 재산권으로, 발명물이 산업적으로 응용 가능하며 창의성이 있어야 한다.

② 실용신안권(Utility Model)

실용신안권은 특허와 유사하지만, 더 간단하고 실용적인 기술 혹은 발명에 대한 보호를 제공하는 지식 재산권이다. 특허와 마찬가지로 실용신안은 기술적인 발명이나 개선에 대한 독점적인 이용 권리를 부여받을 수 있다. 다만, 특허에 비해 적은 요건을 충족하면서도 상대적으로 간단한 제도로, 기술적인 발전을 빠르게 보호하고자 하는 경우에 활용된다.

일반적으로는 특허와 유사한 출원 및 심사 절차를 거치며, 실용신안이 특허로 전환되어 더 강력한 보호를 받을 수도 있다. 실용신안은 특허와 마찬가지로 산업적으로 응용 가능하며, 실제적인 유효성과 창의성이 있어야 한다. 그러나 특허보다는 낮은 수준의 창의성이 요구되어, 더 간단하고 구체적인 발명에 대한 보호에 적합하다. 실용신안의 보호 기간은 특허와 다르게 일반적으로 더 짧은 특허기간을 갖는다. 그러나 일부 국가에서는 보호 기간을 연장할 수 있는 경우도 있다.

③ 디자인권(Design)

디자인권은 제품의 형상, 색상, 패턴 등 외관적 디자인을 보호하는 지식 재산권으로, 창조적이고 독창적인 디자인을 보호하는 제도이다. 제품의 시각적 특징을 강화하고 모방을 방지하여 창조적인 디자인에 대한 보상을 제공한다. 출원 및 등록 절차를 거쳐 특허청에서 등록을 받아야 하며, 디자인보호법 제91조(디자인권의 발생 및 존속기간)에 따라 디자인등록출원일 후 20년이 되는 날까지 존속하며 유지된다. 국제적 보호를 받고자 하는 경우 디자인 국제출원이 가능하며, 침해 시에는 소송을 제기하여 디자인의 유사성과 원저작자의 권리 등을 고려해 판단된다. 또한, 기업이나 디자이너들은 자사의 디자인 자산을 효과적으로 관리하고 라이선싱하거나 판매함으로써 수익을 창출할 수 있다. 종합적으로 디자인권은 브랜딩 및 시장에서의 경쟁 우위를 확보하고 창의성을 보호하는데 중요한 역할을 한다.

④ 상표권(Trademark)

상표권은 제품이나 서비스를 특정 기업이나 단체와 연결시켜 그 출처를 식별하도록 하는 산업 재산권으로, 고객에게 브랜드 신뢰성을 제공하고 기업의 상표가 침해되지 않도록 보호한다. 이 권리를 얻기 위해서는 해당 상표를 관리하는 국가의 특허청에 출원하고 등록을 거쳐야 한다. 등록된 상표는 일정 기간 동안 보호되며, 이 기간이 지나면 갱신 신청을 통해 보호 기간을 연장할 수 있다.

상표는 상품이나 서비스와 직접적으로 연결돼야 하며, 독특하고 식별력 있는 특징을 가져야 하는데, 일반적으로는 로고, 상품명, 또는 특정 디자인이나 패턴이 이에 해당한다. 상표권은 기업의 브랜딩을 강화하고 소비자에게 신뢰감을 제공함으로써 시장에서의 경쟁 우위를 확보하는 데 중요한 역할을 한다. 상표는 다양한 형태로 등록이 가능하며, 국제적으로 보호받고자 하는 경우 국제 상표출원도 가능하다. 상표권은 기업의 가치 창출과 시장에서의 명확한 식별성 확립에 기여한다.

이러한 산업 재산권은 기술 혁신과 창작물 보호를 위해 필요한 법적인 권리를 보호하며, 이를 통해 경제적 가치를 창출하고, 기술 혁신과 문화 예술의 발전을 촉진하는 역할을 한다.

산업 재산권의 의의는 기술 혁신과 경쟁력의 강화에 있다. 특허 등록을 통해 새로운 기술을 보호하고 이를 기반으로 한 제품이나 서비스로 경쟁에서 우위를 차지할 수 있다. 또한, 창작물을 보호하기 위한 목적성을 띈다. 디자인, 상표 등을 등록함으로써 창작물의 무단 복제나 침해를 방지하고, 기업의 브랜드 가치를 유지하기 위함이다.

다음으로 투자 유도와 연구개발을 활성화시키기 위함이다. 보호된 산업 재산권은 투자자들에게 안정성을 제공하고, 기업의 연구개발 활동을 촉진할 수 있다.

국내에서는 특허청이 산업 재산권을 관리하고 보호하는 보호체계를 구축하고 있고, 국제적으로는 다양한 국제적 특허 체계가 산업 재산권의 국제 보호를 위해 운영되고 있다.

산업 재산권의 경영활용방안 몇 가지를 살펴보면 다음과 같다.

첫째로 산업 재산권은 그 자체로 법적 권리가 포함되며 법적 보호를 받을 수 있게 된다. 특허권은 새로운 발명에 대한 독점적 사용권을 부여한다고 할 수 있고, 상표권은 제품이나 서비스의 상표를 등록함으로써 해당 상표에 대한 독점적 사용권을 부여하는 것이다. 디자인권은 제품 디자인에 대한 독점적 사용권 부여하며, 저작권은 창작물에 대한 배포권, 복제권, 전시권, 공연권 등을 보호하는 것이다.

두 번째로 수익창출이 가능한 점이다. 산업 재산권을 활용하여 라이선싱(Licensing) 수익을 창출해내거나 판매하여 이익을 얻을 수 있으며, 상표권 등을 활용하여 브랜드 가치를 높일 수 있다. 또한 특허권 등을 활용하여 기업 간의 기술 이전을 통해 상호 협력하고, 수익을 창출할 수 있으며, 상호 라이선싱을 통해 산업 재산권을 공유하여 새로운 기술 개발, 새로운 시장 진출 등을 할 수 있는 것이다.

마지막으로 산업 재산권 그 자체로서 교섭력을 강화할 수 있다. 산업 재산권을 보유하면 다른 기업들과의 교섭에서 우위를 선점할 수 있으며 협상력을 강화할 수 있다.

산업 재산권은 현대 경제에서 핵심적인 역할을 하며, 기업의 혁신과 경쟁력 강화를 위한 중요한 요소 중 하나이다.

■산업재산권의 종류 및 특징

구분	특허	실용신안	디자인	상표
정의	자연법칙을 이용한 기술적 사상의 창작으로써 발명수준이 고도화된 것(대발명)	자연법칙을 이용한 기술적 사상의 창작으로써 물품의 형상 · 구조 · 조합에 관한 실용 있는 고안(소발명)	물품의 형상 · 모양 · 색채 또는 이들이 결합한 것으로써 시각을 통하여 미감을 느끼게 하는 것	타인의 상품과 식별하기 위하여 사용되는 기호 · 문자 · 도형 · 입체적 형상 · 색채 · 홀로그램 · 동작 또는 이들을 결합한 것
보기(전화기)	알렉산더 그레이 엄벨이 전자를 응용하여 처음으로 전화기를 생각해 낸 것	분리된 송수화기를 하나로 하여 편리하게 한 것	탁상전화기를 반구형이나 네모꼴로 한 것	전화기 제조회사가 제품이나 포장 등에 표시하는 상호 · 마크
존속기간	설정등록일로부터 출원일 후 20년까지	설정등록일로부터 출원일 후 10년까지(구법 적용 분은 15년)	설정등록일로부터 20년까지	설정등록일로부터 10년(10년마다 갱신가능, 반영구적 권리)

(2) 저작권(Copyright)

저작권(Copyright)이란 저작물에 대한 창작자의 권리를 보호하며, 문학, 예술, 음악, 영상물 등의 창작물에 대한 권리를 보호한다. 또한, 저작자에게 해당 저작물에 대한 독점적 이용 권리를 부여한다. 저작권은 창작물의 창작자에게 주어지는 지식 재산권으로, 문학, 미술, 음악, 드라마, 소프트웨어 등의 창작물을 보호한다. 창작물이 고정된 형태로 기록되면 자동으로 발생하며, 등록이나 특별한 형식의 표시가 필요하지 않다. 문학작품, 음악작품, 미술작품, 소프트웨어 등 다양한 창작물이 포함되며, 아이디어 자체나 단순한 사실은 보호되지 않는다.

일반적인 소유권은 보호 기간이 정해져 있지 않고 영구적인 것이 특징이지만, 저작권은 한 사회의 문화 발전을 꾀하는 수단이어야 한다는 측면에서 법에 의해 그 보호 기간이 한정된다.

일반적으로 개인이 창작자인 저작물은 저작자의 생존 기간 동안 및 그의 사망 후 70년간 보호된다. 그러나 개인이 창작자인 저작물이더라도 창작자의 본명을 쓰지 않고 예명 등을 표시하여 공표하는 이명(異名)저작물이나 아무런 이름도 표시하지 않고 공표하는 무명(無名)저작물은 공표한 때로부터 50년(2013년 7월 1일부터 70년)간만 보호된다. 개인이 창작자가 아니라 법인 · 단체 · 기관 등(이하 '법인 등'이라 한다)이 창작자가 되는 단체명의저작물 역시 공표한 때로부터 50년(2013년 7월 1일부터 70년)간 보호된다. 또한, 영상저작물은 창작자가 개인인지 법인 등인지를 불문하고 공표한 때로부터 50년(2013년 7월 1일부터 70년)간 보호된다.

또한 자칫 혼동하기 쉬운 점으로는 2013년 6월 30일에 저작물의 저작권이 50년으로 소멸되지 않는다면 70년의 보호기간을 적용받는다는 것이다. 따라서 예를 들면 1963년도에 창작물로 저작권이 발생했다면 2013년도에 저작권이 소멸하는 것이 아니라 2033년에 저작권이 소멸되어 퍼블릭 도메인이 되는 경우이다.

한편 보호기간이 만료되어 퍼블릭 도메인이 된 허락없이 이용 가능한 저작물은 공유마당(gongu.copyright.or.kr)에서 확인가능하다.

저작자는 자기 재산권을 임의로 처리할 수 있으므로, 저작 재산권은 유무상으로 양도할 수 있고, 상속도 가능하다.

저작 인격권은 상속되지 않지만, 저작자가 죽은 뒤에도 일부 존속한다. 존속 기간은 재산권 보호 기간보다 길며, 이는 나라마다 다른데, 기한을 두지 않고 보호되기도 한다. 저작권은 시효가 만료되면 그 권리가 없어지며, 그 전에 저작자가 스스로 권리를 포기할 수도 있다.

저작물이 창작되면 자동으로 발생하며, 등록이나 특별한 절차 없이 보호를 받을 수 있다. 창작자에게는 복제, 배포, 공연, 전시, 변경 등의 독점적인 권리가 주어져 다른 이들이 그 작품을 무단으로 사용하는 것을 금지한다. 저작자는 자신의 권리를 다른 이에게 라이선스로 부여하여 사용 허가를 주거나 판매하는 등의 행위를 통해 자신의 권리를 다른 단체나 개인에게 양도할 수 있다.

저작권은 창작자의 창조적 노력을 보호하여 창작에 대한 보상을 제공하고, 문화와 예술의 진흥을 촉진한다. 따라서 창작물을 공정하게 사용하면서도 창작자의 권리를 존중하는 균형이 필요하다.

저작권은 크게 두 가지로 분류되어 권리를 보장하고 있는데, 저작 인격권과 저작 재산권이 있다.

저작 인격권은 저작자가 저작물을 통해 가지는 인격적인 이익을 보호하기 위한 권리이다. 저작 인격권의 특징으로는 타인에게 양도 혹은 상속되지 않는, 저작자 본인에게만 인정되는 권리이다. 저작 인격권은 또다시 세 가지의 항목으로 구분되며 그에 관한 내용은 다음과 같다.

첫째, 공표권으로 저작물을 공표하거나 공표하지 않을 것을 결정할 권리이다.

둘째, 성명표시권으로 저작물의 원본이나 그 복제물에 저작자의 실명 또는 이명을 표시할 권리이다.

셋째, 동일성유지권으로 저작물의 내용, 형식 및 제목의 동일성을 유지할 권리이다.

이러한 저작 인격권은 저작자가 사망한 후에도 계속 보호받게 된다. 이는 저작자의 창작 활동이 그의 인격적 표현이며, 이를 통해 저작자의 인격적 가치가 실현되기 때문이다.

다음으로는 저작 재산권이다. 저작 재산권은 저작물을 이용하는 것에서 나오는 경제적 이익을 보호하기 위한 권리이다. 저작 인격권과 달리 권리를 항목별로 나누어 개별적으로 행사하거나 양도, 상속 등의 처분을 통해 저작자의 경제적 이익을 보장하는 권리를 보장하기도 한다.

저작재산권은 7가지의 권리로 세분화되어 있고, 이는 다음과 같다.

첫째, 복제권이다. 저작물의 인쇄, 복사, 촬영, 파일변환과 같은 행위를 할 수 있는 권리를 말한다.

둘째, 공연권이다. 다수를 대상으로 저작물의 연주 혹은 상영, 가창, 녹음이나 녹화를 통한 재생 등의 방법으로 공개할 수 있는 권리를 말한다.

셋째, 공중송신권이다. 여러 사람이 저작물을 송신, 수신 하거나 접근, 이용할 수 있게끔 제공하는 것과 관련된 권리이다. 예를 들어 방송 송출이나 홈페이지, 카페, 블로그, SNS, 유튜브 등에 업로드하거나 다운로드를 하는 행위, 인터넷 방송, 스트리밍 등의 행위에 대한 권리를 말한다.

넷째, 전시권이다. 미술 작품이나 사진 그리고 건축물과 같은 저작물의 원본이나 복제물을 전시할 수 있는 권리를 말한다.

다섯째, 배포권이다. 저작물의 원본이나 복제물을 다수에게 나눠 주거나 빌려줄 수 있는 권리를 말한다.

여섯째, 2차적 저작물 작성권이다. 원본 저작물을 번역, 편곡, 변형, 각색하거나 영상으로 제작하는 등의 방법으로 이용할 수 있는 권리이다. 해외서적 번역이나 고전음악의 현대적 해석 또는 소설이나 만화와 같은 종류를 영화화 하는 권리를 포함한다.

일곱째, 대여권이다. 상업적 목적으로 공표된 음반이나 프로그램에 대해서만 인정되는 권리이다. 도서 같은 경우 원저작물에 대해서는 최초 판매의 원칙이 적용되기 때문에 한 번 판매된 책은 저작권자의 허락 없이도 타인에게 대여하거나 판매하는 등의 배포를 자유롭게 할 수 있다. 그러나 음반이나 컴퓨터 프로그램은 한번 판매되었다 하더라도 저작권자의 허락 없이 영리를 목적으로 한 대여나 재판매가 불가능하다. 음반 혹은 컴퓨터 프로그램 저작권자는 영리적 대여를 금지하거나 허락할 수 있는 대여에 관한 권리가 부여되기 때문이다. 만화 혹은 영화에 대한 대여가 가능한 부분과 대조적인 것에 의문이 생길 수 있다. 하지만 만화나 영화의 저작권자에게는 대여권이 인정되지 않기 때문에 전문 대여점이나 온라인 등에서 저작권자의 허락이 없이 대여가 가능한 것이다.

저작권은 창작자의 창조적 노력을 보호하여 창작에 대한 보상을 제공하고, 문화와 예술의 진흥을 촉진한다. 따라서 창작물을 공정하게 사용하면서도 창작자의 권리를 존중하는 균형이 필요하다.

■저작권의 분류

구분	분류	내용
저작 인격권	공표권	저작물을 공표하거나 공표하지 않을 것을 결정할 권리
	서명표시권	저작물의 원본이나 그 복제물에 저작자의 실명 또는 이명을 표시할 권리
	동일성유지권	저작물의 내용, 형식 및 제목의 동일성을 유지할 권리
저작 재산권	복제권	저작물의 인쇄, 복사, 촬영, 파일변환과 같은 행위를 할 수 있는 권리
	공연권	다수를 대상으로 저작물의 연주 혹은 상영, 가창, 녹음이나 녹화를 통한 재생 등의 방법으로 공개할 수 있는 권리
	공중송신권	여러 사람이 저작물을 송신, 수신하거나 접근, 이용할 수 있게끔 제공하는 것과 관련된 권리
	전시권	미술 작품이나 사진 그리고 건축물과 같은 저작물의 원본이나 복제물을 전시할 수 있는 권리
	배포권	저작물의 원본이나 복제물을 다수에게 나눠 주거나 빌려줄 수 있는 권리
	2차적 저작물 작성권	2원본 저작물을 번역, 편곡, 변형, 각색하거나 영상으로 제작하는 등의 방법으로 이용할 수 있는 권리
	대여권	상업적 목적으로 공표된 음반이나 프로그램에 대해서만 인정되는 권리

(3) 신지식 재산권

신지식 재산권은 새로운 과학기술 발견 등으로 기존의 지식 재산권으로 보호되지 못하지만 경제적, 기술적 가치를 인정받아 이를 보호하기 위해 새로 규정한 재산권을 말한다. 새로이 만든 법령이다 보니 새로운 지식, 창작물들이 여기 포함된다. 예를 들면 컴퓨터 프로그램, 데이터베이스, 인터넷 등등이 있다.

조금 더 상세히 살펴보자면, 신지식 재산권은 기존의 지식 재산권으로 충분한 보호를 받지 못하는 지식과 창작물들을 위해 만들어진 법적 장치로, 새로운 분야에서의 연구 결과나 방법 등에 대한 권리이다. 특히 인터넷 시대에 등장한 다양한 형태의 지적 재산을 효과적으로 보호하기 위해 도입되었다.

미국은 1980년대부터 본격적으로 신지식 재산권을 보호하기 위한 법적 제도를 도입하였다. 이러한 선진국의 경험이 국내에도 영향을 미치면서, 대한민국에서는 이러한 새로운 형태의 재산권을 규정하여 보호하고 있으며, 이를 위한 법적 기반을 구축하고 있다.

대한민국에서는 신지식 재산권을 세 가지 주요 분류로 나누어 보호하고 있다. 첨단 산업 재산권은 반도체 집적회로 배치설계, 생명공학, 식물신품종과 같은 고급 기술을 보호한다. 산업 저작권은 컴퓨터 프로그램, 비즈니스 모델, 인공지능, 데이터베이스 등과 관련된 창작물을 보호하며, 정보 재산권은 영업비밀, 멀티미디어, 뉴미디어 등의 다양한 정보 자산을 보호한다.

국내에서는 신지식 재산권을 보호하기 위한 정책이 활발히 추진되고 있는데, 이를 통해 기술 및 창작 분야에서의 혁신과 경제적 가치 창출을 촉진하고 있으며, 산업 및 기업의 경쟁력을 제고하는 데 기여하고 있다.

신지식 재산권은 빠르게 진화하는 디지털 환경에서 창출되는 지식과 창작물들을 보호하기 위한 중요한 도구로 자리 잡고 있다. 대한민국은 국제적인 트렌드를 따라가며 이를 적극적으로 도입하여, 새로운 지식과 창작물의 보호를 통해 혁신적인 발전을 이루고 있다.

2. 특허의 중요성

1) 특허의 개념

앞선 내용에 이어서 특허에 대해서 상세히 설명하자면 특허는 일정 기간 동안 배타적인 권리를 주는 행정행위를 말한다. 특허를 주는 절차 및 특허권자가 되기 위한 주체적 요건, 특허권에 대한 배타적 효력의 범위는 나라마다 각각 법률에 규정한 바가 다르다. 그러나 특허 출원 신청은 일반적으로 한 개 이상의 발명으로 이루어진 청구항들로 이루어져 있어야 하며, 각각의 발명은 신규성과 진보성, 그리고 산업상 이용가능성을 갖추어야 한다. 대부분의 나라에서는 특허권자에게 그 특허발명에 대해서 생산, 사용, 양도, 대여, 수입, 양도 또는 대여의 청약(일정한 내용의 계약을 체결할 것을 목적으로 하는 일방적 · 확정적 의사표시)을 할 배타적 권한을 부여한다.

즉, 특허란 보통 새롭고 유용한 물건이나 그 물건의 제조방법, 물질의 새로운 결합방법이나 물질의 유용한 용도를 발명한 자는 누구나 받을 수 있는 권리를 의미한다. 특허를 받을 수 있는 발명은 자연법칙을 이용한 기술적 사상의 창작으로서 고도한 것이어야 한다.

기존의 발명을 다소간 변형하였으나 그 실질에 있어서는 기존의 발명과 동일한 경우에는 동일성의 범위 내에 있는 것으로서 신규성이 없다. 특허 출원된 발명에 신규성이 없다고 하기 위해서는 그 발명과 출원 전에 공지된 발명이 동일한 것이어야 한다. 동일성은 실질적 동일성을 의미하므로 특허청구범위에 기재된 기술적 사상과 문언적 형식적으로 같을 뿐 아니라, 발명의 기본이 되는 사상에 실질적으로 영향을 미치지 않는 비본질적인 사항에만 차이가 있는 정도에 지나지 않는다면 동일성이 있는 것으로 본다. 두 발명이 부분적으로만 일치하더라도 그 일치하는 부분을 제외한 나머지 부분만으로 별개의 발명을 이루지 않는 한 두 발명은 동일한 발명이다.

특허제도는 발명을 보호 · 장려함으로써 국가산업의 발전을 도모하기 위한 제도이며 (특허법 제1조) 이를 달성하기 위하여 「기술공개의 대가로 특허권을 부여」하는 것을 구체적인 수단으로 사용하는 것이다.

발명품의 신규성, 창의성, 산업적 응용 가능성을 요구하며, 발명의 세부사항과 작동 방법을 상세히 설명하는 특허 청구항과 특허 설명서, 도면으로 구성된다. 발명의 종류에는 발명특허, 설계특허, 플랜트 특허가 있으며, 특허의 보호 기간은 일반적으로 출원일로부터 20년이다. 특허 신청 절차는 출원, 심사, 특허 등록으로 이루어지며, 국제적인 특허 보호는 파리 조약과 국제 특허 협약을 활용한다. 특허는 기술 혁신과 경쟁에서의 우위를 차지할 수 있도록 도와주며, 라이선싱이나 판매를 통해 수익을 창출할 수 있다. 특허 침해 시에는 소송을 받을 수 있고, 전문적인 법률 자문이 필요하다. 특허는 기술적인 발전을 촉진하고 지적 재산을 보호하여 혁신을 지원하는 중요한 제도이다.

특허 제도의 목적은 타인의 부당한 특허권 침해에 대해 민 · 형사적 제재를 인정함으로써 공정한 기술경쟁을 유도하며, 독점배타권인 특허권을 부여함으로써 발명의 보호 · 육성에 따른 기술진보를 촉진시켜 결국 산업발전에 이르도록 하고자 함이다. (출원 공개 제도는 발명을 비밀상태에서 해제하여 누구라도 활용할 수 있도록 함으로써 문헌정보를 통한 기술발전에 이바지한다.)

정리하면, 특허는 기술적인 발명에 대한 독점적인 권리를 부여하는 지식 재산권이다. 다양한 산업 분야에서 특허는 중요한 역할을 하며 그 이유는 다음과 같다.

특허는 기술적인 혁신을 촉진하는데 기여한다. 기업이 자사의 기술력을 개선하고 새로운 제품 또는 서비스를 개발할 때 특허를 얻음으로써 그 결과물에 대한 독점적인 권리를 확보할 수 있다. 이는 기술 연구 및 개발에 대한 동기부여를 제공하며, 혁신적인 솔루션이 다양한 분야에서 발전하도록 돕는다.

또한, 특허는 기업의 시장 경쟁력을 강화한다. 특허를 보유한 기업은 자사의 기술을 다른 경쟁사와 차별화시킬 수 있다. 이는 소비자에게 독보적인 제품이나 기술을 제공하고, 시장에서의 높은 입지를 구축하는 데 도움이 된다.

다음으로 특허는 투자 유치 및 자금 조달에 영향을 미친다. 기업이 투자자나 금융기관으로부터 자금을 조달하는 데 큰 영향을 미치는데, 이는 기술적인 혁신의 결과물이 보호되고 있다는 것을 입증하고 투자자들에게 안정성과 미래 성장 가능성을 보여주기 때문이다.

특허는 기업이 다른 기업과의 기술 이전 또는 라이선싱을 통해 수익을 창출하는 데 중요한 역할을 한다. 특허 보유자는 다른 기업에게 자신의 기술을 사용하도록 허가하거나 양도함으로써 수익을 얻을 수 있다.

마지막으로 많은 국가에서는 특허 보유 기업에 대해 세제 혜택이나 정부 지원을 제공한다. 이는 기업이 연구 및 개발에 투자하고 새로운 기술을 개발하는 데 동기를 부여하며, 국가 전반에서의 기술 혁신을 촉진하기 때문이다.

특허는 결국, 기술적인 혁신과 경쟁력 강화를 통해 기업의 성장과 발전을 촉진하며, 이는 산업 전반에서의 발전과 사회적 · 경제적 가치 창출에 기여한다고 볼 수 있다.

2) 특허의 중요성

특허의 중요성은 현대 사회에서 점점 더 부각되고 있다. 특허는 기술 혁신과 연구개발에 대한 보상으로 작용하며, 이를 통해 기업과 개인은 투자한 시간과 자원을 보호받을 수 있다. 새로운 발명이나 아이디어를 공개하고 보호받는 과정을 통해 기술적 진보를 촉진하고 기업 간 경쟁을 격화시킨다.

특허의 중요성을 이해하고 특허의 체계를 활용한다는 것은 기술의 혁신과 경제 발전을 촉진하는 데 있어서 매우 중요하다. 특허를 보유하고 있는 기업은 자사의 기술을 시장에서 경쟁력 있게 유지할 수 있고, 이는 더 나은 제품(상품)과 서비스를 개발하여 고객에게 제공할 수 있는 기회를 제공하기 때문이다.

또한, 특허는 국가 간 경쟁에서도 중요한 역할을 하고 있다. 각 국가는 자국 기업의 경쟁력을 높이기 위해서 특허의 체계를 지원하고 개선해가고 있으며, 이를 통해 기술적인 우위를 확보하고자 노력을 기울이고 있기 때문이다.

특허의 중요성과 특허 체계의 기능은 결국 현대 사회에서의 기술적인 진보와 경제적 발전에 중요한 영향을 미치고 있다. 특허를 활용하고 보호받는 것이 혁신과 경쟁에서의 우위를 확보하는 가장 중요한 전략이기에, 특허와 관련된 법적 절차를 이해하고 활용하는 것은 결국 기술과 경제의 발전을 위한 필수적인 요소라고 할 수 있다.

요약하면, 특허는 기술 혁신과 경제 발전을 지원하는 중요한 전문 용어 중 하나이다. 특허 체계는 발명과 아이디어를 보호하고 혁신을 촉진하기 위한 핵심 도구로 작용하며, 국가와 기업 간의 경쟁에서도 기술적 우위를 선점하고 확보하는 데 도움을 준다. 따라서, 특허의 중요성을 인식하고 특허 체계를 바르게 활용하는 것은 현대 사회에서의 발전과 경제적인 성장을 지원하는 데 중요한 역할을 한다.

특허 관련 몇 가지 사례를 살펴보면 다음과 같다.

(1) 아이디어로 돈 벌기

아이디어로 돈을 벌기 위해서는 아이디어 공모전이나 멘토링 프로그램을 활용할 수 있다. 이를 통해 수상하게 되면 기업에서는 해당 아이디어를 기반으로 제품을 개발하고, 수상자는 발생한 매출의 일부를 인센티브로 획득할 수 있다.

또한, 특허를 활용한 창업은 좋은 아이디어에 대해 특허권을 받은 후에 시행된다. 특허권을 보유하면 창업 후에 유사한 제품이 나올 경우에도 사업을 위협할 수 있는 보호막을 마련할 수 있다. 특허권은 아이디어나 기술에 대한 독점적인 권리를 부여하여 경쟁사와의 차별화를 도모하는데 큰 도움을 준다.

사례

※ 나의 상상이 실현되다 '아이디어마루' 소개

- 아이디어 사업화 지원을 위한 온라인 멘토링 서비스
- https://www.creativekorea.or.kr/section/contest

(2) 돈 벌어다 주는 특허

특허에 대한 사용권을 회사에 제공하는 방식으로도 수익을 창출할 수 있다. 로열티를 받거나 유망한 특허를 저렴하게 구매한 후 다른 회사에 판매하거나 라이선싱을 통해 수익을 얻을 수 있다. 이러한 활동은 지식 재산권 시장의 규모가 지속적으로 증가하고 있는 상황에서 유망한 수익원으로 부각되고 있다.

(3) 빠른 발전을 위한 특허 개방

특허 개방은 특허기술의 시장을 넓히기 위한 노력으로, 특정 기술이나 아이디어에 대한 특허를 보유한 기업이 다른 기업에게 무료로 사용을 허용하는 제도이다. 이는 기술 시장의 다양성을 증가시키고, 후발 기업이 이미 주도권을 갖고 있는 기업에 대응하여 경쟁력을 확보하는 데 기여한다.

(4) 기업의 생존이 달린 특허

특허는 기업의 생존과 직결된 중요한 역할을 한다. 특허를 담보로 활용하여 창업자금을 마련할 수 있고, 중소기업진흥공단과 같은 기관에서는 특허담보대출을 통해 기업에 지원을 제공하고 있다. 또한, 특허는 독점적 사용권과 배타권을 부여하여 유사한 제품의 생산과 판매를 방지하므로, 기업이 경쟁에서 생존하고 성장할 수 있도록 도와준다. 그러나 반대로 다른 특허와 유사한 제품을 만들 경우 특허소송에 휘말릴 수 있고, 소송에 패배할 경우 큰 로열티를 지급해야 할 수 있다.

사례

※ 특허관련 기업 사례

▶ 팬택, 특허 소송 감당 못해 파산보호신청

- 2013년 미국의 특허 전문 업체는 무선통신기술을 침해했다는 이유로 팬택에 특허침해소송제기
- 미국에서 팬택이 휘말린 특허침해 소송은 14건

▶ MS, "삼성, 지난해 로열티 1조원 지불"

- 삼성전자는 2013년 마이크로소프트에 로열티로 약 1조600억 원을 지불
- 마이크로소프트는 삼성전자를 상대로 로열티 소송 중

3) 특허 관련 기업 사례

특허는 개인 혹은 기업의 제품이나 아이디어를 보호하기 위한 장치라고 볼 수 있다. 특허는 기업이나 개인의 기술이나 아이디어를 보호하고 이를 통해 수익을 창출하기도 한다. 그러나 이러한 특허로 인해 기업 간의 분쟁이 일어나거나 기업의 위기가 찾아오기도 하며, 큰 수익을 얻을 수 있는 기회를 빼앗기기도 한다.

다음의 내용들은 기업들의 특허 관련 사례이다.

사례

기업들의 특허 관련 사례

(1) 삼성전자와 애플의 특허 분쟁

애플과 삼성전자 사이의 특허 분쟁은 전 세계적으로 이루어졌다. 네덜란드에서는 애플이 삼성전자를 상대로 특허 침해 소송을 제기했다. 2011년 8월 애플은 삼성이 스마트폰의 크기와 비율을 실물과 다르게 조작하여 제출한 것이

확인되었다는 소장을 제출하였고, 미국의 정보기술 매체 웹베렐트가 애플측에 해명을 요구했으나 답변을 거절하였다. 대한민국에서는 양측이 서로를 상대로 여러 차례 특허 침해 소송을 제기했다. 삼성은 통신관련 기술 침해의 내용으로 애플 제품의 수입, 양도, 전시를 금지하고 폐기하라고 주장했고, 애플은 삼성전자의 제품이 자사의 디자인권과 기술 특허를 침해 하였다며 특허권 침해 금지 및 손해 배상 청구 소송을 제기했다.

독일에서는 애플이 삼성전자의 특정 제품에 대한 판매와 마케팅을 중지하도록 법원에 요청하였고, 미국에서는 양측이 서로를 상대로 특허 침해 소송을 제기하였다. 배심원들은 삼성이 애플의 디자인 특허와 실용 특허를 고의적으로 침해했다고 판결했다. 일본에서도 양측이 서로를 상대로 특허 침해 소송을 제기하여 양 기업 간의 특허 분쟁은 각 국가에서 동시다발적으로 이루어 졌다. 이러한 분쟁은 각 국가의 법원의 특성과 문화에 따라 다른 결과를 나타냈다. 전문가들은 이러한 특허 분쟁이 신상품의 정의를 둘러싼 영역 싸움의 일환이며, 이는 결국 '성장통'이라고 평가하였고, 이러한 갈등 속에서 결국 해법을 찾아갈 것이라 전망하였다. 이 분쟁은 2011년부터 시작해 7년간 이어졌으며 삼성전자는 2015년 애플에 5억 4,800만 달러를 우선 지급 하였으며, 2018년 양사는 특허 침해소송을 취하하며 특허 분쟁을 종결시키고자 하였다.

(2) 특허괴물 특허관리전문회사(NPE: Non Practicing Entity)의 표적이 된 자동차 업체

특허관리전문회사(NPE: Non Practicing Entity)는 직접 기술을 개발하거나 생산하는 곳이 아니라 특허만 사들인 뒤 소송을 걸어 수익을 올리는 기업을 말한다. 흔히 '특허괴물'이라고 부른다.

현대기아차는 글로벌 시장에서 선두로 떠오르면서 특허 괴물인 NPE들의 공격 대상이 되었다. 이는 첨단 IT 기술이 자동차에 접목되면서 관련 특허 분쟁이 증가하고 있기 때문으로 해석된다. 이러한 상황은 과거 삼성전자와 애플이 겪었던 '특허 전쟁'과 유사하며, 이에 대비할 필요가 있다는 지적이 있다.

포라스 테크놀로지스는 2021년 5월 18일 미국 텍사스 마샬지구 지방법원에서 기아를 상대로 '록스텝 프로세싱(Lockstep Processing)' 기술 관련 특허 침해 소송을 제기했다. 포라스는 기아가 미국에서 판매 중인 자동차에 사용되는 기술이 이 특허를 침해했다고 주장하였다. 이 기술들은 앞선 차량과의 거리를 자동으로 제어하는 ACC(Adaptive Cruise Control) 기능과 차선 이탈 방지 기능을 위해 쓰인 부품들이 자사의 특허를 침해한다는 것이다.

최근에는 글로벌 자동차 기업들의 제품에 다양한 IT 기술이 접목되면서, 이를 주시하는 NPE들의 소송이 증가하고 있다. 2021년 10월에는 NPE의 하나인 인털렉추얼 벤처스(Intellectual Ventures)가 미국 텍사스주 지방법원에서 글로벌 자동차 기업인 도요타(Toyota), 혼다(Honda), 제너럴 모터스(General Motors)를 상대로 특허 침해 소송을 제기했다. 이 소송은 자동차에 활용되는 무선통신 LTE 관련 특허들이 침해되었다는 주장에 관한 것이었다.

(3) 특허분쟁에 휘말린 애플의 스마트워치 애플워치 시리즈 2종의 미국 내 판매 중단

애플워치는 최근 특허 분쟁으로 인해 미국에서 판매가 중단되었다. 이는 애플이 의료기술 업체인 마시모(Masimo)와의 혈중 산소 농도 측정 기술 특허를 침해했다는 국제무역위원회(ITC)의 판단에 따른 것이다.

판매 중단된 제품은 애플워치 2종으로 온라인 판매는 2023년 12월 21일부터, 매장 판매는 25일부터 판매가 중단되었다.

미국 정부는 2023년 12월 26일, 국제무역위원회(ITC)의 일부 기종 수입 금지 결정을 인정했다. 이에 애플은 이 결정에 대해 불복하며, 연방항소법원에 항소하였다. 이로 인해 애플워치는 사실상 미국 내 판매가 중지되었다. 애플은 ITC의 결정과 이에 따른 수입 금지명령에 동의하지 않으며, 최신 애플워치 제품을 미국 고객에게 가능한 빨리 제공하기 위한 모든 조치를 취할 것이라는 입장을 밝혔다.

(4) 특허소송 감당 못해 파산보호 신청한 팬텍

팬텍은 2013년 미국의 특허전문업체에게 무선통신 기술을 침해했다는 이유로 특허침해소송을 당했다. 이 당시 미국에서 자사의 무선 통신 기술 특허 침해를 이유로 팬택에 소송을 제기한 상태며, 당시 미국 내에서 팬택이 진행 중인 특허 관련 소송은 무려 14건이나 되었다.

(5) 마이크로소프트에게 로열티 소송을 당한 삼성전자

마이크로소프트(MS)는 삼성전자가 안드로이드 운영체제 관련 특허 사용권 계약을 위반했다는 내용으로 미국 뉴욕 남부 연방지방법원에 소송을 제기했다. 마이크로소프트는 삼성전자가 지난해 한동안 로열티를 지급하지 않았다는 주장이었다. 마이크로소프트는 이에 대한 이자를 지급하도록 삼성전자에 요구했지만, 결국 삼성전자와 협상이 결렬되었다. 이번 소송은 2011년에 체결된 양사간의 지식 재산권 관련 계약에 대한 것으로, 이 계약에 따라 삼성전자는 마이크로소프트에게 안드로이드 스마트폰과 태블릿에 대한 로열티를 지급하였다. 마이크로소프트는 이번 소송이 양 기업간의 이견을 조정하기 위한 것이며, 계약이 계속 유지될 것으로 기대하고 있다고 밝혔다.

3. 특허권과 저작권, 특허권 만들기, 특허회피설계의 이해

1) 특허권과 저작권

다시 한번 정리하자면 특허란, 자연법칙을 이용한 기술적 사상의 창작이며, 기존 기술에 비해 새로운 것(신규성), 기존 기술에 비해 진보된 것(진보성), 산업상 이용할 수 있는 것이다. 아이디어만으로 특허를 받는 것은 어렵다. 특허를 받기 위해서는 아이디어를 구체적으로 실현할 수 있는 목적, 구성, 효과를 기술하고, 출원명세서와 도면에 상세하고 명확하게 작성해야 한다.

저작권이란 창작물에 대한 독점적이고 배타적인 법적 권리이다. 창작물은 글, 미술, 음악, 컴퓨터 프로그램, 소프트웨어, 데이터베이스, 만화, 캐릭터 등이 있으며, 저작권은 제작한 사실만으로 권리를 가진다. 저작권 등록은 한국저작권위원회에서 할 수 있다.

저작권은 창작자에게 지식 재산권을 부여하고, 그 권리를 보호하는 제도이다.

아래는 대한민국의 저작권에 대한 상세한 설명이다.

■ 법적 근거와 범위 : 대한민국의 저작권은 "저작자의 권리 및 보호에 관한 법률"에 근거하고 있다. 이 법률은 창작물의 저작자에게 독점적인 이용 권리를 부여하며, 대부분의 창작물(문학, 예술, 음악, 드라마, 소프트웨어 등)에 적용된다.

- **자동발생과 등록** : 저작권은 창작물이 고정된 형태로 기록되면 자동으로 발생한다. 특별한 등록이나 공고 절차가 필요하지 않다. 그러나 저작자는 등록을 통해 자신의 권리를 강화할 수 있다.
- **보호 기간** : 대한민국의 저작권 보호 기간은 일반적으로 저작자의 사망 후 70년이다. 만약 특정 조건을 만족하면 80년까지 연장될 수 있다.
- **보호 대상** : 대한민국의 저작권은 다양한 창작물에 적용된다. 문학작품, 음악작품, 미술작품, 소프트웨어, 영상물 등이 이에 포함된다.
- **저작자의 권리** : 저작자에게는 복제, 배포, 공연, 전시, 변경 등의 독점적인 권리가 주어진다. 이는 다른 이들이 해당 작품을 무단으로 사용하는 것을 금지한다.
- **라이선스와 양도** : 저작자는 자신의 권리를 다른 이에게 라이선스로 부여하여 사용 허가를 주거나 양도할 수 있다.
- **디지털 시대의 대응** : 디지털 환경에서의 저작권 보호도 강조되고 있으며, 디지털 저작물에 대한 관리와 보호에 대한 법적 장치가 계속 발전하고 있다. 저작권은 창작자를 보호하고 창작에 대한 올바른 보상을 제공하여 문화와 예술의 진흥을 촉진하는 역할을 하고 있다.

모바일 앱은 저작권과 특허권 모두 가능한 지식 재산권의 대상이다. 소프트웨어는 저작물로써 창작물에 대한 창작자의 권리를 보호하는 저작권 등록을 통해 보호받을 수 있다. 하지만 저작권은 주로 표현에 대한 권리로, 소프트웨어의 알고리즘과 같은 기술적 아이디어를 보호하지는 않는다. 따라서 프로그램의 저작권 등록만으로는 충분한 보호가 어려울 수 있다.

컴퓨터 프로그램은 저작권으로 보호되면서도, 해당 프로그램에 적용된 알고리즘이 특허 요건을 만족할 경우 특허로도 보호받을 수 있다. 특허는 독자적이고 새로운 기술적 발명에 대한 권리를 부여하며, 특허권은 특허를 받은 국가에서만 유효하다.

예를 들어, 어떤 국가의 소프트웨어 업체가 특정 지문인식 프로그램을 개발하고 해당 프로그램에 적용된 지문인식 알고리즘에 대해 특허를 등록했다면, 그 국가에서는 해당 기술에 대한 독점적인 권리를 가지게 된다. 그러나 다른 국가에서는 동일한 알고리즘이 자유롭게 사용될 수 있다.

저작권은 창작자가 노력을 들이지 않아도 창작물이 생기면 자동으로 발생하며, 프로그램 자체에 대한 보호를 제공한다. 그러나 알고리즘과 같은 기술적 사상은 보호되지 않는다. 따라서 자체적으로 개발한 알고리즘은 특허로 등록하여 보호 범위를 확대할 필요가 있다.

특허권은 특허를 받은 국가에서만 유효하며, 이미 존재하는 것과 동일한 발명은 특허를 받을 수 없다. 저작권은 독자적으로 다른 형태로 개발했다면 알고리즘이 이미 존재하는 것과 동일하더라도 발생하며, 전 세계적으로 보호를 받을 수 있다. 따라서 저작권과 특허권을 결합하여 종합적으로 지식 재산권을 보호하는 것이 중요하다.

■특허권과 저작권

구분	내용
특허권	■자연법칙을 이용한 기술적 사상의 창작 – 기존 기술에 비해 새로운 것(신규성) – 기존 기술에 비해 진보된 것(진보성) – 산업 상 이용할 수 있는 것 ■아이디어만으로 특허를 받을 수 있나? – 단순히 아이디어를 제시하는 것만으로는 특허를 받기 어렵다.(통상 20~30%) – 특허를 받기 위해서는 아이디어를 구체적으로 실현할 수 있는 목적, 구성, 효과 기술 – 출원명세서와 도면에 상세하고 명확하게 작성
저작권	■창작물에 대한 독점적이고 배타적인 법적 권리 ■창작물은 글, 미술, 음악, 컴퓨터 프로그램, 소프트웨어, 데이터베이스, 만화, 캐릭터 등 ■저작권은 제작한 사실만으로 권리를 가진다.(특허권 등과 같이 일정한 절차가 필요하지 않고 저작권 등록을 한다.) ■저작권 등록은 한국저작권위원회(www.cros.or.kr) 에서 등록

※ 참고 - 모바일 앱은 저작권? 특허권?

▌저작권, 특허권 모두 가능

■ 소프트웨어도 저작권으로 보호받을 수 있기 때문에 저작권 등록을 통해 저작권과 동일하게 보호받는다.

■ 다만 저작권은 표현에 대한 권리이므로 컴퓨터 프로그램을 보호하지만 기술적 아이디어인 알고리즘은 보호하지 않는다.

■ 따라서 소프트웨어를 저작권 등록하는 것만으로는 충분한 보호가 어렵기 때문에 다각적인 보호방안이 필요하다.

■ 컴퓨터 프로그램은 저작권으로 보호를 받을 수 있고, 해당 프로그램에 적용된 알고리즘이 특허 요건을 만족할 경우 특허로도 보호받을 수 있다.

예) · 미국의 소프트웨어 업체가 지문인식 프로그램을 개발하고 해당 프로그램에 적용된 지문인식 알고리즘에 대해 미국에서 특허 등록을 받았다.

· 한국의 소프트웨어 업체는 독자적으로 다른 형태의 지문인식 프로그램을 개발했으나, 미국 업체와 동일한 지문인식 알고리즘이 적용된 경우,

→ 한국에서는 자유롭게 지문인식 프로그램을 판매할 수 있다. 한국 업체의 지문인식 프로그램은 미국 업체의 저작권을 침해하지 않고, 한국에 미국업체의 특허권도 존재하지 않는다.

→ 한국의 소프트웨어 업체가 미국에 프로그램을 수출하게 되면 미국 업체의 저작권은 침해하지 않더라도 미국의 특허권은 침해하게 된다.

■ 저작권은 별도의 노력을 들이지 않고도 창작과 동시에 발생하나, 그 보호대상이 저작물(프로그램) 자체이고 프로그램의 알고리즘(기술적 사상)은 보호하지 못한다.

■ 자체적으로 개발한 알고리즘은 특허로 등록하여 보호범위를 확대해야 한다.

■ 특허권은 특허를 받은 국가에서만 권리가 발생하는데 반하여 저작권은 제품개발을 하면 자동으로 생기고 전 세계적으로 보호받을 수 있다.

■ 특허권은 독자적으로 발명했더라고 이미 존재하는 것과 알고리즘이 동일한 발명은 특허를 받을 수 없다.

■ 저작권은 독자적으로 다른 형태로 개발했다면 알고리즘이 이미 존재하는 것과 동일하더라도 저작권이 발생한다.

■특허권과 저작권의 차이

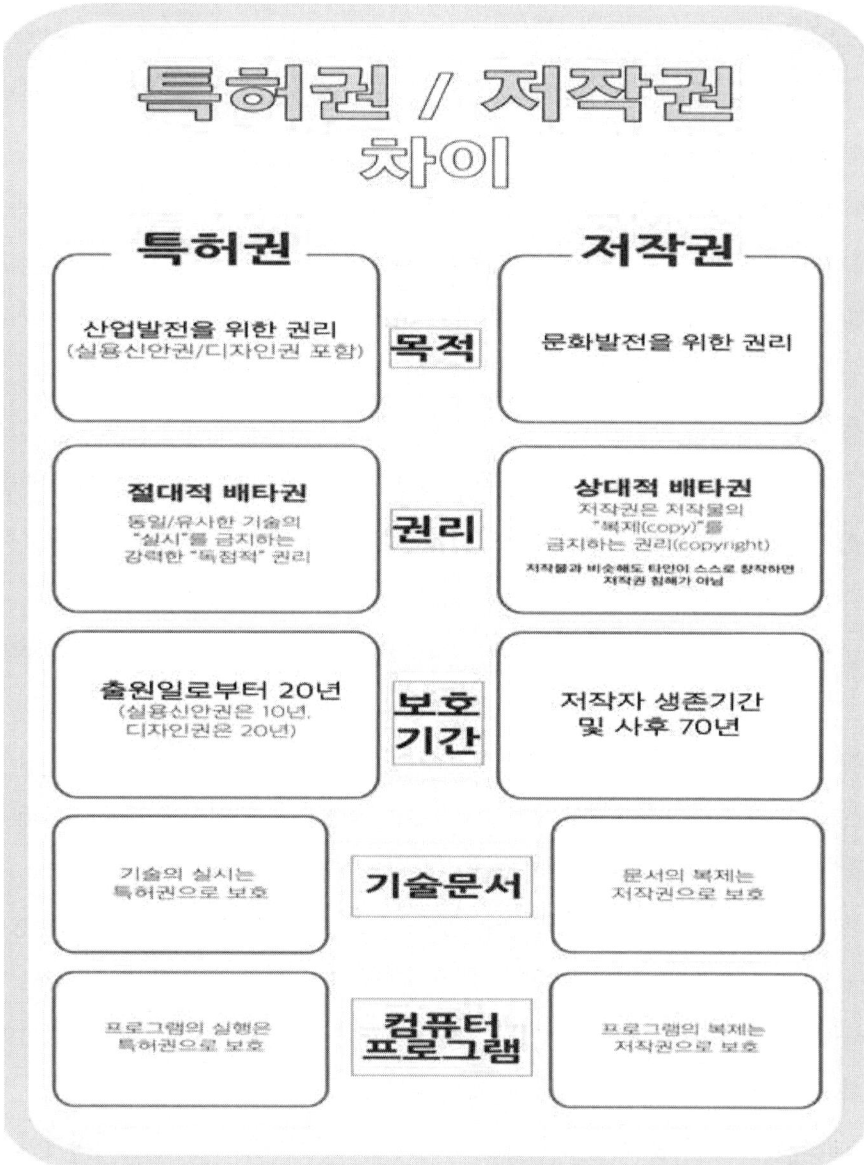

특허권 / 저작권
차이
특허권
저작권
산업발전을 위한 권리
(실용신안권/디자인권 포함)
목적
문화발전을 위한 권리
절대적 배타권
동일/유사한 기술의
"실시"를 금지하는
강력한 "독점적" 권리
권리
상대적 배타권
저작권은 저작물의
"복제(copy)"를
금지하는 권리(copyright)
저작물과 비슷해도 타인이 스스로 창작하면
저작권 침해가 아님
출원일로부터 20년
(실용신안권은 10년,
디자인권은 20년)
보호
기간
저작자 생존기간
및 사후 70년
기술의 실시는
특허권으로 보호
기술문서
문서의 복제는
저작권으로 보호
프로그램의 실행은
특허권으로 보호
컴퓨터
프로그램
프로그램의 복제는
저작권으로 보호

2) 특허권 만들기

지식 재산권법에서는 발명에 대해 특허와 실용신안의 2가지 형태의 권리를 부여한다. 이중 특허는 고도한 발명에 주어지며, 권리를 행사할 수 있는 기간이 긴 반면 심사에 걸리는 시간도 길다.

지식 재산권법은 특허와 실용신안이라는 두 가지 주요 형태를 가지고 있다. 특허는 고도한 발명과 혁신성이 높은 아이디어에 부여되며, 권리 행사 기간이 길지만 심사에 걸리는 시간이 오래 걸리는 특징을 가지고 있다. 반면, 실용신안은 권리 행사 기간은 짧지만 심사 기간은 상대적으로 빠르다는 이점이 있다.

특허 여부를 판단하기 위해서는 이미 유사한 아이디어가 특허로 등록되어 있는지 확인해야 한다. 만약 이미 등록된 경우 해당 아이디어에 대해 새로운 특허를 받을 수 없다. 따라서 특허 출원 전에는 관련 특허를 조사하고 판단하는 것이 매우 중요하다.

특허 조사를 위한 다양한 도구들이 있다. 키프리스, 국가과학기술정보센터, 그리고 구글 및 네이버의 특허검색 서비스 등을 활용하여 특허의 유무나 관련 정보를 쉽게 찾아볼 수 있다.

지식재산 지원제도는 다양한 기관에서 제공되며, 이는 특허 출원비용, 명세서 작성, 여성 발명가 지원 등 다양한 형태의 지원을 포함한다. 이러한 지원을 받으면 발명가들이 보다 원활하게 아이디어를 보호하고 발전시킬 수 있다.

특허 침해는 다른 사람의 특허권을 침해하는 경우로, 해당 특허의 발명과 동일하거나 일부 구성요소가 같아야 한다. 특허회피를 통해 침해를 피할 수 있으며, 이는 특허를 회피하면서도 유사한 아이디어를 발전시킬 수 있는 전략적인 접근 방법이다.

특허출원의 순서를 간략히 설명하자면 다음과 같다.

처음으로 선행 기술 조사의 단계이다. 특허를 내기 위해서는 해당 아이디어가 이미 존재하거나 출원되어 있는지 확인하는 과정이 필요하다. 이를 선행기술조사 혹은 특허 검색이라고 한다.

다음으로는 출원단계이다. 특허청에 처음으로 특허출원 등의 절차를 밟는 과정으로, 특허청에 출원을 하는 당사자는 특허청에 특허고객번호 부여신청을 하여 특허고객번호를 부여받아야 한다.

세 번째로는 출원 서류 작성이다. 발명 또는 아이디어에 대한 내용이 상세히 기술된 명세서와 도면 및 상세 사항을 특허청에 제출하는 과정이다. 출원 이후에는 심사 단계를 거치게 된다. 출원된 아이디어나 발명 내용을 특허청 심사관이 심사하게 되며 여러 단계를 거치게 된다. 이러한 심사 과정을 거쳐 등록 여부가 결정된다.

마지막으로 등록료 납부이다. 특허 출원이 완료된다면 특허청에서 1년이라는 기간 동안 심사 후 등록, 거절 여부를 판단해 신청인에게 특허 등록 여부를 전달하게 된다.

■특허출원의 순서

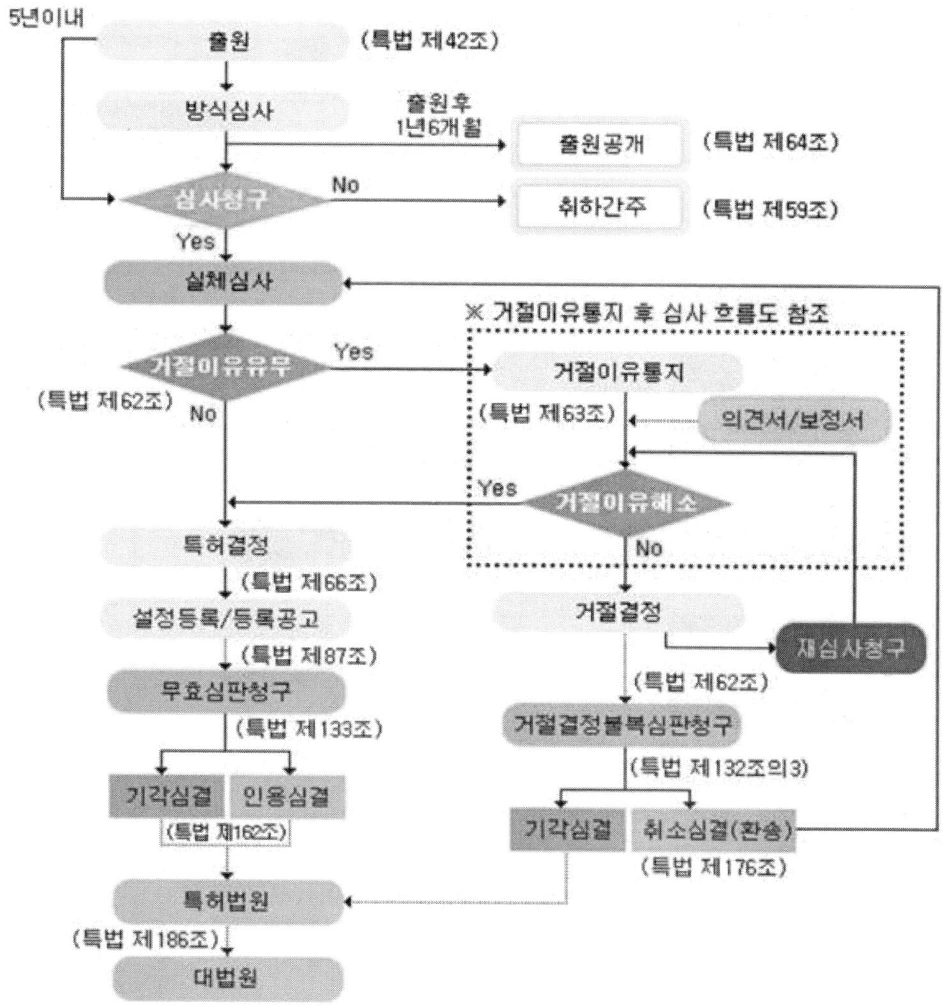

특허 출원 후 심사흐름의 상세한 내용은 다음의 그림을 참고하면 된다.

■특허출원 후 심사흐름도

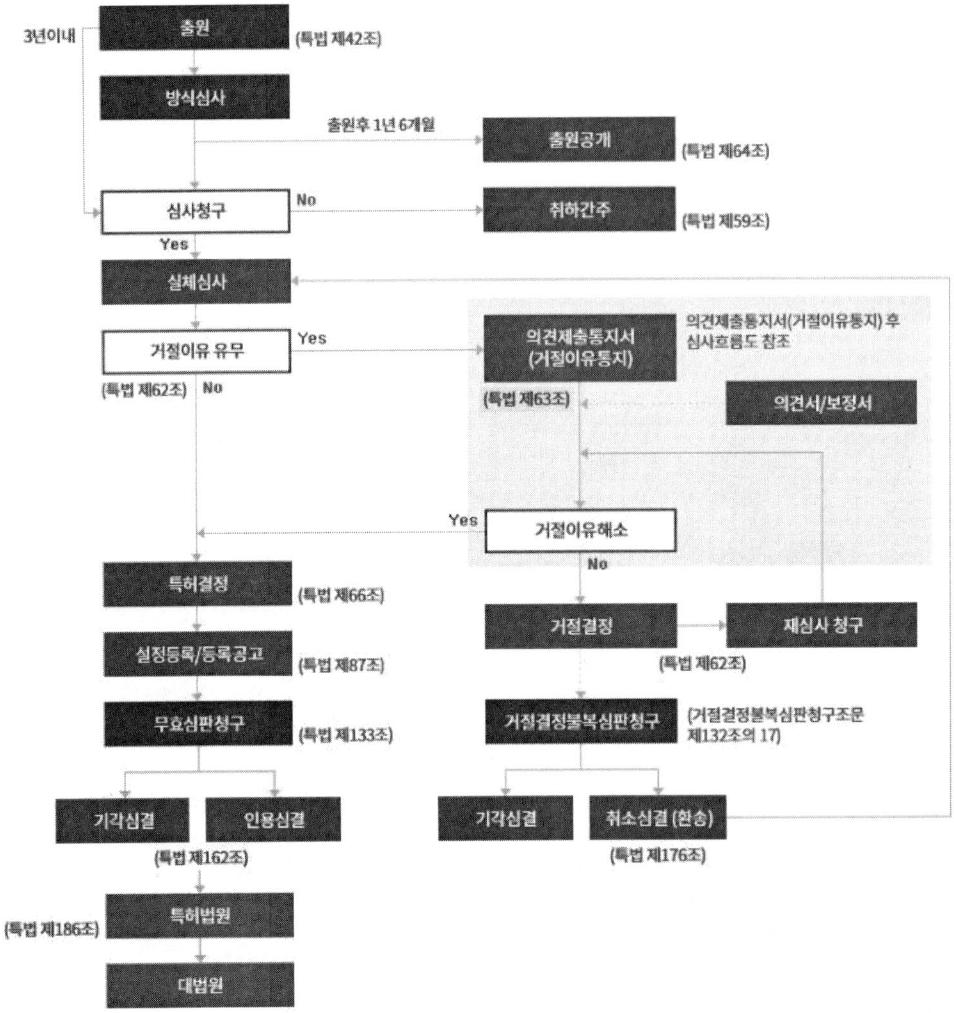

출처: 특허청, https://www.kipo.go.kr/ko/kpoContentView.do?menuCd=SCD0200111

주요 절차를 간략하게 설명하면 다음과 같다.

(1) 방식심사

방식심사는 서식의 필수사항 기재 여부, 기간의 준수 여부, 증명서 첨부 여부, 수수료 납부 여부 등 절차상의 흠결을 점검하는 심사이다.

(2) 심사청구

심사청구는 심사업무를 경감하기 위하여 모든 출원을 심사하는 대신 출원인이 심사를 청구한 출원에 대해서만 심사하는 제도 특허출원에 대하여 출원 후 3년간 심사청구를 하지 않으면 출원이 없었던 것으로 간주한다. (실용신안등록출원의 심사청구기간은 3년).

출원공개제도는 출원 후 1년 6개월이 경과하면 그 기술내용을 특허청이 공보의 형태로 일반인에게 공개하는 제도 심사가 지연될 경우 출원기술의 공개가 늦어지는 것을 방지하기 위하여 도입된 것이다. 출원공개가 없다면, 출원기술은 설정등록 후 특허공보로서 공개됨 출원공개 후, 제3자가 공개된 기술내용을 실시하는 경우 출원인은 그 발명이 출원된 발명임을 서면으로 경고할 수 있으며, 경고일로부터 특허권 설정등록일까지의 실시에 대한 보상금을 권리획득 후 청구할 수 있다. (가보호권리)

(3) 실체심사

실체심사는 특허요건, 즉 산업상 이용가능성, 신규성 및 진보성을 판단하는 심사로 이와 함께 공개의 대가로 특허를 부여하게 되므로 일반인이 쉽게 실시할 수 있도록 기재하고 있는가를 동시에 심사하는 것이다. 심사관은 심사에 착수하여 거절이유를 발견하면 최초거절이유를 통지하고 심사 착수 후 보정서가 제출되어 다시 심사한 결과 보정에 의해 발생한 거절이유를 발견하면 최후거절이유를 통지하며, 심사관은 최후거절이유를 통지한 후 보정에 보정각하 사유를 발견하면 결정으로 보정을 각하하고 이전 명세서로 심사한다.

3) 특허회피설계

특허회피란 이미 존재하는 특허권을 피해 새로운 발명물이나 디자인을 보호받기 위한 방법이다. 일반적으로 특허회피는 기존 특허권을 회피하는 방법으로서, 새로운 기술이나 디자인을 개발하는 데 도움을 줄 수 있다.

특허를 분석해 특허의 보호 범위를 벗어나도록 제품의 설계를 변경하는 것을 특허회피설계하고 한다.

특허를 받기 위해서는 아이디어가 신규성, 진보성이 있어야 하는데, 이를 위해 특허 출원 전에는 유사한 특허가 있는지 조사해야 한다. 일반적으로 유사한 아이디어가 많이 존재하며, 이를 회피하는 방법을 찾아야 하기 때문이다. 특허가 이미 등록된 경우에는 특허의 청구범위에 포함된 발명 구성요소를 모두 포함하면 특허 침해가 된다. 유사한 아이디어가 많은 경우, 특허회피 방법을 고려해야 하는데, 특허회피는 이미 등록된 특허의 청구범위를 피해가는 전략을 의미한다. 특허 침해를 피하기 위해서는 청구범위에 명시된 발명의 모든 구성요소를 사용해야 특허 침해로 간주되며, 일부를 다르게 변형하여 사용하면 특허 회피로 판단된다.

그럼, 특허회피방법을 찾아보자. 회피 설계의 방법에는 크게 두 가지가 있다.

첫째, 특허 청구항의 구성 중 불필요한 구성을 찾아내 그 구성을 생략하거나 다른 구성으로 치환하는 방식으로 설계하는 것이다. 다만, 다른 구성으로 치환해 설계하는 경우, 치환된 구성이 특허 청구항의 구성과 동일하진 않지만 동일한 작용 효과를 나타내는 균등물로 인정된다면 회피 설계에도 불구하고 여전히 특허 침해가 인정될 수 있으니 주의해야 한다.

두 번째 방법은 해당 특허권을 기초로 권리 행사를 할 수 없는 '자유실시 기술'의 영역에서 제품을 설계하는 것이다. 특허권자가 권리 행사를 할 수 없는 자유실시 기술의 영역은 해당 특허의 출원 시점의 공지 기술과의 관계에서 정의된다. 이를 위해서는 특허 출원 시 공지 기술에 대한 조사가 필요하다. 이러한 방법으로 설계된 자유실시 기술에 대해서는 특허 청구항의 구성과 무관하게 해당 특허권의 보호 범위로부터 벗어나게 된다.

만약 이와 같은 회피 설계가 용이하지 않다면 특허권자로부터 실시를 허락받는 방법을 생각할 수 있다. 특허권자로부터 부여되는 실시권에는 독점적 실시권인 '전용 실시권'과 비독점적 실시권인 '통상 실시권'이 있다. 전용 실시권은 특허권에 준하는 권리이며 전용 실시권을 허락받은 경우에는 특허권자를 포함하여 제3자의 실시를 모두 배제할 수 있는 권한이 생긴다.

한편, 통상 실시권자에게는 실시의 권한만이 주어질 뿐 제3자의 실시를 배제할 수 있는 권한은 없다. 특허권자는 자신의 실시 권한을 유지하고 제3자에게의 추가의 실시권 설정의 기회를 갖기 위해 전용 실시권보다는 통상 실시권을 선호하기 마련이다.

이러한 이유에서 특허권자로부터 통상 실시권을 허락받는 경우에 주의할 점이 있다. 특허권자가 통상 실시권을 허락한 이후 제3자에게 자신의 특허권을 이전할 수 있는데, 통상 실시권이 특허 원부에 미리 등록되어 있지 않다면 새로운 특허권자는 기존의 실시권자에게 실시 중단을 요구할 수 있다. 따라서, 통상 실시권자는 자신의 실시권을 특허원부에 등록해줄 것을 특허권자에게 요청해 실시권자의 지위를 안정적으로 확보해야 한다.

따라서 특허 출원 전에는 주의 깊게 유사한 특허를 분석하고, 필요한 경우에는 특허회피 전략을 수립하여 아이디어를 출원하는 것이 중요하다.

제10장

비즈니스 모델의 이해 I

10

제10장

비즈니스 모델의 이해 Ⅰ

학습성과

1. 비즈니스 모델의 개념을 설명할 수 있다.
2. 비즈니스 모델의 중요성을 설명할 수 있다.
3. 비즈니스 모델의 구성요소를 설명할 수 있다.

비즈니스 모델은 사업을 시작하기 위한 첫 단계이다. 비즈니스는 가치를 창출하고 그 가치에 대한 대가를 획득하는 일이다. 새로운 가치와 수익을 획득하기 위해 비즈니스 모델의 개념과 중요성을 이해하여야 하고, 그 세부 구성요소에 대한 내용을 알아야 한다.

1. 비즈니스 모델의 개념

1) 비즈니스(Business)의 개념

비즈니스는 가치를 창출하고 그 가치에 대한 대가를 획득하는 일이다.

비즈니스는 상품이나 서비스를 생산하거나 판매하여 이윤을 창출하는 활동 전반을 나타낸다. 이는 조직이나 기업이 자원을 활용하여 가치를 창출하고, 이를 시장에서 거래함으로써 수익을 얻는 것을 의미한다. 비즈니스는 다양한 형태와 규모를 가질 수 있으며, 개인 기업, 중소기업, 대기업, 비영리 단체 등 다양한 조직에서 이루어질 수 있다.

비즈니스의 주요 개념은 다음과 같다.

첫째, 가치 창출(Value Creation)이다. 비즈니스는 소비자나 다른 기업에게 가치를 제공하는 것을 목표로 해야 한다. 이는 제품이나 서비스를 통해 문제를 해결하거나 특정한 욕구를 충족시켜 소비자에게 혜택을 제공함으로써 이루어지게 된다. 가치 창출은 소비자나 고객에게 유익한 경험을 제공하며 발생하게 된다. 이는 고객 중심 접근, 혜택 제공, 차별화, 품질 및 안정성, 맞춤화, 비용 효율성, 편리성과 효율성, 그리고 지속 가능성 등 다양한 측면에서 이루어져야 한다. 고객의 요구를 정확히 이해하고, 그에 맞춰 제품이나 서비스를 개발하여 고객 만족도를 높이는 것이 핵심이다. 이를 통해 경쟁에서 우위를 차지하고, 고객들에게 독특하고 우수한 가치를 제공함으로써 비즈니스는 성공적으로 성장하고 지속 가능한 경영을 이루어낼 수 있다.

둘째, 이윤 창출(Profitability)은 비즈니스의 주요 목표 중 하나로, 기업이 비용을 지출한 후에 얻는 수익을 나타낸다. 이는 기업의 건전한 운영과 성장을 지원하는 역할을 할 수 있다. 먼저, 이윤은 기업이 자원을 확보하고 향후 발전을 위해 필요한 투자를 할 수 있는 경제적 기반이 된다. 연구 및 개발, 기술 혁신, 마케팅 활동 등에 필요한 자금을 조달하여 기업의 경쟁력을 강화하고 지속 가능한 성장을 이룰 수 있도록 돕는다. 또한, 이윤은 기업이 지속 가능한 운영을 유지하는 데에 기여한다. 비용을 상쇄하고 수익을 창출함으로써 임금 지급, 운영 비용, 세금 등을 효과적으로 관리할 수 있다.

투자자와의 관계에서는 안정적이고 수익성 높은 기업으로 인식되기 위해 이윤 창출이 필수적이다. 이는 투자자들과의 신뢰를 유지하고 기업에 대한 투자를 유도하는 데 중요한 역할을 한다. 뿐만 아니라, 이윤은 기업이 고용 창출과 사회적 책임을 다하는 데에 기여하게 된다. 지역사회에 일자리를 제공하고 사회적으로 기여함으로써 긍정적인 영향을 미친다. 종합적으로, 이윤 창출은 비즈니스가 성공적으로 운영되고 지속 가능한 성장을 이루기 위한 필수적인 조건 중 하나다. 그러나 이는 동시에 윤리적이고 사회적 책임 있는 비즈니스 활동을 수행하는 것과 함께 이루어져야 할 것이다. 이로써 비즈니스가 지속 가능성을 추구하면서도 사회적 가치를 창출하는 데에 기여한다.

셋째, 고객 만족 (Customer Satisfaction). 고객 만족은 비즈니스에서 중요한 핵심 요소로, 제품이나 서비스에 대한 고객의 기대를 충족시키고 만족시키는 상태를 의미한다. 이는 비즈니스의 핵심 성공 요소이며, 장기적인 고객 관계의 기반이 되어준다. 고객 만족은 재방문, 재구매 등을 유도하고 입소문을 만들어내어 고객 충성도를 강화하며, 불만 해결과 고객 서비스 향상을 통해 브랜드 이미지를 향상시키고 매출을 증대시키는 역할을 한다. 또한 고객 피드백을 통한 개선 기회를 활용하여 지속적인 비즈니스 모델의 발전을 촉진할 수 있다. 고객의 필수 요구사항을 충족시키는 것과 함께 소통, 신속한 대응, 고객 경험의 지속적인 향상 등이 고객 만족을 증진시키는 전략의 일부이다. 이는 기업이 오랜 기간 동안 성공적으로 운영되고 성장하는 데에 결정적인 역할을 한다.

넷째는 경쟁 (Competition)으로 대부분의 산업에서 존재한다. 비즈니스상의 경쟁은 기업들이 유사한 제품이나 서비스를 고객에게 제공하면서 시장에서 서로 경쟁하는 현상을 나타낸다. 이는 자원과 고객의 주목을 확보하고, 효율적인 운영으로 경제적 이익을 창출하기 위한 노력의 결과로 이해할 수 있다. 경쟁은 기존 기업 간의 치열한 경쟁과 새로운 기업의 진입, 기술의 발전 등 다양한 동적인 요소에 의해 영향을 받아 변화하는 특성이 있다. 각 기업은 고유한 전략과 경영 방식을 통해 경쟁에서 우위를 차지하려고 노력하며, 이는 소비자에게 다양한 선택의 기회를 제공하는 동시에 시장에서의 경쟁을 고조시킨다.

다섯째, 시장 (Market)이다. 비즈니스상의 시장은 특정 상품이나 서비스를 제공하는 기업들 간의 상호 작용과 거래가 이루어지는 장소 또는 환경을 의미한다. 이는 수요와 공급이 만나 상품이나 서비스가 거래되는 공간으로, 다양한 경제 주체들이 시장에서 상호 작용하면서 경쟁과 수요와 공급의 균형을 형성하게 된다. 다수의 기업이 시장 내에서 제품 혹은 서비스를 공급하며 경쟁하게 되며, 소비자들의 수요와 기업의 공급이 발생하여 거래가 발생하게 된다. 이러한 시장은 고객의 욕구, 특성 등 다양한 요소에 따라 시장의 구분이 형성되고 기업은 이를 통해 마케팅전략, 생산전략 등을 고려하게 된다. 비즈니스상의 시장은 동적이며, 항상 변화하는 환경이다. 기업들은 이러한 시장의 특성을 파악하고 적절한 전략을 수립하여 경쟁의 우위를 점하려 노력한다.

여섯째, 전략 (Strategy)은 목표를 달성하기 위한 수단으로 특정한 방향성과 계획을 가지고 있어야 한다. 이를 비즈니스 전략이라고 하며, 경영자들은 이를 수립하고 실행함으로써 비즈니스의 성과를 향상시키려 한다. 전략은 주로 경쟁 환경에서 차별화를 꾀하고 경쟁우위를 확보하기 위한 계획을 포함합니다. 이는 다양한 측면에서 수립되며, 제품 혁신, 비용 효율성, 시장 세분화, 마케팅 전략 등이 포함될 수 있다. 효과적인 비즈니스 전략은 기업의 비전과 목표에 부합하며, 시장 동향과 경쟁 환경을 고려하여 조율되어야 한다.

마지막으로 지속 가능성 (Sustainability)이다. 최근에는 비즈니스의 지속 가능성이 중요한 관심사로 부각되고 있다. 환경, 사회, 경제적 측면에서의 지속 가능한 경영이 강조되고 있다. 비즈니스상의 지속가능성은 기업이 경제적, 사회적, 환경적 측면에서 지속 가능한 방식으로 운영되고 성장하는 데에 중점을 두는 전략을 의미한다. 이는 효율적인 비즈니스 모델과 금융적 안정성을 통한 경제적 지속 가능성, 이해관계자들과의 긍정적 상호 작용과 윤리적 행동을 통한 사회적 책임, 환경 보호와 친환경적 실천, 이해관계자들과의 상호 작용, 글로벌 시각을 통한 국제적 책임을 강조하고 있다. 이러한 지속 가능성은 오랜 기간 동안 기업의 성공과 번영을 위한 필수적인 전략으로 인식되고 있다.

이러한 요소들을 고려하여 비즈니스는 변화하는 환경에 대응하고 성공적으로 운영될 수 있다. 비즈니스는 경영, 마케팅, 금융, 생산, 인사 등의 분야에서 다양한 전문 지식과 기술을 요한다.

2) 비즈니스 모델의 개념

비즈니스 모델은 기업이 제품이나 서비스를 제공하고 가치를 창출하며, 수익을 창출하고 비용을 효과적으로 관리하는 방식을 나타내는 핵심적인 구조이다. 이는 고객 인지도와 유치, 효율적인 비용 관리, 전략적 실행, 혁신과 적응력, 그리고 투자자와의 효과적인 소통을 통해 기업의 성공과 성장을 지원한다. 비즈니스 모델의 중요성은 다양한 영역에서 기업이 지속적으로 경쟁하고 발전하기 위해 필수적인 기반이 되기 때문이다.

새로운 아이디어만으로는 수익을 창출할 수 없다. 사업 아이디어를 기반으로 수익을 창출할 수 있는 구체적인 방법 설계가 필요하다. 비즈니스 모델은 비즈니스의 이미지를 구체화 시킨 밑그림으로, 누구에게 어떤 상품 또는 서비스를 왜, 어떻게 공급하고 그 대가는 어떻게 받을 것이며, 어떤 제품이나 서비스를 어떻게 소비자에게 제공하고 어떻게 마케팅하며, 어떻게 돈을 벌 것인가 하는 계획 또는 사업 아이디어를 체계적으로 정리한 것이다.

고객 가치 제안은 어떤 가치를 고객에게 제공할지를 명확히 정의한다. 이는 제품이나 서비스의 특징, 혜택, 차별화된 가치 등을 고려하며, 고객이 해당 기업의 제품이나 서비스를 선택해야 하는 이유를 명확히 전달해야 한다.

고객 세그먼트는 누가 해당 제품이나 서비스를 이용할지를 정의하는 것으로, 고객 세그먼트를 명확히 파악하고 타깃 고객층에 맞추어진 가치 제안을 개발해야 한다.

매출 체널은 제품이나 서비스를 어떻게 고객에게 전달할지를 결정합니다. 이는 온라인 판매, 유통망을 통한 유통, 직접 판매 등 다양한 매출 체널을 고려하는 것을 의미한다.

고객 관계 관리는 기업이 고객과의 관계를 어떻게 구축하고 유지할지를 고려한다. 이는 고객 서비스, 마케팅 전략, 고객 유치 및 유지를 위한 전략 등을 포함한다.

수익 모델은 기업이 수익을 창출하는 방식을 명확히 제시한다. 제품 판매, 광고 수익 등 다양한 수익 모델을 고려하고 효과적으로 구현해야 한다.

핵심 자원 및 파트너십은 어떤 자원과 파트너십이 비즈니스를 지원하고 발전시킬지를 고려한다. 이는 기술적 자원, 제조업체와의 협력, 유통 파트너 등을 포함한다.

비용 구조는 비즈니스가 비용을 효과적으로 관리하기 위한 전략을 제시함으로써, 생산 비용, 운영 비용, 마케팅 비용 등을 고려하여 비용을 최적화해야 한다.

이러한 각 요소들은 종합적으로 고객과의 관계를 강화하며, 비용을 최적화하고, 가치를 창출하는 기업의 핵심적인 경영 전략으로 작용한다. 따라서 비즈니스 모델은 기업이 경쟁에서 성공적으로 나아가기 위한 척도로서 중요한 역할을 한다.

2. 비즈니스 모델의 중요성

1) 비즈니스 모델의 중요성

비즈니스 모델은 기업이 어떻게 가치를 창출하고, 이익을 얻을 것인지에 대한 전반적인 구조를 나타낸다. 그 중요성은 다음과 같다.

■ 비즈니스 모델은 기업의 전략적 방향성을 제공한다. 이는 기업이 어떤 가치를 제공하고, 어떻게 수익을 창출할 것인지에 대해 명확히 이해하여, 내부 주요 인력에게 비전을 제시할 수 있다. 외부인에게는 계약, 거래, 투자 등의 선택을 할 수 있는 중요한 자료로 쓰인다. 이렇게 함으로써, 기업은 자신의 사업에 대한 명확한 방향성을 설정하고, 이를 통해 사업의 성공 가능성을 높일 수 있다.

■ 비즈니스 모델은 사업의 지속 가능성을 확보하는 데 도움이 된다. 기존 사업을 재검토하고, 새로운 수익 구조를 구축하는 데 도움이 되며, 신규 사업 전략을 개발하는 것에 기반이 된다. 이는 기업이 시장 변화에 대응하고, 새로운 기회를 찾아내는 데 중요한 역할을 한다.

■ 비즈니스 모델은 시장 변화에 대응하는 데 필요한 유연성을 제공한다. 특히, 기존 사업의 존재 가치에 의문이 생기거나 사업의 유지에 어려움이 있다면, 비즈니스 모델을 처음부터 다시 생각해야하는 단계로 돌아가야 하며, 비즈니스 모델을 처음부터 다시 구성해 현 시장에 알맞은 모델을 재구성하고 사업에 적용시켜야 할 것이다. 이는 기업이 시장 변화에 빠르게 대응하고, 새로운 기회를 찾아내는 데 중요한 역할을 한다.

■ 잘 설계된 비즈니스 모델은 회사의 체질 변화에 도움을 주며, 시장에도 큰 영향을 주어 시장 자체를 변화시킬 기회를 만들어 낼 수도 있다. 이를 통해 기업은 경쟁 우위를 확보할 수 있다. 투자금유치, 거래처와의 관계, 정부지원제도 등을 활용하는데, 타 업체보다 유리한 고지에서 시작할 수 있다. 이는 기업이 시장에서 독특한 위치를 차지하고, 경쟁사와 차별화된 가치를 제공함으로써, 고객의 선호도를 높이고, 시장 점유율을 높일 수 있는 기반이 된다.

■ 비즈니스 모델은 비단 사업을 운영하여야만 검증받을 수 있는 것은 아니다. 문화체육관광부와 한국관광공사에서는 관광벤처 사업 아이디어를 발굴하는 공모전을 매년 진행해 오고 있다. 본인이 가지고 있는 비즈니스 모델을 통해 사업을 계획해 보고 이러한 공모전에 제출하여 심사를 받아본다면 본격적인 사업에 진

입하기 앞서 사전 평가를 받을 수 있을 것이다. 또한, 공모전에 참여한 다른 우수 기업들의 사례를 살펴보며 비즈니스 모델이 가지고 있는 문제 혹은 한계점을 찾아 개선할 수 있는 기회를 얻을 수 있다. 우수 사업으로 선정된다면 문체부의 전문가 멘토링, 타 업체와의 협업과 교류 등의 다양한 맞춤형 지원을 받을 수 있는 기회를 얻을 수도 있다.

2) 비즈니스 모델 vs 사업계획서

비즈니스 모델과 사업 계획서는 기업의 운영과 성공을 위한 중요한 문서이지만, 각각의 목적과 특징은 차이점을 가지고 있다.

(1) 비즈니스 모델

비즈니스 모델의 목적은 기업이 가치와 수익을 창출하는 방법을 제시하는 것으로, 기업의 핵심 가치제안, 수익모델, 고객 세그먼트, 가치창출 방법 등을 정의하고 있다. 또한, 비즈니스 모델은 비교적 전반적이고 고차원적인 수준에서 기업의 운영 방식을 개괄적으로 서술하며 사업계획서에 비해 포괄적인 내용을 위주로 작성한다.

(2) 사업계획서

사업계획서는 특정 프로젝트나 새로운 기업을 시작하는 데 필요한 전략과 구체적인 계획을 제시해야한다. 주로 자금 조달. 운영 계획, 마케팅 전략, 재무 계획 등에 중점을 두어 각 항목을 아주 세부적으로 작성해야 한다. 사업계획서는 현재의 상태와 미래의 계획에 중점을 둬 기업의 세부 전략과 운영에 초점을 맞추어야 한다.

■비즈니스 모델과 사업계획서의 차이

구분	내용
비즈니스 모델	■비즈니스모델 – 사업 아이디어를 활용하여 수익을 창출하는 방법 제시

사업계획서	■사업계획서 - How? 어떻게 실행할 것인가? - 시장규모와 성장가능성은 충분한가? - 팀은 어떻게 구성할까? - 자금은 얼마나 필요한가? 필요한 자금은 어떻게 마련할 것인가? - 생산, 마케팅은 어떻게 할 것인가? - 사업 추진 일정은? → 비즈니스 모델의 구체적인 실행계획이 사업계획서이다.

3) 비즈니스 모델 기업 사례

다음으로 코닥, 아마존, 넷플릭스의 사례를 살펴보자.

(1) 코닥(Kodak)의 몰락

1975년, 전자 제품 회사인 코닥(Codak)의 엔지니어인 스티브 세손(Steve J. Sasson, 1950년 7월 4일~)은 세계 최초로 CCD(Charge-Coupled Device)를 사용한 디지털 카메라를 개발하였다. 그러나 코닥은 이 디지털 카메라가 아날로그 필름 시장을 완전히 변화시킬 것으로 예측하고, 이로 인한 필름 시장의 충격을 우려해 디지털 카메라의 상용화를 중단하는 결정을 내렸다. 이후 코닥은 간헐적으로 디지털 카메라의 실험작만을 출시하여 디지털 카메라의 등장을 억제하려고 노력했다.

이런 억제 전략은 약 20년간 이어졌지만, 1998년에는 일본의 카메라 기업들이 대중적인 디지털 카메라를 출시하면서 필름 카메라는 급격히 시장에서 사라지기 시작했다. 이러한 시장 변화로 코닥의 입지와 수익성은 심각하게 감소하였다.

수익성이 더욱 나빠진 코닥은 2012년 1월 19일에 파산보호 신청을 하게 되었다. 이후 코닥은 미 정부로부터 8,440만 달러의 지원을 받았고, 그래픽 커뮤니케이션 서비스 분야에만 집중하게 되었으며, 카메라 사업은 코닥 라이선스와 함께 JK 이메이징(JK Imaging)에 매각되었다. 또한, 필름 사업부는 상업 영화 필름만 남기고 나머지를 전부 매각하였다. 미 정부는 코닥의 재무 상태가 성공적으로 회복되었다고 인정하여, 2013년 9월 4일에 파산보호에서 벗어나게 되었다.

비즈니스 모델은 기업에 새로운 경쟁력을 제공해 줄 뿐만 아니라 고객지향적인 제품과 서비스를 개발하는데 도움이 된다.

사례

▶ 코닥(Kodak)의 몰락

- 코닥은 1976년 필름 시장 점유율 90%, 카메라 시장 점유율 85%를 기록
- 1975년 세계 최초로 디지털 카메라 기술을 개발
- 자사의 기존 주요 비즈니스 모델인 필름 판매에 타격이 불가피하여 기술보완 및 홍보에 소극적
- 소비자들의 인식이 아날로그에서 디지털로 변화하는 흐름을 파악하지 못하고 2012년 1월 파산 신청
- 이후 인쇄의 기술적 지원, 전문가들을 위한 그래픽 커뮤니케이션 서비스 기업으로 회생

(2) 아마존

아마존(Amazon.com Inc.)은 미국의 기업으로, 1994년 제프 베조스가 책을 온라인으로 판매하는 아이디어로 설립되었다. 초기에는 온라인 서점으로 시작하여 전 세계에서 최초로 전자상거래 서비스를 제공한 기업 중 하나가 되었다. 현재는 전자상거래 뿐만 아니라 클라우드 컴퓨팅 서비스인 아마존 웹 서비스(AWS)를 운영하며, 시가총액의 상당 부분을 차지하고 있다.

1994년 7월에 제프 베조스가 온라인 서점으로 출발하여 초기에는 책을 중점적으로 판매하고 배송하는 목적으로 설립되었다. 그 후 1997년에는 제품 라인을 확장하여 VHS, DVD, 음악 CD, MP3, 소프트웨어, 비디오 게임, 전자 제품, 의류, 가구, 식품, 장난감 등 다양한 제품을 판매하게 되었다. 현재까지 다양한 사업 분야로 확장되어 있으며, 오픈마켓 플레이스를 포함하여 상상할 수 있는 거의 모든 제품을 온라인으로 판매하고 있다. 아마존 웹 서비스(AWS)는 현재 아마존의 주요 사업 중 하나로, 전 세계적으로 클라우드 컴퓨팅 서비스를 제공하고 있다.

(3) 넷플릭스

넷플릭스는 아마존과 유사한 모델을 고려하며 시작했으며, 초기에는 비디오 테이프를 통한 판매전략을 고려했지만 과다한 비용과 제고, 관리, 배송 문제로 포기하였다. 그러던 중 DVD라는 새로운 저장매체에 주목하게 되어, 1997년 3월에는 DVD를 우편으로 보내는 시험 서비스를 제공하기 시작했다. 시범으로 진행한 우편 배송이 DVD의 손상 없이 도착하자 160억 달러 규모의 홈비디오 판매 대여 사업에 뛰어들게 되었다.

이후 1998년 4월 14일, 넷플릭스는 세계 최초의 온라인 DVD 대여 서비스를 개시했습니다. 당시 직원은 30명이었고, 이용 가능한 컨텐츠는 925개에 불과했습니다. 넷플릭스의 영화 목록은 당시 출시된 대부분의 작품을 포함하고 있었으며, 요금 및 만기일을 둔 대여당 지불 모델은 블록버스터와 유사했습니다. 이렇게 시작된 넷플릭스는 온라인 동영상 스트리밍 분야에서 혁신적인 성공을 거두었습니다.

사례

▶ 아마존
- 기존 서점에서 책을 구매하던 방식에 온라인 구매로 전환

▶ 넷플릭스
- 영화를 비디오대여점에서 빌려 보던 방식에서 온라인 주문방식으로 전환

(4) 코웨이

정수기 시장은 건강에 대한 관심, 수돗물에 대한 불신, 편리함 등의 이유로 생수 시장과 함께 시장규모가 급격히 성장했다. 그러나 기존의 판매 모델로는 한계를 느낀 코웨이는 사업의 핵심을 판매에서 렌탈, 즉 대여로 전환하는 모델 혁신을 감행하였다. 고가의 정수기 구매에 부담을 느낀 구매자들이 매월 적은 비용을 지불하고 정수기를 대여하기 시작하였고 코웨이는 단순 대여뿐만 아닌 필터 교체, 내부 청소와

같은 에프터 서비스를 함께 제공하며, 소비자들의 고민과 불편함을 해소하였다. 이는 정수기 사업 자체의 패러다임을 변화시켰고 대표적인 비즈니스 모델의 혁신 사례로 남게 되었다.

(5) AIR TRAVI : 에어트래비

'AIR TRAVI' 사의 비즈니스 모델은 "콘텐츠 기반 여행 플랫폼"이다. 이는 브랜드, 인플루언서, 랜드사, 고객을 연결하는 모델로, 여행 상품 기획 및 개발, 광고 콘텐츠 제작 및 마케팅, 현지 랜드사와의 협력을 통한 패키지 여행 서비스 제공 등을 중심으로 구성되어 있습니다. 또한, 인플루언서와 함께 상품 기획 및 콘텐츠 제작을 진행하고, SNS를 통해 광고를 진행하여 신규고객획득비용(CAC)를 최소화하고, 패키지 여행 상품 판매를 통해 수익을 창출하는 것이 특징입니다. 또한, 여행 정보 제공 SNS 앱 "PIXER"를 런칭하여 지도 기반으로 자신이 다녀온 장소를 영상/이미지 기반으로 공유하는 소셜 서비스를 제공하고 있다.

(6) TRIP BUILDER : 트립빌더

'TRIP BUILDER' 사는 AI를 활용하여 고객의 여행 성향을 분석하고 맞춤 상품을 추천하는 솔루션을 제공하고 있다. 이를 통해 고객들의 구매전환율을 높여 매출 증대 및 소비자 만족도를 상승시키고자 하고 있다. 이 과정은 여행성향분석, 시뮬레이션 참여, 여행상황에 따른 행동패턴 및 경험 데이터 확보, 소셜 빅데이터 기반 콘텐츠 감성특성 분석 등의 단계를 거치게 된다.

기존의 AI 솔루션을 통해 개인화 서비스를 도입하기 위해서는 사용자 데이터의 세분화가 필요하며, 사용자 빅데이터의 확보가 중요하다. 또한, 사용자의 특성을 다양하게 세분화하여 서비스 만족도를 증가시키는 것이 필수적이다.

'TRIP BUILDER' 사는 AI 데이터바우처 및 관광기업혁신바우처를 공급하여 빅데이터를 활용한 맞춤형 관광 솔루션을 제공하고, 빅데이터의 판매를 통해 수익을 창출하고자 한다. 이를 통해 관광기업의 디지털 전환을 지원하려 한다.

공공기관 및 지자체를 대상으로 스마트 관광 인프라를 구축하여, 고객 성향 분석과 맞춤 관광 추천을 위한 인공지능 솔루션을 제공한다.

'TRIP BUILDER' 사는 AI와 빅데이터를 활용하여 고객의 성향을 분석하고 맞춤형 서비스를 제공하고자 하며, 이를 통해 수익을 창출하고 고객들에게 새로운 가치를 제공하고자 한다.

창업 초기에는 많은 불확실성이 존재한다. 나름대로 꼼꼼하게 준비했다 하더라도 막상 창업에 도전하면, 생각하지도 못했던 상황이 벌어지고 예측은 번번이 벗어나기 마련이다. 따라서 비즈니스 모델을 수립하여 창업 초기의 불확실성을 최소화할 필요가 있다.

3. 비즈니스 모델의 구성요소

비즈니스 모델의 구성요소는 다양한 측면에서 비즈니스를 이해하고 설계하는 데 도움을 주는 중요한 요소들을 포함하고 있다.

주요 핵심 요소(비즈니스 모델의 9가지 블록)는 다음과 같다.

1) 고객 세그먼트(Customer Segments)

고객 세그먼트는 비즈니스 모델에서 핵심적인 구성요소 중 하나로, 기업이 서비스나 제품을 제공하는 대상 고객 그룹을 정의하는 데 관련이 있다. 이 요소는 기업이 누구에게 가치를 제공하고자 하는지, 누구를 대상으로 제품이나 서비스를 고안하고 있는지를 명확하게 결정하는 데 도움을 준다.

고객 세그먼트는 기업이 서비스나 제품을 제공하는 대상 고객 그룹을 정의하는 핵심적인 구성요소이다. 기업은 이를 식별하기 위해 시장 조사와 분석을 통해 다양한 고객 그룹을 파악한다. 이때 나이, 성별, 지리적 위치, 소득 수준, 선호도, 구매 패턴 등이 고려되어 각 그룹의 특성과 욕구를 자세히 파악하게 된다.

고객 세그먼트의 특성과 욕구를 이해한 기업은 맞춤형으로 제공될 가치 제안을 개발하고 이를 통해 각 세그먼트에 맞는 제품이나 서비스를 디자인한다. 이때 각 그룹은 서로 다른 가치를 중요시하므로 맞춤형 전략이 중요하다. 또한, 각 세그먼트에 따라 타깃 마케팅 전략을 수립하게 되며, 광고, 프로모션, 마케팅 채널의 선택, 커뮤니케이션 방식 등을 고려해야 한다.

고객 경험을 개선하기 위해 기업은 각 세그먼트의 피드백을 수용하고 지속적으로 제품이나 서비스를 개선한다. 또한, 각 세그먼트와의 강화된 관계 형성을 위한 전략을 수립하며, 개인화된 서비스, 정기적인 소통, 고객 지원 등이 이에 포함된다. 마지막으로, 기업은 시장이나 고객 세그먼트의 변화에 신속하게 대응하고 조정해야하며 새로운 트렌드나 요구 사항에 민첩하게 대처하여야만 경쟁 우위를 유지하게 된다.

2) 가치 제안(Value Propositions)

고객 세그먼트에 제공되는 제품이나 서비스의 가치를 정의한다. 이 가치 제안이 어떤 문제를 해결하거나 어떤 이점을 제공하는지를 명확히 해야 한다.

조금 더 상세히 설명하자면, 가치 제안은 기업이 제품이나 서비스를 통해 고객에게 제공하는 독특하고 매력적인 가치를 나타내게 된다. 이는 제품의 핵심 기능과 함께 고객이 얻게 되는 혜택을 강조하며, 경쟁 우위를 유지하고 신뢰를 구축하는 역할을 해야 한다. 기업은 고객의 니즈를 이해하고, 혁신적이며 매력적인 가치 제안을 개발하여 시장 트렌드에 민첩하게 대응해야 한다. 가치 제안의 성공은 고객 충성도와 수익성을 향상시키는데 기여하게 된다.

3) 채널(Channels)

제품 또는 서비스를 고객에게 전달하는 방법을 결정한다. 이는 온라인, 오프라인, 유통 파트너, 직접 판매 등이 될 수 있다.

채널은 기업이 제품이나 서비스를 고객에게 전달하는 경로와 방법을 나타내고 있다. 이는 제품의 유통과정, 정보 전달, 거래의 중개 등을 포함하며, 효과적인 채널 전략은 제품의 시장 진입과 홍보, 판매의 효율성에 큰 영향을 미친다. 올바른 채널 선택은 고객과의 직접적인 상호작용 및 효율적인 유통을 가능하게 하며, 따라서 비즈니스의 성공에 중요한 역할을 한다. 이를 통해 기업은 고객과의 연결을 강화하고 제품 또는 서비스의 가용성을 최적화하여 시장에서 경쟁 우위를 유지할 수 있다.

4) 고객 관계(Customer Relationships)

고객관계는 기업과 고객 간의 상호 작용과 소통을 관리하는 것으로, 고객과의 긍정적이고 지속적인 관계는 비즈니스 성공에 중요한 역할을 한다.

고객관계에 대한 상세한 설명은 다음과 같다.

기업은 초기 접촉부터 종료까지 고객과의 상호작용을 추적하고 관리한다. 이는 고객의 근간(Customer Bedrock : "고객의 근간"은 기업 또는 브랜드가 고객들과 형성한 견고하고 튼튼한 기반을 나타내며, 이는 긍정적인 경험, 신뢰, 충성, 지속적인 구매 등 다양한 측면에서 나타나며, 고객과의 강력한 관계를 강조하는 용어로 볼 수 있으며, 만족스러운 경험을 제공하여 고객 충성도를 구축하는 것이 목표이다.

고객 서비스와 지원을 통해 기업은 문의, 불만, 문제 등에 신속하고 효과적으로 대응하여 고객 만족도를 높이고, 긍정적인 고객 경험을 조성해야 한다.

고객 피드백을 수집하고 분석하여 기업이 제공하는 가치와 서비스를 지속적으로 향상시키며, 이는 고객 관계의 핵심이다. 소셜 미디어 및 디지털 플랫폼을 활용하여 고객과의 소통을 강화하고 브랜드 인지도를 높이며, 이는 고객과의 관계를 구축하고 유지하는 데 기여한다.

고객 관계 관리 시스템(CRM)을 활용하여 고객 데이터를 체계적으로 관리하고, 이를 통해 고객 근간, 행동 패턴 등을 파악하여 맞춤형 서비스를 제공해야 할 것이다.

종합적으로, 효과적인 고객관계는 고객 충성도를 높이고 장기적인 고객 가치를 창출하여 비즈니스의 지속적인 성공을 도모하게 된다.

5) 수익원(Revenue Streams)

기업이 가치를 창출하고 수익을 올리는 방식을 나열해야 한다. 다양한 형태로 나타날 수 있으며, 기업이 제공하는 제품이나 서비스에 따라 다양한 수익원이 결정된다. 수익원에 대한 상세한 설명은 다음과 같다.

기업은 자사의 제품이나 서비스를 통해 돈을 벌기 위한 수익원을 분석하고 가격을 어떻게 책정할지 결정한다. 가격은 수익 창출의 핵심이 되며, 경쟁력과 소비자 수용 가능성을 고려하여 정해진다.

고객은 기업이 제공하는 가치에 대해 대가를 지불한다. 이는 제품이나 서비스의 품질, 특별한 기능, 고객 서비스 등과 관련이 있다. 기업은 여러 매출 소스를 결합하여 다양한 수익원을 창출하기도 한다. 이는 다양한 비즈니스 모델의 조합을 통해 이루어 진다. 또한, 수익원은 기업이 지속적으로 혁신하고 발전시키는 과정에서 변할 수 있다. 새로운 제품이나 서비스 도입, 새로운 시장 진출, 가격 정책의 조정 등이 이에 해당한다.

6) 핵심 자원(Key Resources)

핵심 자원은 기업이 가지고 있는 주요 자원과 능력으로, 핵심 활동을 지원하고 가치를 창출하는 데 중요한 역할을 한다. 이는 주로 물리적, 재무, 지적 자산 등을 포함하며, 다양한 형태로 나타날 수 있다.

기업의 물리적 자원은 생산설비, 원자재, 물류 네트워크 등을 포함하며, 제품 또는 서비스를 제공하는 데 필수적이다. 재무 자원은 자본, 자금, 신용 등으로, 기업의 경제적인 안정성과 성장을 지원한다.

지적 자원은 브랜드, 특허, 기술 노하우 등으로, 경쟁 우위를 확보하고 혁신을 추진하는 데 기여한다. 또한, 기업 문화, 인적 자원, 조직 내 지식과 경험 역시 핵심 자원으로 간주되며, 효율적인 운영과 협력을 촉진한다.

이러한 핵심 자원은 기업이 경쟁에서 우위를 차지하고 지속적인 성장을 이루기 위해 중요한 역할을 하게 되며, 기업은 자원의 효과적인 활용과 지속적인 발전을 통해 경쟁력을 강화시킬 수 있다.

7) 핵심 활동(Key Activities)

핵심 활동은 기업이 제품이나 서비스를 개발, 생산, 유통하고 유지보수하는 데 필요한 핵심 활동들을 의미한다. 이는 다양한 활동들로 이루어져 있다.

우선, 제품 또는 서비스의 개발 단계에서는 연구, 설계, 창의성과 혁신적인 아이디어 발굴이 핵심 활동으로 작용한다. 이후, 생산과 관련된 핵심 활동은 제조, 조립, 품질 통제 등으로 구성되며, 원자재를 제품으로 변환하는 과정이 포함된다. 또한, 유통과 판매 활동은 제품을 소비자에게 전달하기 위한 과정으로, 유통 네트워크 관리, 마케팅, 판매 등이 핵심 활동에 속한다. 고객 서비스 및 지원도 중요한 핵심 활동으로, 고객의 요구에 대응하고 제품 또는 서비스의 품질을 유지하는 데 기여한다.

뿐만 아니라, 효율적인 운영을 위한 기업 내부 프로세스 개선, 기술 및 시스템 유지보수도 핵심 활동으로 고려해야 한다. 이러한 다양한 핵심 활동을 통해 기업은 제품 또는 서비스를 시장에 성공적으로 제공하고 경쟁 우위를 유지할 수 있다.

8) 핵심 파트너(Key Partnerships)

핵심 파트너는 기업이 핵심 활동을 수행하고 가치 제안을 실현하는 데 필요한 협력 관계를 나타낸다. 이는 다양한 형태의 제휴, 협력, 외부 협업 등이 포함된다.

먼저, 생산 파트너와의 협력은 원자재 조달이나 제품 생산과 관련된 부분에서 핵심이다. 원자재의 안정적인 공급과 효율적인 생산을 위해 외부 업체나 제조업체와 협력할 수 있다.

기술적 지원이 필요한 경우 기술 파트너와 협력할 수 있다. 기술 파트너십은 혁신적인 기술이나 전문 지식의 양질 제공을 통해 기업의 경쟁력을 향상시킬 수 있다.

또한, 유통 파트너와의 제휴는 제품이나 서비스를 시장에 효과적으로 공급하고 홍보하는 데 도움을 준다. 이는 유통 채널의 다양성과 확장을 통해 시장 점유율을 증가시킬 수 있다.

금융 파트너와의 협력은 자금 조달, 투자, 금융 지원 등을 통해 기업의 재무 건전성을 강화하고 사업 확장을 지원한다.

뿐만 아니라, 정부 기관이나 비정부 기구와의 협력 역시 중요하다. 규제 준수, 사회적 책임, 지속 가능한 경영 등을 강화하기 위해 다양한 파트너와 협업할 수 있다.

이와 같은 핵심 파트너와의 협력은 기업이 경쟁력을 향상시키고 전략적 목표를 달성하는 데 기여한다.

9) 비용 구조(Cost Structure)

비즈니스 모델을 운영하는 데 발생하는 주요 비용은 고정 비용, 가변 비용, 초기 투자 비용 등을 포함하고 있다. 자세한 내용은 다음과 같다.

비용 구조는 기업이 사업을 운영하고 가치를 창출하는 데 필요한 모든 비용을 나타낸다. 다양한 비용 요소가 있으며, 이들은 기업의 운영 및 수익모델과 밀접한 관련이 있다.

첫째, 생산 비용은 제품이나 서비스를 제조하고 생산하는 과정에서 발생하는 비용을 말한다. 이는 재료 구매, 생산 라인 유지, 인력 비용, 운송 비용 등을 포함한다.

둘째, 마케팅 및 광고 비용은 제품이나 서비스를 홍보하고 시장에 알리는 데 소요되는 비용이다. 광고 캠페인, 판촉 활동, 디지털 마케팅 등이 여기에 해당한다.

셋째, 판매 및 유통 비용은 제품이나 서비스를 소비자에게 공급하고 유통하기 위해 필요한 비용이다. 이는 유통 채널의 관리, 판매원의 급여, 유통 네트워크의 운영 등이 해당 된다.

넷째, 연구 및 개발(R&D) 비용은 혁신과 제품/서비스 품질 향상을 위한 연구 및 개발 활동에 소요되는 비용으로, 신제품 개발, 기술 혁신, 디자인 등이 여기에 해당한다.

다섯째, 인프라 및 운영 비용은 기업의 일상적인 운영을 지원하기 위한 비용으로, 사무 공간 임대, 인프라 구축 및 유지, 운영 인력 비용 등을 포함한다.

여섯째, 관리 및 일반 비용은 기업의 경영 및 관리 활동에 소요되는 비용으로, 경영진의 급여, 사무용품 구매, 법률 및 회계 서비스 등이 여기에 해당한다. 비용 구조의 효과적인 관리는 기업이 수익을 극대화하고 경쟁우위를 유지하는 데 중요하다. 비용을 효율적으로 관리하면서도 가치를 제공하는 것이 핵심적인 과제이다.

비즈니스 모델 캔버스는 이러한 9개의 핵심 요소를 시각적으로 표현하여 비즈니스 아이디어를 간결하게 전달하고 비즈니스 전략을 개발하고 수정하는 데 도움이 된다.

■비즈니스 모델의 9가지 블록

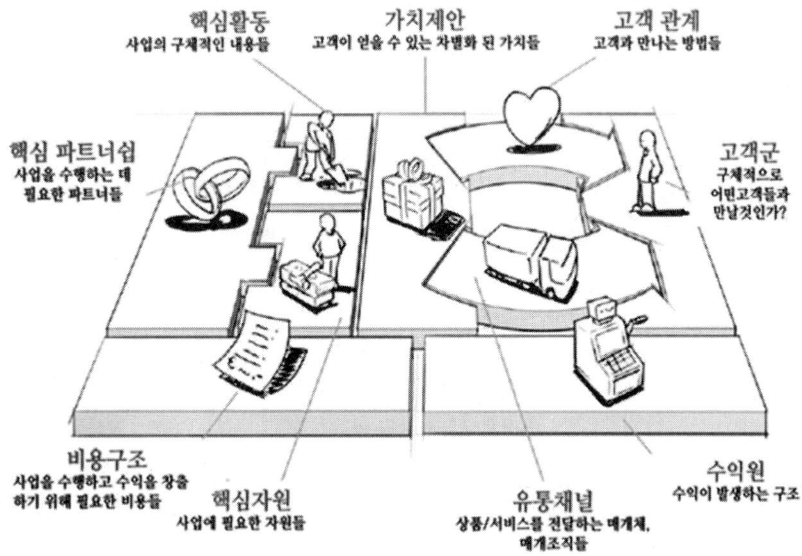

출처: 박철호(2023), 관광창업론, p236

■비즈니스 모델의 9가지 블록

기본 영역	비즈니스 모델 블록	내 용
제품	가치제안	고객을 위한 제품과 서비스의 가치에 대한 종합적 관점
고객 접점	목표 고객	가치를 제공하기 원하는 소비자를 세분화
	유통/채널	고객을 연결하는 수단
	고객 관계	자사와 고객을 지속적으로 유지하는 방법
인프라 관리	가치형태	고객을 위한 가치를 창조하기 위해 필요한 활동과 지원 등의 준비상태
	역량	고객을 위한 가치를 창조하기 위해 필요한 활동 실행 능력
	파트너십	고객의 가치를 창출하기 위해서 2~3개의 기업과 협력관계를 형성
재무적 측면	비용구조	비즈니스 모델을 실행하기 위한 모든 비용을 산출
	수익모델	기업에서 다양한 수익 흐름을 통해 수입을 창출하는 방법

■(주) 카카오의 비즈니스 모델 캔버스 예시

<table>
<tr><th>핵심파트너(KP)</th><th>핵심활동(KA)</th><th>가치제안(VP)</th><th>고객관계(CR)</th><th>고객(CS)</th></tr>
<tr><td rowspan="3">• 위메이드(게임)
• 통신사
• 포도트리(카카오페이지)
• 투자자
• 컨텐츠개발자</td><td>• 모바일 메시징 서비스
• 모바일 응용 프로그램 서비스</td><td rowspan="3">• 무료 메신저 서비스
• 사진공유서비스(카카오스토리)
• 모바일 플랫폼 (스토리, 게임, 디지털 컨텐츠)</td><td>• User– 커뮤니티
• 기업/개발자– 플랫폼제공, 마케팅 관리</td><td rowspan="3">• 스마트폰 사용자
• 플러스 친구 제휴 업체
• 스마트폰 게임 개발자(업체)
• 광고주</td></tr>
<tr><th>핵심자원(KR)</th><th>유통채널(CH)</th></tr>
<tr><td>• 카카오 플랫폼
• 플랫폼을 통한 사용자 그룹 (거대회원수)
• 브랜드네임/캐릭터</td><td>• 모바일 앱(마켓)
• 웹(PC)</td></tr>
</table>

<table>
<tr><th>비용구조(C$)</th><th>가치창출(V$)</th><th>수익원(R$)</th></tr>
<tr><td>• 데이터 센터 유지 관리(하루 메시지 건수 26억건)
• 광고비
• 인건비</td><td>• 모바일 서비스 플랫폼 제공 – 서드파티 개발환경 제공, 파트너 업체들과 공유수익모델
• 컨텐츠 통합을 통한 컨텐츠 보급과 확산</td><td>• 기본 사용자 무료
• 판매수수료
• (기프티콘, 플러스 친구, 유료 이모티콘, 카카오게임,카카오페이지)
• 광고</td></tr>
</table>

출처 : 박철호(2023), 관광창업론, p237

■명함관리 서비스 '리멤버'의 비즈니스 모델 캔버스 예시

<table>
<tr><td rowspan="3">핵심파트너
• 서버 하드웨어 제조업체
• 정보 보안관리업체
• 명함 수거 및 전달 물류업체
• 애플리케이션 광고를 원하는 기업</td><td>핵심활동
• 모바일 애플리케이션 개발
• 실시간 명함 관리 서비스
• 애플리케이션 홍보</td><td rowspan="3">가치제안
• 명함 보관 편리성
• 명함 내용 정확성
• 정보보안 안전성
• 저렴한 가격</td><td>고객관계
• 자동화 서비스 및 무료 사용
• 대량명함 관리 서비스 유치를 위한 이벤트(회식비 지원)</td><td rowspan="3">고객세그먼트
• 명함을 많이 주고받는 사람(직장인, 사업가 등)
• 명함관리를 잘 못하는 사람</td></tr>
<tr><td rowspan="2">핵심자원
• 모바일 애플리케이션 디자이너
• 타이피스트
• 운영자</td><td rowspan="2">유통채널
• 애플리케이션 마켓
• 애플리케이션 '리멤버 '</td></tr>
<tr></tr>
</table>

<table>
<tr><td>비용구조
• 모바일 애플리케이션 홍보(마케팅) 비용
• 애플리케이션 관리 비용
• 개발비
• 인건비</td><td>수익원
• 모바일 애플리케이션 광고 수수료
• 대량 명함관리 서비스 수수료</td></tr>
</table>

출처 : 박철호(2023), 관광창업론, p237

제11장

비즈니스 모델의 이해 Ⅱ

11

제11장

비즈니스 모델의 이해 Ⅱ

학습성과

1. 린 스타트업과 캔버스에 대해 설명할 수 있다.
2. 사업 타당성 및 환경분석에 대해 설명할 수 있다.
3. 사업계획서 작성 방법에 대해 설명할 수 있다.

린 캔버스는 기존의 비즈니스 모델 캔버스를 변형하여 빠르게 변화하는 창업기업에 적합한 비즈니스 모델링 도구이며, 빠르고 간결한 결과를 도출 한다. 린 캔버스와 더불어 사업 타당성과 환경분석에 대한 내용을 학습하고, 사업계획서 작성 방법을 알아보아 효율적인 경영전략을 세울 수 있게 한다.

1. 린 스타트업과 캐버스

1) 린 스타트업

린 스타트업의 핵심은 낭비를 최소화하는 것이며, 린 경영의 기본 개념을 적용한 린 스타트업 프로세스는 고객개발 방법론과 유사하다. 창업 기업은 인적 · 물적 자원이 부족하기 때문에 시장에 대한 가정을 빠르게 테스트하고 검증하기 위해 빠르게 프로토타입을 만들어야 한다. 고객개발을 통해 고객 접촉 빈도를 높이고 낭비를 줄이며, 시장에 대한 잘못된 가정을 최대한 빨리 검증하고 보완해야 한다.

린 스타트업의 프로세스는 아이디어 발굴을 통해 최소요건 제품(MVP)을 신속하게 개발하고, 이 제품 또는 서비스를 통해 시장에서의 반응을 측정한다. 이후 고객들의 평가 결과를 통해 제품을 반복적으로 보완하거나 사업의 방향을 조기에 조정함으로써 실패의 부담을 낮출 수 있다. 따라서 린 스타트업은 빠른 실험과 피드백을 통해 지속적인 개선과 조정을 통해 성공 가능성을 높이는 장점을 가지고 있다.

린 스타트업의 핵심 원칙은 다음과 같이 설명할 수 있다.

린스타트업의 핵심 원칙

린 스타트업의 특징은 소기업이나 대기업, 분야, 장소를 막론하고 모든 조직에 린 스타트업 방식을 적용할 수 있다는 것이다. 극심한 불확실성 속 새로운 제품이나 서비스를 만들었다면 모두 스타트업이라고 할 수 있다. 스타트업은 아이디어와 제품만으로는 성공할 수 없다. 예측하기 어려운 불확실성 속에서 스타트업이 살아남으려면 새로운 방식의 관리가 필요하다. 스타트업은 단순히 돈을 벌기 위해 존재하는 것이 아니다. 지속 가능한 사업을 어떻게 만들지 학습하기 위해 존재하는 것이기 때문이다. 스타트업의 핵심은 만들고 측정하고 배운다의 과정으로 요약이 가능하다. 아이디어를 제품으로 만들고, 고객의 반응을 측정한 후 측정 결과를 다음 제품에 반영하는 학습이 스타트업의 핵심이다.

또한, 일반적인 회계는 스타트업에게 적합하지 않다. 불확실성 속에서 성과를 측정하고, 마일스톤을 세팅하고, 일의 우선순위를 정하기 위해서 새로운 회계 방법이 필요하다.

린 스타트업 접근 방식의 원칙은 특정 원칙과 프로세스를 과학적으로 사용하여 제품에 상당한 자금을 투자하기 전에 고객을 위해 해결하려는 문제를 정확하게 파악함으로써 이 문제를 해결하려고 시도한다. 이러한 방식은 린 스타트업의 핵심 원칙 중 하나이다.

2) 린 캔버스

린 캔버스는 기존의 비즈니스 모델 캔버스를 변형하여 빠르게 변화하는 창업기업에 적합한 비즈니스 모델링 도구이다.

린 캔버스는 빠르고 간결하며, 창업가와 창업기업을 대상으로 하며, 고객 세분화가 중시되지 않는다. 린 캔버스는 문제점에서 시작하여 문제해결 방안을 제시하고, 이를 통해 신제품과 새로운 서비스를 개발하는 것에 중점을 둔다. 또한, 린 캔버스는 문제를 해결하기 위한 채널, 비용 구조, 수익 순으로 시작하여 창업가가 순차적으로 발전할 수 있도록 문제해결 중심적 접근이 이루어진다.

린 캔버스 모델은 기업가와 창업가들이 사업 아이디어를 개발하고 검증하기 위한 도구로 사용되는 비즈니스 모델 캔버스의 간소화된 버전으로, 아이디어를 간결하게 정리하여 핵심 비즈니스 개념을 시각적으로 표현하는 데 도움이 된다. 린 캔버스는 기존의 비즈니스 모델 캔버스에서 개선되었으며, 특히 초기 창업 단계에서 미비한 부분을 보완할 수 있다.

■린 캔버스 양식

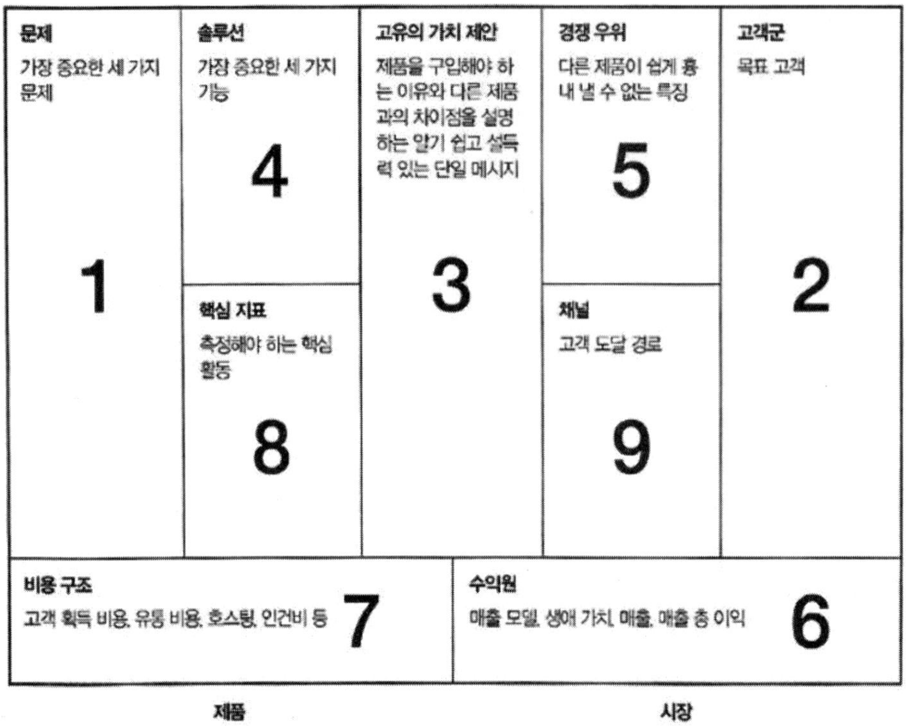

출처: 박철호(2023), 관광창업론, p239

린 캔버스의 세부 요소는 아래의 9가지 요소로 구성되어 있다.

(1) 문제(Problem)

고객이 가지고 있는 문제를 작성해야 한다. 보통 2가지에서 3가지를 작성하며 이러한 문제는 창업가가 해결해야 하는 문제와 동일하다. 여러 가지의 문제를 작성해보고 본질적인 문제해결이 아닌 것들을 소거해 가며 핵심적인 문제들만 남겨놓는다. 고객이 가진 문제나 불편함은 창업에서 중요한 기회요인이 된다. 고객들은 이러한 문제나 불편함을 해결하기위해 돈을 지불하기 때문이다. 따라서 '문제'의 정의는 매우 중요하며, 이를 통해 어떤 문제를 해결하고자 하는지를 명확하게 이해할 수 있다.

(2) 고객군(Customer Segments)

고객군 혹은 고객 세그먼트라 하며, 제품이나 서비스의 주요 고객, 목표고객 집단을 명시한다. 제품 개발 초기에는 고객군의 세분화가 매우 중요하다. 누구나 사용할 수 있는 제품이 아닌 세분화된 고객군을 설정하여 핀포인트로 집중해야한다. 따라서, 이 고객군의 프로필은 상세히 작성해야 한다. 성별, 나이, 직업, 소득, 거주지, 취미 등 아주 디테일한 정보들로 작성해서 분석해보는 것이 매우 중요하다.

(3) 가치 제안(Unique Value Proposition)

고유의 가치를 제안해야 한다. 제품을 구입해야 하는 이유와 다른 제품과의 차이점을 설명하여 제품을 사고 싶게 만들어야 한다. 또한, 제품이나 서비스가 고객의 문제를 어떻게 해결하고, 어떤 가치를 제공하는지를 알기 쉽고 설득력 있는 단일 메시지로 설명해야 한다. 우리의 제품이 다른 제품과 다르게 고객에게 제공할 수 있는 혜택에 대해 한 번에 쉽게 설명할 수 있는 메시지여야 한다.

(4) 솔루션(Solution)

문제를 해결하기 위한 주요 솔루션 또는 제품 기능을 세가지 정도 명시해야 한다. 앞서 작성한 3가지 문제의 해결책에 대한 방법을 작성하면 된다. 고객 문제는 창업자 자신의 경험이나 생각을 바탕으로 작성하는 경우가 많은데, 검증되지 않은 문제를 두고 솔루션을 작성할 경우 오류가 발생할 수 있다. 고객이 겪고 있는 실질적인 문제의 해결책을 제시해야 할 것이다. 이것이 중요한 이유는 문제에 따라서 해결방안의 차이가 매우 크게 나타나기 때문이다.

(5) 경쟁우위(Unfair Advantage)

비즈니스가 경쟁사에 비해 가지고 있는 독특한 경쟁 우위를 명시해야 한다. 경쟁사가 흉내낼 수 없는 고유한 특성을 제품이나 사업에 부여하는 것이 중요하다. 이러한 것은 사업자의 능력이 될 수도, 특허와 같은 지식재산권의 우위, 팀원들의 우수한 능력, 우리의 제품만이 가지고 있는 특장점 등이 될 수 있다. 경쟁우위를 가져가는 것은 사업체가 성장할 수 있는 중요한 요소이며, 사업이 지속되었을 때 사업체를 보호하고 유지할 수 있는 가장 강력한 자산이 되어준다. 하지만 경쟁우위는 지속되기 어렵기 때문에 지속적인 개발이 필요하다. 자신이 운영하는 사업이나 제품이 성공적인 결과를 나타낼 때 이를 모방하는 경쟁자들이 나타나게 될 것이다. 지속적인 모델연구를 통해 경쟁우위를 계속해서 가져가는 것이 중요하다.

(6) 수익 흐름(Revenue Streams)

비즈니스가 수익을 창출하는 주요 방법을 명시하는 것이다. 매출 모델, 생애 가치, 매출, 매출 총이익 등이 이에 해당한다. 어떤 방식으로 수익을 창출할 것인지 작성하고 매출모델에 대한 고민이 필요하다. 가장 중요한 부분은 제품의 가격정책과 지불의 방식일 것이다.

(7) 비용 구조(Cost Structure)

비즈니스 운영에 필요한 주요 비용 요소를 명시한다. 비용의 경우 고정비와 변동비로 나누어 작성하며, 물류비, 인건비, 부품비 등 소요되는 비용들을 하나씩 정리하여 작성하여야 한다. 수익의 흐름과 비용구조가 정립되면 사업을 운영하며 생기는 손실과 이익을 도출 할 수 있다. 이를 통해 자금의 사용 계획을 작성할 수 있고, 낭비되는 자원을 파악하여 이를 감소시킬 수 있는 중요한 자료가 되어준다.

(8) 핵심지표(Key Metrics)

비즈니스 성공을 측정하는 데 사용되는 주요 지표들을 명시한다. 업체별로 중요한 지표는 매우 다양하다. 방문자, 주문율, 재주문율, 광고클릭수, 온라인 언급의 정도, 체류 시간 등의 지표를 고민해볼 수 있다. 핵심지표를 설정하여 어떠한 항목을 성과로 설정할지 고민하는 것은 매우 중요한 의사결정 과정이다. 이러한 과정이 원활하게 운영될 때 사업은 비로소 성장할 수 있다.

(9) 채널(Channels)

제품이나 서비스를 고객에게 전달하는 주요 경로를 명시한다. 고객과의 접촉이 발생할 수 있는 모든 경로를 작성하는 것이 좋다. 제품에 대한 노출을 어떻게 해야 할지 고민해야 한다. 최근에는 전통적인 방식의 전단지나 언론광고 등의 경로뿐만 아니라 온라인상의 무수한 경로를 통해 제품을 노출 시킬 수 있다. SNS, 유튜브, 블로그 등 아주 다양한 경로가 존재한다. 제품과 알맞은 방식의 노출 경로를 충분히 검증하여 효율적인 채널을 찾는 것을 목표로 해야 한다.

린 캔버스는 각 항목이 서로 연결되고 종속되어 있으며, 이를 통해 전체 비즈니스 모델을 통합적으로 이해할 수 있다. 이 도구를 사용하면 창업자들은 아이디어를 빠르게 시각화하고 조정하며, 초기 단계에서 중요한 비즈니스 의사 결정을 내릴 수 있을 것이다.

린 캔버스와 비즈니스 모델 캔버스의 차이점은 아래와 같다.

첫째, 적용 대상에 차이가 있다. 비즈니스 모델 캔버스는 창업 초기의 기업과 어느 정도 규모가 있는 중소기업 이상의 기업에서 비즈니스 모델을 개발할 때 사용될 수 있다. 반면 린 캔버스는 오직 창업가만을 위한 모델링 도구라는 점이다.

둘째, 구성요소에서 차이가 있다. 린 캔버스에는 문제, 해결책, 핵심지표, 일방적 경쟁우의의 4가지 새로운 요소가 제시되고 있다.

셋째, 접근방식에서 차이가 있다. 비즈니스 모델 캔버스는 고객 세분화, 가치제안, 채널, 고객 관계를 중시하면서 목표 고객에게 제공할 차별화된 가치제안을 파악하는데 중덤을 둔다. 그런 다음 가치제안을 어떻게 실현하여 수익을 창출할지를 검토한다. 반면 린 캔버스는 문제점 파악과 해결방안을 통한 신제품과 새로운 서비스 개발에 중점을 둔다. 해결방안을 통해 신제품과 서비스의 방안이 도출되면 그 다음에 어떤 고객에게 신제품과 서비스를 제공할 것인지를 파악해 나간다.

넷째, 경쟁우위의 관점에서 차이가 있다. 비즈니스 모델 캔버스는 가격, 비용 등의 가치제안에 집중한 반면, 린 캔버스는 일방적 경쟁우위를 선점하기 위해 필요한 구조 형성에 중점을 둔다.

다섯째, 핵심지표에 차이가 있다. 비즈니스 모델 캔버스는 가치제안을 제공하기 위해 필요한 핵심자원과 핵심활동을 파악하는 등 주로 기능과 자원에 중점을 두는 반면, 린 캔버스는 신제품과 새로운 서비스의 성과를 정량적으로 파악할 수 있는 성과지표(확보 고객 수, 유료전환 가입자 수, 추천 수 등)에 보다 중점을 두는 목표 지향적인 관점에서 차이가 있다.

■비즈니스 모델 캔버스와 린 캔버스의 차이

구분	비즈니스 모델 캔버스	린 캔버스
대상	창업기업과 기존 기업	오직 창업기업
중점	고객, 투자가, 창업가, 컨설턴트, 조언자	오직 창업가
고객들	고객 세분화, 채널, 고객관계 중시	창업기업은 고객이 누구고 무엇을 팔지를 테스트하지 않아 고객세분화가 중요하지 않음
접근방식	사업의 예상 수익원과 재무적 원천을 기본 전제하에 시작	문제점에서 시작, 문제해결방안 제안, 문제를 해결하기 위한 채널, 비용구조와 예상 수익 순으로 시작
경쟁관계	목표시장에서 영리하게 살아남기 위해서 양적 · 질적 조건(가격, 비용 등)적 가치 제안	사업이 여분의 시장에서 일방적 우위를 가지고 더 기반을 다지기 위한 방법으로 활용
적용	자연스러운 이해, 창의성, 논의, 구조적 분석으로 분위기 조성	창업가가 순차적으로 발전할 수 있도록 문제 해결 중심적 접근

출처 : 박철호(2023), 관광창업론, p240

2. 사업 타당성 및 환경분석

1) 사업 타당성(정성적 부문) 분석

사업타당성 분석은 새로운 사업이나 프로젝트가 실행 가능하고 효율적인지를 평가하는 프로세스이다. 이를 통해 아이디어나 계획이 실현 가능한지, 비즈니스가 지속 가능한지 등을 파악할 수 있다.

시장조사를 통해 시장의 크기를 확인함으로써 자사 제품이나 서비스에 대한 수요와 경쟁 환경을 이해해야 한다. 시장 규모 파악을 통해 타겟 시장에서의 포지셔닝을 결정하고, 해당 시장에서 어떤 성장 기회가 있는지 파악한다. 경쟁사 및 소비자 요구사항 조사를 통해 제품 또는 서비스의 특징을 더욱 부각시키고 시장에 적합한 전략을 수립한다. 경쟁사의 동향과 소비자의 니즈를 파악하여 제품이나 서비스를 최적화하고, 시장에서 더 많은 주목을 받을 수 있도록 기회를 모색해야 한다. 성장 가능성을 파악하여 장기적인 사업 전망을 고려함으로써 비즈니스의 향후 방향성을 설정하고, 현재 시장의 성장 가능성 및 미래 전망을 고려하여 사업 전략을 수립하고, 장기적인 성과를 위한 비전을 설정해야 한다.

경쟁분석에서는 경쟁사의 제품이나 서비스를 분석하여 차별화할 수 있는 가치를 찾는 것 외에도 경쟁사들의 강점과 약점을 분석하여 자사의 경쟁 우위를 규명해야 한다. 경쟁사들과의 비교를 통해 자사 제품이나 서비스의 특장점을 강조하고, 경쟁에서 선방할 수 있는 전략을 구상한다. 이를 통해 경쟁사들과 비교하여 특장점을 강조하고 경쟁에서 선방할 수 있는 전략을 세우게 된다. 경쟁사들의 강점과 약점을 파악하여 자사의 경쟁 우위를 규명하고, 이를 기반으로 향후 경쟁에서의 전략을 수립해야 한다.

재정적 분석은 초기 투자 비용과 운영 비용을 정확하게 계산하여 사업이 지속 가능한 재정적 토대를 마련한다. 초기 투자와 운영 비용을 철저히 평가하여 사업이 지속 가능한 재정적 토대를 마련하고, 투자 수익을 신중하게 예측해야 한다. 수익 모델과 기대치를 평가함으로써 사업이 향후에도 수익을 창출할 수 있는지를 확인하고, 투자 대비 얼마나 효과적인지를 파악해야 한다. 수익 모델과 기대치를 정확하게 평가하여 투자의 효율성을 확인하고, 사업의 수익성을 예측한다.

기술 및 운영 분석에서는 필요한 기술의 확보와 함께 인력과 운영과정의 효율성을 평가하여 사업이 원활하게 진행될 수 있도록 한다. 필요한 기술을 확보하고 효율적인 인력과 운영과정을 통해 사업의 원활한 진행을 보장한다. 특히, 기술의 변화나 업계의 동향을 주시하며 필요한 변화에 빠르게 대응할 수 있는 능력을 갖추게 된다. 기술적인 트렌드와 동향을 지속적으로 모니터링하고, 필요한 변화에 빠르게 대응하여 기술적 우위를 확보해야 한다.

법적/규제적 측면에서는 관련 법률과 규제에 대한 철저한 검토를 통해 사업이 합법적이며 안전하게 운영될 수 있도록 보장이 되는지 확인해야 한다. 지역 또는 국가의 법률과 규제를 철저히 조사하고, 사업이 합법적이며 안전하게 운영될 수 있도록 해야 한다. 라이선스나 허가 등을 획득하여 법적 문제를 예방하고, 거래 과정에서 법적인 안정성을 확보해야 한다.

리스크 평가는 다양한 리스크를 식별하고 이에 대한 대비책을 마련함으로써 사업이 예측할 수 없는 상황에 대응할 수 있도록 민첩성을 유지해야 한다. 다양한 리스크를 식별하고 그에 대한 대비책을 마련하여 사업이 예측할 수 없는 상황에 대응할 수 있도록 해야 한다.

이러한 분석을 통해 사업의 강점과 약점, 위험 요소를 파악하고, 수정이나 보완하여 사업을 성공적으로 이끌 수 있도록 하는 것이 사업 타당성 분석이다.

■사업타당성 분석 예시 표

구 분	평가요소	세부검토사항	평가			종합
			상	중	하	
창업자 사업능력	창업적합도	사업경험 및 지식정도				
		사업수행능력				
		업종, 적성, 경력, 경영능력 등				
	경영마인드	경영 및 서비스 마인드				
		반드시 성공하겠다는 굳은 의지				
		고객유치(마케팅) 및 판매전략 여부				
		인적자원관리 및 서비스 품질 관리 능력				
		실적 및 회계관리 능력				
상품성	적합성	제조 방법 충분한 습득				
		주력상품의 대중성				
		주력상품 가격의 적절성				
		재료 구입의 편의성 및 보관성				
		주력상품 수명주기의 적절성(도입기, 성장기)				
	독점성	주력상품의 독점성				
		독자적 기술과 노하우의 보유를 통한 차별성				

시장성	시장의 규모	예상되는 고객의 수				
		시장규모				
	경쟁성	경쟁업체의 세력 및 분포				
		경쟁제품 품질과 가격의 비교우위				
		차별화 가능 여부				
	시장의 장래성	잠재고객수의 증가 가능성				
		대기업의 침투 가능성				
		소비자의 성향 및 필요성				
수익성	제품생산 및 판매효율성	생산원가의 판매가격 대비 비율				
		제품 생산의 효율성				
		유통 채널의 다양성				
	적정이윤 보장성	임차료 및 인건비 적정성				
		원가, 인건비, 관리비를 제한 적정이윤				
안정성	위험수준	불황 적응력				
		경쟁업체 출현 시 대처능력				
	자금투입 적정성	초기투자액에 대한 자금조달 범위				
		손익분기점의 수준 및 기간				
		예비비의 보유 여력				
	재고관리	재고관리의 용이성				
		수요의 계절성				
인적자원 조달 및 관리		적절한 수익성을 고려한 인력구성				
		성수기나 바쁜 시간대의 직원 부족 문제				
		비수기나 한가한 시간대의 직원 과다 문제				
		아르바이트나 파트타이머의 활용 문제				
합계						

출처 : 박철호(2023), 관광창업론, p241

2) 환경분석

(1) 거시환경 분석(PEST 분석)

정치적(Political) 요소는 정부가 경제에 간섭하는 정도이다. 특별하게는 세금, 노동법, 무역 제재, 환경법, 관세, 정치적 안정성 등을 포괄한다. 정치적 요소는 정부 차원에서 진흥하거나 제재하고자 하는 재화나 용역의 종류를 포함하기도 한다. 국가적 차원에서 중앙정부가 보건, 교육, 인프라 구축 등에 끼치는 영향을 고려한다.

경제적(Economic) 요소는 경제성장률, 금리, 환율, 인플레이션 정도 등을 포함한다. 이러한 요소는 경제 주체(기업)가 의사결정을 내리는 데 막대한 영향을 끼친다. 일례로 금리는 비용에 영향을 끼치기 때문에 어느 정도에서 기업이 성장하고 확대될 지를 가늠한다. 환율 또한 수출입 및 수입가격에 적잖은 영향을 끼치는 요소이다.

사회적(Social) 요소는 문화적 요소와 보건 인지도, 인구성장률, 연령대 분포, 직업태도, 안전 관련 요소 등이 포함된다. 사회적 요소에 따라서 기업체의 제품과 경영방식이 영향을 받을 수도 있다. 고령인구가 많다면 노동력이 줄고 노동투입비용은 늘어날 것이다. 또한 다양한 경영전략을 세워서 중장년층 채용과 같은 사회적 변화를 반영하게 될 것이다.

기술적(Technological) 요소는 R&D 활동, 자동화, 기술 관련 인센티브, 기술혁신 등을 포함한다. 위 요소는 진입장벽, 최소효용생산수중, 아웃소싱 등에 영향을 미친다. 기술적 요소는 기술 투자와 품질, 비용 및 혁신에도 영향을 끼치는 요소이다.

(2) 3C분석과 4C 분석

3C분석이란 표적시장 선정을 위해 세분시장의 규모와 성장성, 상대적인 경쟁력, 자사와의 적합성 등 세분시장별 매력도를 평가하는 것으로 시장을 세분화한 다음에 기업은 세분화된 시장 내에서 마케팅 전략을 펼칠 시장 즉 표적시장을 선정해야 한다. 이때 기업들은 표적시장 선정을 위하여 세분시장별 매력도를 평가하는데 평가 시 고려해야 할 사항이 바로 고객(customer), 경쟁자(Competitor), 회사(Company)의 3C이다. 4C분석이라고도 하는데 3C에 주로 채널(Channel)을 추가하여 분석하는 것을 말한다.

정확한 마케팅을 하기위해서는 시장을 둘러싼 거시적인 상황에 대한 분석 이외에도 대상제품이나 서비스와 더 직접적으로 영향을 미치는 미시적 환경분석도 중요하며 마케팅 3C분석(4C)이라 불리는 이 분석은 대상 제품을 지금시점에서 시장에 내놓는 것이 매력적인지 아닌지 보다 넓은 관점에서 체크해보는 것이다.

① 회사(Company) : 일반적으로 SWOT 분석을 통해 기업 내 · 외부의 환경과 강점 그리고 약점을 파악한다.

② 고객(Customer) : 목표 고객의 인구통계학적 특징, 시장규모, 시장성장률, 고객 니즈, 구매결정 프로세스 등과 함께 STP 분석도 포함하는 경우도 많다.

③ 경쟁자(Competitor) : 경쟁사 분석의 경우 자료수집의 범위에 따라서 시장분석, 기술력, 브랜드 가치, 포트폴리오, 시장점유율, 재무분석 등이 포함된다.

④ 채널(Channel) : 제품이 고객의 손으로 넘어갈 때까지의 유통경로와 관계되는 것으로서 단순한 물류와 경제적 교환의 과정이 아니라 수요자의 욕구를 생산자에게 전달하거나 수요자가 요구하는 제품의 소재와 내용, 즉 품질이나 가격 등을 수요자에게 주지시키는 커뮤니케이션을 포함한 종합적인 경로를 말한다.

■4C의 구조

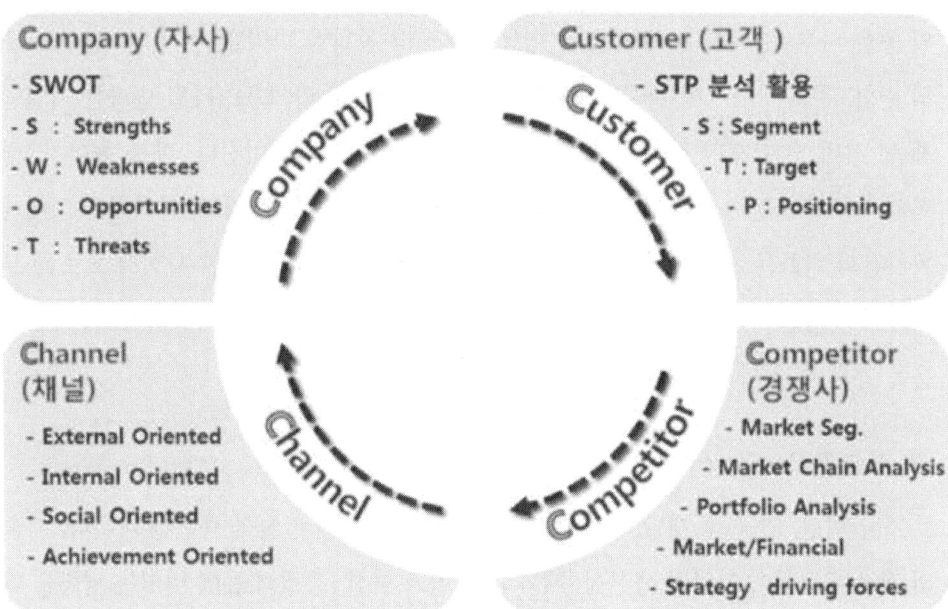

출처 : 박철호(2023), 관광창업론, p243

(3) STEEP 분석

STEEP 분석은 주로 환경 분석 도구로 사용되며, 조직이나 기업이 영향을 받을 수 있는 다양한 환경적 요인들을 이해하고 평가하는 데 도움을 준다. STEEP은 다섯 가지 주요 환경 영역을 나타내며 각각 다양한 영향을 미치는 요소들을 나타낸다. STEEP은 다음과 같이 다섯 가지 영역으로 구성되어 있다.

① **사회** Social

인구 특성과 동향, 사회 문화, 가치관, 라이프스타일 등과 같은 사회적 측면을 포함한다. 인구 구조의 변화, 소비 행동의 변화, 사회적 트렌드 등이 기업에 미치는 영향을 이해하는 데 중요하게 작용한다.

상세히 살펴 보자면 사회적(Social) 요소는 기업이나 조직이 속한 사회의 특성과 동향을 이해하는 데 중요한 영역이다. 이 영역은 인구 특성, 문화, 가치관, 라이프스타일 등을 다루며, 이를 통해 소비자 행동이나 시장 동향을 파악할 수 있다. 인구 구조의 변화, 문화적 특성에 따른 소비 행동의 차이, 그리고 라이프스타일 변화는 기업이 제품, 서비스, 마케팅 전략을 개발하고 조정하는 데 영향을 미친다. 예를 들어, 고령화된 인구 구조는 노인 건강 관련 제품에 대한 수요를 높일 수 있고, 문화적 특성이나 가치관의 변화는 제품 수용과 인식에 영향을 미칠 수 있다. 이러한 사회적 요소를 분석하여 기업은 미래에 나타날 수 있는 변화에 대응하고 경쟁 우위를 확보하는 데 도움을 얻을 수 있다.

② **기술** Technological

기술 혁신, 연구 및 개발, 자동화, 디지털화 등과 같은 기술적 측면을 다룬다. 기술의 진보나 혁신이 기업의 생산성, 제품 및 서비스 혁신, 경쟁력 등에 미치는 영향을 파악할 수 있다. 기술적(Technological) 요소는 STEEP 분석의 중요한 부분으로, 기술의 혁신과 발전이 기업 및 조직에 미치는 영향을 이해하는 데 중점을 두고 있다. 이 영역은 기술의 도입, 연구 및 개발 활동, 자동화, 디지털화 등과 관련이 있다.

기술 혁신은 제품 및 서비스의 혁신을 이끌어내며, 경쟁력을 향상시킬 수 있다. 새로운 기술의 도입은 새로운 비즈니스 모델의 가능성을 열어주며, 특정 산업에서의 기술 혁신은 생산 방식, 공급망 관리, 고객 서비스 등을 크게 변화시킬 수 있다. 연구 및 개발(R&D)은 혁신의 원천으로, 기업이 R&D에 투자하면 새로운 제품이나 서비스를 시장에 내놓을 수 있다. 기술적 우위를 확보하는 것은 경쟁에서 앞서가는 핵심적인 전략이다.

기술적 요소를 분석함으로써 기업은 현재의 기술 동향을 파악하고 미래에 나타날 기술적 변화에 대비할 수 있다. 이는 기업이 새로운 기회를 포착하고 혁신적인 솔루션을 개발하여 시장에서 경쟁력을 유지하거나 강화하는 데 도움이 된다.

③ 경제 Economic

경기 상황, 인플레이션, 환율, 이자율 등과 같은 경제적 측면을 다룬다. 이러한 요소들은 기업의 수익성, 가격 정책, 투자 결정 등에 영향을 준다.

경기 상황은 경제의 성장률, 고용 상태, 소비 수준 등을 나타내며, 기업은 경기 변동에 따라 소비자의 심리와 지출 패턴을 고려하여 전략을 조정해야 한다. 경제적 측면을 살펴보기 위한 다양한 항목이 있지만, 다음의 내용이 대표적인 항목으로 볼 수 있다.

인플레이션은 물가 상승률을 나타내며, 높은 인플레이션은 가격 안정성에 부정적인 영향을 미칠 수 있다. 기업은 물가 상승률을 고려하여 가격 정책을 조정해야 한다. 환율은 국제적으로 활동하는 기업에게 중요한 영향을 미치며, 환율의 변동은 수출 및 수입 가격, 이익률 등에 영향을 미칠 수 있다. 기업은 환율 리스크를 최소화하기 위해 적절한 전략을 마련해야 한다.

이자율은 금리 수준의 변동에 영향을 받으며, 기업은 현재와 미래의 금리 수준을 고려하여 자금 계획을 수립해야 한다. 또한 낮은 이자율은 대출 조건이 우호적이지만, 고 이자율은 금융 비용을 증가시킬 수 있다.

경제적 요소를 분석하여 기업은 경제 환경에서의 변화에 대비하고, 경쟁력을 유지하며 전략을 수립할 수 있다. 이는 기업이 수익성을 최적화하고 지속 가능한 성장을 추구하는 데 도움이 된다.

④ 환경 Environmental

환경 보호, 지속 가능성, 에너지 사용 등과 같은 환경적 측면을 다룬다. 기업이 환경에 대한 책임을 다하고 지속 가능한 비즈니스 모델을 개발하는 데 영향을 미친다. 환경적 측면에 영향을 미치는 요소를 조금 더 상세히 살펴보자면 다음과 같다.

환경 보호는 기업이 생산과 소비의 지속 가능성을 평가하고, 친환경적인 생산 방법과 재활용을 촉진하는 소비 행동을 촉진하여 환경 보호에 기여할 수 있다. 또한, 소비자들의 친환경 제품에 대한 수요를 고려하여 제품 또는 서비스를 개발하는 것이 중요하다.

지속 가능성은 기업이 지속 가능한 비즈니스 모델을 개발하여 환경적, 사회적, 경제적 측면에서의 책임을 다해야 한다. 에너지 효율성을 높이고 탄소 배출을 줄이는 등의 노력이 필요하며, 사회적 책임을 강조하여 지역 사회 및 이해관계자들과 협력하여 사회적 가치를 창출하는 것이 중요하다.

에너지 사용은 에너지 사용의 지속 가능성이 기업의 환경적 책임을 나타낸다. 신재생 에너지의 채택이나 에너지 효율성을 향상시키는 노력이 필요하며, 탄소 중립을 위한 목표를 세워 탄소 배출을 최소화하는 것이 환경적으로 영향을 최소화하는 데 도움이 된다.

환경적 요소를 고려하면 기업은 지속 가능한 비즈니스 모델을 구축하고 환경적 영향을 최소화하는 데 기여할 수 있다. 이는 소비자들과 이해관계자들로부터 긍정적 평가를 받고 환경적 책임을 다하는 데 도움이 된다.

⑤ 정치 Political

법과 제도, 정부 정책, 정치적 안정성 등과 같은 정치적 측면을 다룬다. 정치적 변동이나 정책 변화는 기업의 운영과 전략에 큰 영향을 미칠 수 있다. 정치적(Political) 요소는 기업이나 조직이 활동하는 지역 또는 국가의 정치적 환경에 영향을 받는 다양한 측면을 이해하는 데 중점을 둔다. 이 영역은 정부 정책, 법규, 정치적 안정성 등과 관련이 있다.

정부 정책과 규제는 각 산업에 대한 규제와 세제 정책 등을 의미하며, 이는 기업의 운영에 직접적인 영향을 미친다. 정부의 규제 변화는 환경 규제, 안전 규제 등을 포함할 수 있다.

정치적 안정성은 기업의 운영에 영향을 미칠 수 있는 중요한 요소이다. 특히 정치적인 불안정성이 높은 지역에서는 투자 리스크가 증가할 수 있다.

정치적 변화와 세계 사건은 선거 결과나 정부 변경이 기업의 전략 및 운영에 영향을 미칠 수 있는데, 이는 기업이 민감하게 대응해야 하는 중요한 사안이다. 또한, 국제 정치적인 긴장과 갈등은 국제적으로 활동하는 기업에게 중요한 영향을 미칠 수 있다.

이해관계자와의 관계는 정부와의 협력을 강조하며, 기업은 정부와의 원활한 소통을 통해 긍정적인 이미지를 구축하고 비즈니스 활동을 원활하게 수행할 수 있다.

정치적 요소를 분석하여 기업은 정부의 정책 변화에 대비하고, 정치적 안정성을 고려하여 투자 및 활동을 계획할 수 있다. 또한, 이러한 분석은 국제적인 환경에서의 경쟁력을 평가하는 데 도움이 된다.

■STEEP 분석 및 관광 산업에의 영향

1 STEEP 분석 및 관광 산업에의 영향

STEEP분석 결과 다음과 같은 사회 현상 변화가 나타났으며, 이에 따라 파생된 관광 행태 변화를 분석함

- 사회 환경 측면에서는 인구 구조 변화, 개인주의 가치관, 소비의 효율성을 추구하는 체리슈머, 소비 양극화 등이 주된 변화로 나타났으며, 이에 따른 관광 행태 변화로는 시니어 관광 활성화, 나홀로 여행객 증가, 비즈니스/워케이션 증가, 맞춤형 관광 및 취미여행, 관광소비 양극화 등이 분석됨
- 그 밖의 차원에서도 기술, 경제, 환경, 정치 측면에서 각각 주요 변화가 포착되었고 그 영향을 받은 관광 행태 변화는 다음과 같이 나타남

STEEP 구분	사회 현상	세부 사회 현상	관광에 미치는 영향
Social (사회)	• 인구 구조의 변화	초고령화 사회, 경제인력 감소, 1인 가구 증가	• 시니어 관광 활성화, 나홀로 여행객 증가
	• 개인주의적 가치관	워라밸, 조직보다 개인 중시, 오피스 빅뱅, 조용한 사직, 일자리 다변화	• 비즈니스 관광객, 워케이션 증가
	• 체리슈머	가치소비 지향	• 맞춤형 관광, 취미여행
	• 소비 양극화	최저가, 최고가	• 관광소비 양극화, 프리미엄 관광, 가성비 관광
Technological (기술)	• 인공지능	생성형 AI, 맞춤형 서비스	• 기술 활용 관광마케팅 (AI 기반 여행 플래너)
	• SNS	SNS 숏폼 플랫폼, 라이브커머스	• 관광 라이브커머스, SNS를 활용한 관광지 탐색
Economical (경제)	• 3고(高)	고물가, 고금리, 고환율, 저성장	• 여행 경비 상승, 관광수지 적자
Environmental (환경)	• 그린컨슈머	친환경, ESG	• 지속가능 관광, 웰니스 관광
Political (정치)	• 보호무역주의	미중 기술패권 전쟁, 글로벌 정세 불안	• 근거리 관광
	• 국제 분쟁 및 전쟁	러우전쟁 장기화, 이스라엘과 하마스 충돌	

한국관광공사 11

출처 : 한국관광공사, 2024년 관광트렌드 전망 및 분석 보고서-통합 보고서-

3. 사업계획서 작성 방법

사업이란 특정 목적을 가지고 지속되는 활동으로 수많은 불확실성과 변화에 효율적으로 대응하는 것을 의미한다.

■사업진행의 4단계 프로세스

계획수립 (Planning) ⇨ 설계 (Designing) ⇨ 운영 (Operating) ⇨ 통제 (Controlling)

출처 : 박철호(2023), 관광창업론, p244

1) 사업계획서

사업계획서는 향후 시작하고자 하는 사업에 대한 전반적인 계획을 작성한 문서이다. 이는 회사의 목표를 수립하고, 향후 특정 기간 동안 목표를 달성하기 위해 사용할 수단을 설명하며, 이익 실현을 위해 기업의 투자원을 효율적으로 활용하기 위한 경영전략을 체계적으로 문서화한다.

사업계획서는 내부적인 용도와 외부적인 용도로 사용된다. 내부적으로는 자기점검 기능과 회사 행동지침을 제공하는 역할을 하며, 외부적으로는 인 · 허가 업무 담당 기관의 이해관계자들이 회사의 목적과 실체, 사회적 기여도를 판단할 수 있도록 지침을 제공한다.

2) 사업계획서의 유형과 용도

사업계획서의 유형은 분량 기준과 작성방식 기준에 따라 구분된다. 분량 기준으로는 요약사업계획서, 사업계획서, 운영사업계획서가 있으며, 작성방식 기준으로는 보고서용과 프리젠테이션용으로 구별된다.

3) 사업계획서의 주제

사업계획서를 제작하기 전에는 제품, 시장, 마케팅, 운영, 주체, 예측, 회수의 단계를 포함시켜야 한다. 이는 사업의 대상물을 선정하고, 그 대상에게 어떻게 판매할지, 판매에 대한 운영에서 어떤 운영방법을 사용할지 등을 결정하는 데 도움이 된다.

사업계획서 내용은 사업의 목적, 독자의 성격에 따라 강조하거나 불필요한 내용을 구분하는 것 역시 중요하다.

■제출대상에 따른 전략적 구성

제출대상	강조내용	불필요한 강조내용
벤처투자자	급속한 성장 대규모 잠재시장 존재 제품 및 경영진의 우수성	자산
전략적 파트너	시너지 효과 특허 내용	판매 능력 자산
인수합병의 상대 기업	과거 실적	미래 전망
은행	현금흐름 자산(대차대조표) 안정된 성장	급속한 성장 과열된 시장
주고객	안정성 서비스	급속한 성장 과열된 시장
중요 조직원	개인의 장래 보장 기회	기술

출처 : 박철호(2023), 관광창업론, p247

4) 사업계획서의 구성

사업계획서의 구성은 보통 표지, 총괄요약문, 회사 개요, 제품, 시장 분석, 경쟁자 분석, 마케팅 계획, 운영활동, 경영팀, 재무정보, 보완 첨부서류 등으로 나뉜다. 이러한 구성은 계획서의 종류나 용도에 따라 수정 및 보완이 가능하다.

■사업계획서의 구성

구성항목	내 용
편지/표지	투자(대출) 요청편지, 기밀유지 요청서류, 표지(회사명, 사업명, 회사로고, 주소, 전화번호, 팩스, 전자우편, 날짜 등)
총괄요약문	매우 짧은 간결한 사업계획서
회사(사업) 개요	회사소개(법적 형태, 주요 경영자, 과거역사, 현재 상태, 미래계획, 사업장 위치 등) 미션/비전 중요 기업활동 일정표
제품	제품 설명 제품 특성(경쟁사 제품과 차이점, 비교우위 등) 제품 연구개발 활동 제품 생산 및 보증수리 활동
시장분석	산업분석(규모, 성장추세, 진입장벽, 정부규제) 목표시장분석(목표시장이해, 소비자/경쟁자인식, 방어전략) 시장조사
경쟁자분석	경쟁자 프로파일 경쟁사와 강점/약점 비교 진입장벽 시장점유율 미래 잠재경쟁자 경쟁자 정보원천
마케팅계획	마케팅활동(가격결정, 시장포지셔닝, 사업장 위치 선정) 판매촉진활동(판매방법, 판매원관리, 촉진활동)
운영활동	개발활동, 생산활동(자체생산/구매, 사업장 위치, 노동력, 품질경영, 재고관리, 서비스, 보험)
경 영 팀	주요 경영진, 이사회, 자문가 집단, 컨설턴트
재무정보	재무제표 재무정보 예측시 사용한 가정 재무분석(손익분기분석과 재무비율) 소유구조 현황 및 투자요청내역 투자상환(회수) 방법
보완첨부서류	주요 경영자 및 경영진의 이력서 제품사진 특허 사본 및 법적 제서류 중요 계약서 사본 기타 관련서류

5) 사업계획서 작성방법

사업계획서 작성방법은 총괄 요약문, 회사현황 및 사업개요, 제품, 시장분석, 경쟁분석, 마케팅 계획, 운영활동, 경영팀, 재무정보에 대한 정보를 상세히 작성하도록 한다. 이는 사업계획서를 통해 사업의 목적과 방향성을 명확히 이해할 수 있도록 돕는 역할을 한다. 항목별 작성방법은 다음과 같다.

(1) 총괄 요약문

총괄 요약문은 사업계획서의 간략한 버전으로, 독립적인 작은 사업계획서이다. 이를 통해 투자자가 사업 내용을 이해하고, 전체 내용을 더 잘 파악할 수 있도록 유인해야 한다. 이 요약문은 2~3페이지 안에 담겨야 하며, 전체 내용을 요약한 것이 아니라 사업의 내용을 간략하게 소개하는 것이다. 총괄 요약문 초안은 사업계획서를 작성하기 전에 작성되며, 사업 계획서 작성 시 지침을 제공한다. 이후 사업 계획서를 작성하고, 이를 기반으로 총괄 요약문을 수정해 나가야 한다.

■총괄요약문의 구성항목과 핵심사항

구성항목	핵심사항
사업개념과 시장기회	성공하기 위한 회사 전략의 개요
제품(서비스) 설명	독창성의 관점에서 접근
시장	명확하고 구체적으로 정의할 수 있는 시장 제시 시장에서 성공하기 위한 당신의 핵심역량 (경쟁자분석 후 비교우위의 관점에서 기술)
경영팀	경영팀의 자질에 대한 간략한 기술 (경쟁자분석 후 비교우위의 관점에서 기술)
재무요구사항	주요 과거재무자료, 향후 예측재무자료 캡슐 요약 (예. 향후 5년간의 연간 수입 및 순이익 표) 투자요청 내역 요약 및 투자회수 방법

출처 : 박철호(2023), 관광창업론, p248

(2) 회사현황 및 사업개요

회사의 현황과 개요에는 회사의 비전과 연혁을 제시하여 당사의 미션과 사업 본질을 이해시키는 역할을 한다. 미션(Mission)은 두 문장 이내로 설정하는 것이 좋고 미션문장은 사업목적과 목표시장과의 조화를 이루어야 한다. 회사 연혁은 회사의 설립부터 현재까지의 주요활동을 표 하나로 간략하게 정리하며 강조할 수 있도록 연속적으로 제공한다.

(3) 경영팀

경영팀은 기업의 자본 형성을 위한 투자유치, 사업의 진행 방향성 제시 등 다양한 형태의 기업운영을 진행하는 운영진으로서 의무, 기업 공헌도를 판단하여 구성해야 한다. 판단을 위한 평가항목은 다음과 같다.

① 주요 경영 기능분야별 책임자를 명확하게 설명해야 한다.
　→ 마케팅, 판매, 생산 및 품질경영, 연구개발 등의 설명이 필요하다.
② 경영팀 중요사항은 본문에 포함하고, 상세한 내용은 이력서로 첨부해야 한다.
③ 현재의 경력부터 연대순으로 설명하라.
④ 중요 부분의 경영자가 결원일 경우 필요한 기술과 경험을 구체적으로 설명하라.
　→ 대기업 00출신 임원의 참여 예정 등 구체화되지 않은 사항은 피해야 한다.
⑤ 당신이 사업경험이 없거나 현재 사업과 무관한 사업 경험이 있다면 사업계획서에 당신의 능력을 부각시키기에 세심한 노력을 기울여야 한다.
⑥ 이사회 구성원의 참여 적극성과 이사회 통한 의사결정체계의 강조를 통하여 의사결정의 신뢰성을 강조하라.
⑦ 이사회의 이사를 선임할 때 기존 경영진을 보완할 수 있는 사람으로 구성하라. 예를 들어 기술자로만 경영진이 구성된 경우 경영분야(마케팅, 재부 등) 전문가로 이사 선임하라.
⑧ 이사회를 구성할 때 편의성 때문에 가까운 친구들로 구성하는 우를 범하지 말아야 한다. 먼저 당신 회사가 무엇을 필요로 하는지 그 목록을 먼저 작성한 후 적합한 친구가 있으면 선임하라.

⑨ 아직 이사회나 자문가 집단을 선임하지 못하였다면 이 부분에 앞으로 어떠한 경험과 자질을 가진 사람을 이사로 선임할 것인지 그 계획을 기술하라.

▶ 경영팀 구성 시 주의점
- 중요 직위에 지인이나 친지 채용
- 타 사업군에서 성공한 경험으로 인한 자만
- 1인 사업의 경우 투자자확보에 차질. 경험이 많은 투자자의 경우 1인사업 성공적인 운영에 어려움이 있을 것을 우려, 투자에 확신을 가지기 어려움
- 경영팀 구성원의 동일한 배경
- 지분이 전혀 없는 최고경영층의 유치
- 사업자문을 위한 전담 자문단구성에 실패

(4) 상품의 특성

기업은 상품 제공으로 수익을 얻는데 주력한다. 사업계획서에선 상품을 상세히 기술하는 것이 매우중요하다. 고객 요구와 만족을 고려해 상품의 장점, 차별성, 서비스 과정 등을 명시해야 한다. 새로운 상품의 특장점을 강조하고, 경쟁 우위를 설명하는 것이 핵심이다. 관광 상품의 경우 모방이 쉬워 경쟁이 치열하므로 이를 대비할 전략 역시 제시해야 한다.

▶ 상품 특성 작성 시 주의점
- 상품의 특성을 설명하는데 너무 치중하여 제품의 효익에 대한 설명 미흡
- 상품을 설명하는 것에 있어 과도하게 전문적이고 기술적 용어 사용
- 기존 상품보다 향상된 상품이 무조건 성공할 것이라는 가정
- 상품에 대해 광범위하고 추상적으로 설명
- 향후 미래전략이나 특성상황에 대한 대응전략의 미흡으로 미래 경쟁에 대비하지 못하고 방치하는 듯한 설명은 지양

- 자신의 상품에 대한 제 3자의 평가 및 분석내용 누락
- 상품의 법률적 보호에 대한 과소평가
- 상품이 지닌 중요한 문제 제시와 해당하는 문제에 대한 해결점 누락

(5) 목표시장

목표시장 분석은 고객을 일반화하기보다는 구체적으로 설명하고, 지역과 시장의 성장 영향을 파악해야 한다. 시장분석을 위한 자료 출처를 인용하고, 예상 수요와 데이터를 제시해야 한다. 언론과 보고서 등을 활용하여 목표시장을 더 세밀하게 파악하고, 해당 시장의 고객욕구를 충족시키는 방안을 마련해야 한다.

▶ 목표시장 분석내용

- 목표시장의 고객정의
  - ► 포괄적인 목표시장정의를 지양하고 명확하고 구체적인 목표시장을 정의하라
- 고객의 시장규모
  - ► 산업통계자료, 경쟁사 예측자료, 시장조사자료 등의 자료를 제시하라
  - ► 시장의 범위를 선정하고 시장의 규모가 클 경우 틈새시장을 파악하라
- 목표시장의 세분화 내용 파악
  - ► 제품 가격대 범위와 고객 분포와의 관계를 철저하게 분석하라
- 목표시장의 예상 변화
  - ► 시장의 추세를 파악하라
  - ► 향후 수년간 예상되는 목표시장의 성장률을 분석하라
  - ► 목표로 하고있는 시장구조의 예상변화를 파악하여 대비하라
  - ► 현재, 미래에 이루어질 상품에 대한 고객의 기호 변화에 대비하라

- 시장 세분화의 기준
  - ► 인구통계학적 특성 – 나이/성별/소득/직업/교육/계층/수입 등
  - ► 지정학적 특성 – 국가/기후/시, 도/인구밀도/인구규모/지역 등
  - ► 심리적 특성 – 사회계층/라이프스타일/성격/이념/문화 등
  - ► 소비 행태 특성 – 사용비율/사용빈도/구매빈도/사용방법
  - ► 이상 네 가지 특성을 조합하여 목표시장 프로파일 구성

▶ 목표시장분석 작성 시 주의점
- 자신의 상품을 모든 고객이 소비할 것이라는 잘못된 판단 주의
- 목표로 하는 고객특성을 정확히 정의
- 고객이 왜 자신의 상품을 필요로 하지 않는지에 대한 분석에 앞서 상품이 목표시장 고객의 욕구를 어떻게 충족시킬 것인지에 대한 고민이 우선
- 특정상품을 특정집단에 판매하는 포커스시장가치를 과소평가하지 말 것
- 다양한 시장을 폭넓게 공략하려는 전략은 지양

(6) 운영 계획

운영계획은 제품 준비와 인력 배치 등의 과정을 포함해야 한다. 관광산업에서는 전문인력, 합리적 시장분석, 상품분배 능력이 중요하며, 고객 만족은 실시간 경험과 예약 시스템의 편리성에 영향을 받는다. 내부 고객 관리가 중요하며, 이를 통해 최종 고객에게 만족스러운 경험을 제공할 수 있어야 한다.

(7) 재무정보

재무정보는 고정자산, 자금 조달, 현금흐름표 등을 포함해야 한다. 또한, 신뢰성 있는 정보로 사업의 성장을 설명하고 향후 성장 경로를 제시해야 한다. 예측된 성장률과 투자자 이익에 대한 근거를 제공하는 것이 중요하다. 현실적이고 신뢰성 있는 정보를 제시하지 않으면 사업의 신뢰도가 떨어질 수 있으니 전문가의 검토가 필요하다.

▶ 재무정보 작성 시 주의점

- 손익계산서, 대차대조표, 현금흐름표와 같은 주요 재무제표의 과거 및 예측자료를 누락하지 말 것
- 현실성 없는 매출액과 수익예측자료 주의
- 예측자료를 계산하고 작성할 시 사용한 재무가정 누락하지 말 것
- 일반적으로 통용되는 재무제표 양식을 사용할 것
- 비용의 과소평가나 예비비항목 누락하지 않을 것
- 충분한 자본금 혹은 투자규모를 확보할 것
- 과도한 급여수준 혹은 임차료 주의할 것
- 투자 진행 시 투자소요규모에 적합한 지분을 제공할 것
- 예측하지 못한 상황에 대한 인식과 대응책 마련
- 전문가의 검토를 통한 재무제표 작성

사업계획서 작성 TIP은 다음과 같다.

■사업계획서 체크리스트

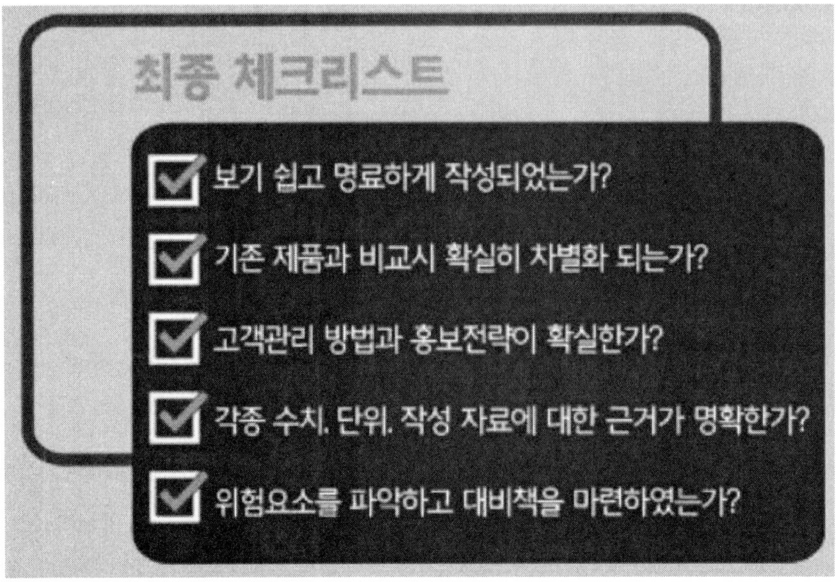

출처 : 박철호(2023), 관광창업론, p254

■ 간단명료하게 작성한다.

글만 나열된 계획서는 '쉽게' 읽히지 않는다. 표, 이미지 등을 활용해 도식화하여 보는 사람이 이해하기 쉽게 작성한다.

■ 자신만의 강점을 어필한다.

기존 기술과 현재 제안하는 기술 및 서비스를 비교하여 우리의 아이디어가 어떤 차별성이 있는지 강조해야 한다. 또한 기존의 문제점에 대한 해결방안이 포함되어야 한다.

■ 객관적인 수치와 근거를 제시한다.

말뿐인 사업계획에 투자를 할 사람은 없다. 객관적인 자료와 수치를 바탕으로 작성한다. 통계는 각종 통계사이트를 활용한다.

■ 사업계획서 제출 전에 3번 이상 검토한다.

사업계획서를 모두 작성한 후에는 기입된 수치, 정보가 정확한지 다시 한 번 점검해야 한다. 또한 사업계획서 내에 오타가 없는지도 꼼꼼하게 살펴봐야 한다.

▶ 시장분석 및 각종 DATA 참고 사이트

- 삼성경제연구소 SERI (www.seri.org)
- LG경제연구소 (www.lgeri.com)
- 국가통계포털 (kosis.kr)
- 대학 내일 20대 연구소 (20slab.naeilshot.co.kr)
- DMC 리포트 (www.dmcreport.co.kr)

제12장

창업 자금 조달

12

제12장

창업 자금 조달

학습성과

1. 창업자금 조달의 중요성에 대해 설명할 수 있다.
2. 창업자금 조달의 방법에 대해 설명할 수 있다.
3. 정부의 제도적 지원에 대해 설명할 수 있다.

기업은 기업의 활동을 위해서 안정적 · 효율적으로 자금을 조달해야 하지만, 창업초기 원활한 자금 조달이 어렵다면 기업운영에 큰 어려움을 겪게 된다. 이에 따라 자금 조달의 중요성과 방법을 알아보고 추가적으로 정부의 자금 지원제도를 알아보고자 한다.

1. 창업 자금 조달과 지원의 중요성

1) 기업의 자금수요 방법

기업은 기업의 활동을 위해서 안정적 · 효율적으로 자금을 조달해야 한다.

기업의 내부금융은 기업이 자체적으로 생성하거나 확보한 자금을 효율적으로 활용하는 것을 의미한다. 다양한 내부금융 수단이 있으며, 주요한 내부금융 활용 방법은 다음과 같다.

(1) 이익 재투자(Retained Earnings)

기업이 얻은 이익 중에서 일부 또는 전부를 다시 사업에 투자하는 방식이다. 이는 기업의 성장과 향후 프로젝트 자금을 위한 중요한 자금원으로 활용할 수 있다.

(2) 재고의 최적화 및 채권관리

재고를 효율적으로 관리하고 채권 수금을 빠르게 하는 등의 내부 경영 방법을 통해 운영 자금을 절약하고 자금을 효율적으로 활용한다.

(3) 자산의 매각 및 불필요 자산의 처분

기업이 보유한 자산 가운데 불필요하거나 비효율적인 자산을 매각함으로써 자금을 조달하는 방법이다.

(4) 외부 차입금 상환

외부 차입금을 조기에 상환함으로써 이자 비용을 절감하고, 기업의 재무 건전성을 유지하는 방법이다.

(5) 효율적인 자금관리

효율적인 자금계획 수립과 실행을 통해 자금을 최적으로 활용하며, 예산 수립, 예산 실행의 철저한 관리를 통해 예상치 못한 자금 필요를 방지할 수 있다.

(6) 내부 자금 조달 정책 수립

기업은 내부자금을 효과적으로 활용하기 위해 내부 자금 조달 정책을 수립하고 실행해야 한다. 이는 향후 투자 계획 및 자금 운용에 대한 방향을 제시하는 역할을 한다.

이와 같은 내부금융 방법은 기업이 외부에서 차입하는 것보다 더 낮은 비용으로 자금을 확보할 수 있으며, 재무 건전성을 유지하면서도 효과적인 자금 운용을 가능하게 한다.

반대로 기업은 다양한 외부금융 수단을 활용하여 자금을 조달할 수도 있다. 다음은 기업이 외부에서 자금을 어떻게 조달하는지에 대한 내용이다.

(1) 은행 대출(Bank Loans)

기업은 은행으로부터 대출을 받아 운영 자금, 투자 자금 등을 조달할 수 있다. 대출금에는 이자가 붙으며, 상환 기간과 조건은 대출 계약에 따라 다르다.

(2) 회사채 발행(Corporate Bonds)

기업은 채무증서인 회사채를 발행하여 투자자로부터 자금을 조달할 수 있다. 회사채는 이자를 지급하고 만기에 원금을 상환하는 형태로 운영된다.

(3) 주식 발행(Equity Financing)

기업은 새로운 주식을 발행하여 자금을 조달할 수 있다. 이는 주주들에게 기업 소유권의 일부를 양도함으로써 이루어지며, 이에 따라 주주들은 기업의 이익을 나누게 된다.

(4) 외부 투자자로부터 투자 유치(Venture Capital, Private Equity)

스타트업이나 성장기 기업은 벤처캐피탈이나 사모펀드 등 외부 투자자로부터 투자를 유치할 수 있다. 이들 투자자는 자본을 제공하는 대가로 기업의 소유권 일부를 획득한다.

(5) 협약 자금(Debt Financing)

장기 협약을 통해 자금을 조달하는 방식으로, 금융기관과의 장기간에 걸친 자금 조달 협약을 통해 자금을 조달한다.

(6) 창업 투자 기관과의 협력(Angel Investors, Incubators)

초기 창업 단계의 기업은 천사투자자나 기업 인큐베이터로부터 자금과 지원을 받아 성장할 수 있다.

(7) 외부자금 조달의 창구(Securities Markets)

기업은 증권시장에서 주식을 상장하거나 기업채를 발행하여 자금을 조달할 수 있다.

이러한 외부금융 수단을 통해 기업은 자금을 확보하고 사업의 확장, 투자, 운영을 위한 자금을 충당할 수 있다. 각 방법은 장단점이 있으며, 기업의 상황과 목표에 맞게 선택되어야 한다.

■기업의 자금수요 방법

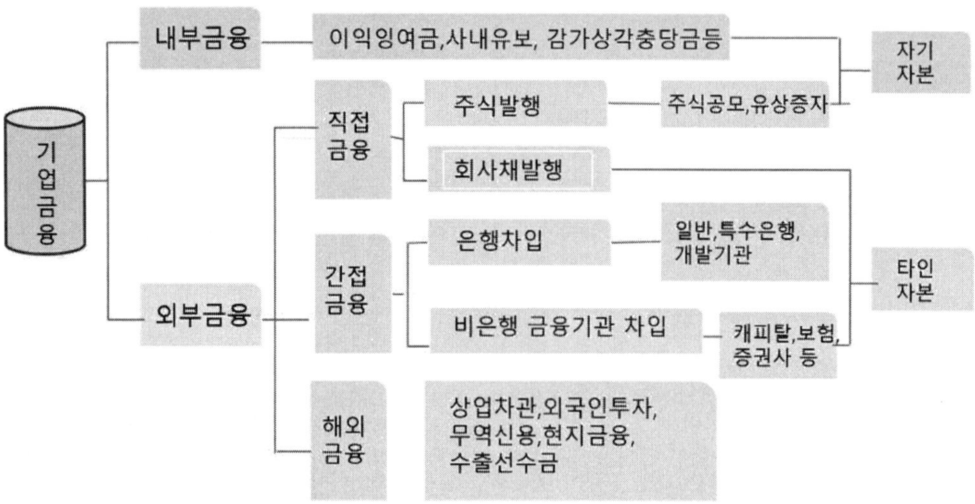

출처: 박철호(2023), 관광창업론, p257

자금을 확보하는 방법의 특성을 간략히 살펴보면 다음과 같다. 개인 자금을 사용하거나 가족, 친구, 지인의 자금을 활용하는 경우, 초기 자금 조달이 빠르게 이루어질 수 있으나 자금 한정으로 인해 큰 규모의 사업에는 부적절할 수 있고, 가족 및 친구 간의 관계에 영향을 미칠 수 있다. 엔젤 투자자나 벤처 캐피탈은 대량의 자금을 조달할 수 있지만, 지분 양도로 인해 경영 권한이 제한될 수 있으며, 투자자와의 기대와 압력에 따라 운영에 영향을 크게 미쳐 역시 제한적인 경영상황이 생길 수 있다.

크라우드펀딩은 대중의 지원을 받아 자금을 조달할 수 있고 마케팅 효과를 기대할 수 있지만, 자금이 보장되지 않을 수 있고, 크라우드펀딩 플랫폼의 수수료가 부과될 수 있다. 정부 지원을 받는 경우 안정적인 자금을 보장받을 수 있지만, 지원 대상이 제한적이며, 복잡한 신청 및 승인 절차가 필요하다.

기업은 이러한 장단점을 고려하여 자신의 상황과 목표에 맞는 자금 조달 방법을 신중히 선택해야 할 것이다. 또한, 투자자와의 계약서를 신중히 검토하고, 자금 사용 계획을 효과적으로 수립하여 자금을 효율적으로 활용해야 한다.

2) 스타트업의 생존과 성장의 주요요인

중소기업청의 창업기업실태조사(2023년)를 보면, 창업 결정의 장애요인을 복수응답으로 조사한 결과 '자금 확보에 대해 예상되는 어려움'이 70.7%로 가장 높게 나타났다. 따라서 창업을 준비하는 데 있어 얼마나 창업자금을 확보하는가가 이후 기업을 운영하는데 중요한 요인이 될 것이다.

우리나라는 우수한 창업자금 지원체계를 가지고 있어 적시에 필요한 자금을 조달하는 데 정부의 다양한 창업자금 지원제도를 활용할 수 있다. 우리는 자금을 조달하는 다양한 방법을 숙지함으로써 성공 창업에 한 걸음 다가갈 수 있을 것이다.

한국 정부는 창업 생태계에 기여하기 위해 중소벤처기업부를 통해 창업 예산을 지속적으로 증가시키고 있다. 최근 10년 동안 창업지원 예산은 크게 증가하여, 특히 2020년에는 10년 전보다 약 6배에 해당하는 7,053억 원 증가하였다. 부담금 면제, 세제부담 완화, 창업비자제도의 확대 등 다양한 정책 개선이 이뤄져 창업자들에게 경제적 혜택을 제공하고 있다. 공공구매제도의 도입을 통해 창업기업의 공공시장 진출이 확대되고 있다.

4차 산업혁명과 관련하여, 인공지능(AI), 빅데이터, 가상 융합현실(XR), 사물인터넷(IoT), 핀테크 등과 관련된 스타트업이 성장하고 있고, 특히, 비대면 분야와 O2O 기업, 서비스 및 상품 중개 플랫폼의 급격한 성장이 이루어지고 있다.

정부의 창업 지원으로 인해 창업 기업들의 성과도 증가하고 있다. 지원을 받은 기업들의 평균 매출액은 10년 동안 2배 이상 증가하였고, 고용인원도 약 1.8배 확대되었다. 특히 혁신 분야의 창업기업들은 일반 분야 대비 고용 및 매출 성과가 더 높은 것으로 나타났다. 혁신 창업기업의 비중도 2013년 대비 40% 이상 상승하여, 혁신 분야의 성장이 가속화되고 있다.

3) 스타트업 투자의 성공 요인

스타트업 투자단계 이론에 따르면, 스타트업 생존과 성장에 가장 중요한 투자주체는 엑셀러레이터와 벤처캐피탈이다. 엑셀러레이터는 신생 스타트업을 선발하여 초기 자금을 제공하고 성장에 초점을 맞추며, 스타트업 생존에 핵심적인 역할을 한다. 주로 창업 초기에 투자를 진행하며, 규모는 작지만 빠른 투자를 통해 기업의 생존을 지원한다.

벤처캐피탈은 스타트업이 기업공개 시 가치평가에 따라 수익을 창출하고자 하는 투자주체로, 기업의 사업성에 근거하여 투자를 결정한다. 초기 단계의 스타트업은 사업성을 입증하기 어려워 벤처캐피탈 유치가 어려울 수 있지만, 성장과 사업성이 입증되면 벤처캐피탈이 가장 중요한 투자주체가 된다. 이에 따라 벤처캐피탈의 투자는 스타트업의 경영성과에 긍정적인 영향을 미치며, 자금투자 규모가 클수록 기업의 성장성과 수익성이 높아진다는 선행연구 결과가 있다. 또한, 스타트업 성장의 주요 요인으로는 벤처캐피탈의 투자결정에 영향을 미치는 시장의 성장성, 창업자의 산업경험, 상품의 완성도, 사업의 신규성이 중요하게 작용한다. 즉, 스타트업이 성장하기 위해서는 상품과 시장의 성장환경이 중요한 역할을 하는 것으로 나타났다.

4) 한국의 창업지원계획

2021년부터 2023년까지 중소벤처기업부가 수립한 창업지원계획은 다음과 같다.

(1) 혁신 · 신산업 분야 창업 활성화

혁신 · 신산업분야 스타트업 육성을 위해 지원체계가 개편되었다. 융복합 분야를 중심으로 창업기준과 범위가 신규 마련되었고, 신산업 분야 창업에 우선적으로 지원하는 법적 근거와 별도 시책이 마련되었다. 혁신 분야 스타트업에 대한 맞춤형 정책수단이 연계 지원되고 있어 청년 및 초기 창업에 중점을 두고 보증공급이 확대되며, 투자형 R&D, 후불형 R&D, 디지털 개발인력 공급 등이 강화되고 있다.

(2) 협력과 상생 기반 혁신 스타트업 육성

상생 기반 성장을 촉진하기 위해 대기업이 제시한 과제를 해결하는 '대-스타 해결사 플랫폼'이 운영되고 있다. 이는 4차 산업혁명 분야와 빅데이터 기반 인공지능 기술, BIG 분야 등 3개 트랙으로 나누어져 있다.

글로벌 기업과 협력하여 유망 스타트업과의 협업을 확대하고, K-스타트업센터 기능 강화와 글로벌 엑셀러레이팅 확대를 통해 해외진출을 지원하고 있다.

(3) 교류 및 기술창업 저변 확대

국내 최고의 스타트업 축제로 성장하도록 육성되고 있는 '컴업'이 세계적인 스타트업 축제로 확산되고 있다. 또한, 국내 대표 창업경진대회인 '도전! K-스타트업'의 참여 부처가 확대되어 범부처 참여가 강화되고 있다.

기업가정신을 확산시키고 미래 창업 인재를 양성하기 위해 고교학점제 시행에 대비하여 잠재적 혁신창업가 양성 및 창의인재 교육이 강조되고 있다. '창업교육 거점대학'을 중심으로 교육 협업체계 구축과 대학 창업 인프라 공유가 이루어지고 있다.

1990년대부터 2000년대 초반의 벤처 붐을 통해 창업 생태계의 필요성이 부각되었고, 정부의 적극적인 창업 장려 및 지원 정책으로 국내 창업에 대한 관심이 상승했다.

특히 2010년대 중반 이후에는 스타트업, 특히 혁신기술 기반 스타트업에 대한 생태계 수요가 증가하였다.

혁신기술 기반 스타트업 창업자들은 독자적인 사회 커뮤니티를 형성하며 기존 벤처기업과의 차별성을 강조하고 있다. '유니콘'이라는 키워드는 미국 실리콘밸리에서 시작되었지만, 국내에서는 K-유니콘 프로젝트 등의 영향으로 큰 사회적 관심을 받았으며, 국내 스타트업 생태계의 중요한 주제로 부상했다. 또한, 한국 사회에서는 스타트업이 가지는 사회 · 경제적 영향에 대한 인식이 변모하면서 스타트업이 4차 산업혁명의 주역이자 청년 일자리의 원천으로 인식되고 있다. 이에 따라 정부의 창업 지원 정책도 기존 법인세 감면과 대출 조건 완화에서부터 융합형 인재 양성, 네트워킹 플랫폼 지원, 신산업을 위한 규제 개혁, 공간 제공 등으로 다양화되고 있다.

2. 창업 자금 조달의 방법

■스타트업 투자 유치 단계

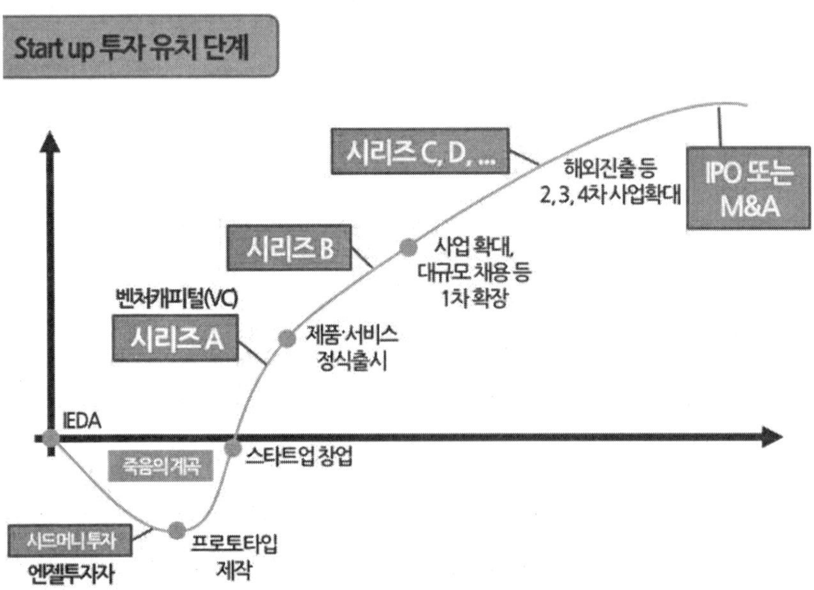

출처: 박철호(2023), 관광창업론, p260

1) 스타트업의 자금 조달 방법

스타트업의 일반적인 자금 조달 방법은 다음과 같다.

(1) 프리시드머니(Pre Seed Money)

프리시드머니(Pre-Seed Money)는 스타트업이 초기 단계에서 사업을 시작하고 초기 아이디어나 제품을 개발하기 위해 필요한 자금을 조달하는 단계이다. 이 단계에서는 창업자가 개인 자금이나 주변의 개인 인맥을 활용하여 자본금을 모집하여야 한다.

프리시드머니의 특징과 주요 내용은 다음과 같다.

- **창업 초기 단계** : 프리시드머니는 스타트업이 벤처캐피탈이나 엔젤 인베스터와 같은 전문 투자자들을 대상으로 하기 전, 초기 아이디어를 검증하고 초기 개발 작업을 수행하기 위한 자금을 모집하는 단계이다.

- **투자자 유형** : 프리시드머니를 제공하는 투자자는 주로 창업자 본인, 가족, 친구, 또는 비전문적인 개인 투자자들이 될 수 있다. 이 단계에서는 큰 규모의 투자보다는 창업자 개인의 자금이나 가까운 인맥을 통한 소액의 자금이 주를 이루는 특징이 있다.

- **자금 용도** : 프리시드머니로 조달된 자금은 초기 아이디어의 검증, 시장 조사, 프로토타입 또는 초기 제품의 개발 등에 사용된다. 주로 사업 모델이나 제품이 시장에서 수용될 수 있는지를 확인하는 데에 활용할 수 있다.

- **투자금 규모** : 일반적으로 프리시드머니는 상대적으로 작은 규모의 투자로 이루어지며, 투자자들은 주로 창업자의 비전과 열정에 투자한다.

- **위험과 기회** : 프리시드머니 단계에서는 아직 사업 모델이나 제품이 충분히 검증되지 않았기 때문에 투자자들에게는 높은 위험과 함께 미래의 성공에 대한 높은 기회가 포함되어 있다.

프리시드머니를 통해 창업자는 초기 아이디어를 현실로 구현하고, 미래의 투자 라운드를 위한 기반을 마련할 수 있다.

(2) 시드머니(Seed Money)

시드머니(Seed Money)는 스타트업이 초기 단계에서 제품 개발, 시장 진입, 비용 발생 등을 위해 필요한 자금을 조달하는 단계이다. 시드 라운드는 프리시드머니 다음의 투자 단계로, 스타트업이 프로토타입을 개발하고 초기 비즈니스 모델을 검증하는 데에 사용할 수 있다.

시드머니의 특징과 주요 내용은 다음과 같다.

- ■ **창업 초기 단계** : 시드머니는 프리시드머니 이후, 스타트업이 아이디어를 구현하고 초기 제품이나 서비스를 개발하여 시장에 출시하는 단계에서 필요한 자금이다.
- ■ **투자자 유형** : 시드머니를 제공하는 투자자는 주로 엔젤 투자자, 벤처캐피탈, 사모 펀드 등이 될 수 있다. 이 단계에서는 스타트업이 이미 어느 정도의 진전을 보이고 있는 경우가 많아, 전문적인 투자자들이 참여하기 시작한다.
- ■ **자금 용도** : 시드머니로 조달된 자금은 주로 프로토타입의 개발, 초기 제품의 생산, 시장 조사, 마케팅 활동, 팀 확장 등과 같은 사업 초기 단계에서 발생하는 다양한 비용에 사용된다.
- ■ **투자금 규모** : 시드머니는 프리시드머니보다 더 큰 규모의 투자가 이루어지는데, 이는 스타트업이 더 많은 진전과 발전을 이루기 위해 필요한 자금이기 때문이다.
- ■ **위험과 기회** : 시드머니 단계에서도 아직 사업이 초기 단계이기 때문에 투자자들에게는 높은 위험이 따르기도 한다. 그러나 이미 어느 정도의 진전을 보이고 있는 만큼, 투자자들에게는 미래 성공에 대한 기회도 함께 제시된다.

시드머니를 통해 스타트업은 초기 단계를 넘어 더 큰 규모의 발전을 이루고, 다음 단계의 투자를 유치할 수 있는 기반을 구축할 수 있다.

(3) 시리즈 A

시드머니를 조성한 후, 기업은 제품과 서비스를 정식 출시하여 향후 사업 확장에 필요한 발판을 마련하는 단계이다. 이를 위해 기업은 투자 유치를 통해 해당 제품·서비스가 실제로 수익성이 있는지 확인하며, 사업의 확대를 위해 대규모 채용을 진행하는 등 일차적으로 확장을 도모한다.

시리즈A는 스타트업이 초기 단계를 넘어서 성공적으로 기업을 구축하고 제품이나 서비스의 초기 버전을 시장에 출시한 이후에 이루어지는 투자 단계이다. 이 단계에서는 기존의 시제품이나 서비스의 성공 경험이나 시장에서의 수요 등을 바탕으로 사업을 확장하기 위한 자금이 필요하다.

- **투자자 유형** : 주로 벤처캐피탈이 시리즈A에 참여하며, 대규모의 자본을 제공하여 기업의 확장과 성장을 지원한다.
- **자금 용도** : 새로운 지역 또는 시장으로의 확장을 위한 자금이 주목적이며, 제품이나 서비스를 더 넓게 알리고 홍보하기 위한 자금으로 사용된다. 또한, 사업의 확장을 위해 전문가들을 채용하고 팀을 강화하는 데 사용되며, 500만 달러에서 2000만 달러 이상사용 되고 투자금 규모는 스타트업의 규모, 산업, 지역 등에 따라 차이가 있을 수 있다.

(4) 시리즈 B

시리즈B는 기업이 시리즈A에서 얻은 자금을 사용하여 성장하고, 시장에서의 입지를 더 확고히 다지기 위해 추가 자금이 필요한 단계이다. 기업이 초기 성과를 보이고 시장에서 경쟁 우위를 확보했지만, 더 큰 규모로 성장하기 위한 자금이 필요한 단계이다.

- **투자자 유형** : 여전히 벤처캐피탈이 투자에 참여하지만, 기업 가치의 증가와 함께 보다 큰 규모의 자본이 동원된다. 기업이 크게 성장한 경우, 기업 투자자, 헤지펀드, 기타 기업들도 투자에 참여할 수 있다.

- **자금 용도** : 더 나은 제품 또는 서비스의 개발과 혁신을 위한 자금이 투입된다. 국제 시장으로의 확장 및 글로벌 비즈니스 확장을 지원하기도 한다. 또한, 브랜드 인지도를 높이고 고객 확보를 위한 마케팅 및 세일스 노력을 지원할 수 있다.

- **투자금 규모** : 시리즈B에서는 투자규모가 2,000만 달러 이상으로 크게 증가하며, 몇 억 달러에 이를 수도 있다.

이러한 시리즈A와 시리즈B의 투자는 기업의 성장과 확장에 필수적인 요소로, 각 단계에서의 성과와 지속 가능한 비즈니스 모델이 투자자들에게 높은 가치를 제공하는데 중요한 역할을 한다.

(5) 시리즈 C

시리즈 A, B 단계를 넘어왔다면 이미 해당 기업은 시장에서 안정성을 확보하고 추후 성장 가능성을 바라볼 수 있음. 이 시기에서 기업은 새로운 제품을 개발하거나 신시장에 진출할 계획을 마련한다. 시리즈C는 기업이 이미 시리즈A와 시리즈B에서 투자를 받았고, 높은 성과를 보이며 규모가 큰 기업으로 성장한 후에 진행되는 투자 단계이다. 시리즈C는 대규모의 자금이 필요한 상황에서 진행되며, 주로 글로벌 확장, 제품 개발, 시장 지배력 강화 등의 목적을 위한 자금이 필요하다.

- **투자자 유형** : 기업의 가치가 높아진 경우, 기업 투자자와 기타 기업들이 투자에 참여할 수 있다. 헤지펀드, 프라이빗 에퀴티 등 더 큰 규모의 투자를 수용하기 위해 다양한 투자 기관들이 참여한다.

- **자금 용도** : 주요 시장에서의 지배력을 확장하거나 새로운 국가 또는 대륙으로의 진출을 지원한다. 또한, 타 기업의 인수나 합병을 통해 기업 가치를 향상시키

는 데 사용할 수도 있으며, 더 나은 제품이나 기술의 개발, 혁신을 위한 연구 및 개발에 투자한다.

- **투자금 규모** : 시리즈C에서는 대규모의 투자가 이루어지며, 투자 규모는 수 억 달러에서 수 십억 달러에 이를 수 있다.
- **기타 특징** : 주식 상장 등과 같이 시리즈C 이후, 기업은 종종 증권거래소에 상장을 준비한다. 또한, 기업의 가치가 높아져 이전 라운드에 비해 더 높은 가격으로 주식이 발행된다.

시리즈C는 기업의 성장과 확장에 있어서 매우 중요한 투자 단계이며, 대부분의 경우 기업은 글로벌 시장에서의 선도적인 입지를 확보하거나 기존 시장에서의 지배력을 강화하기 위해 이러한 자금을 활용한다.

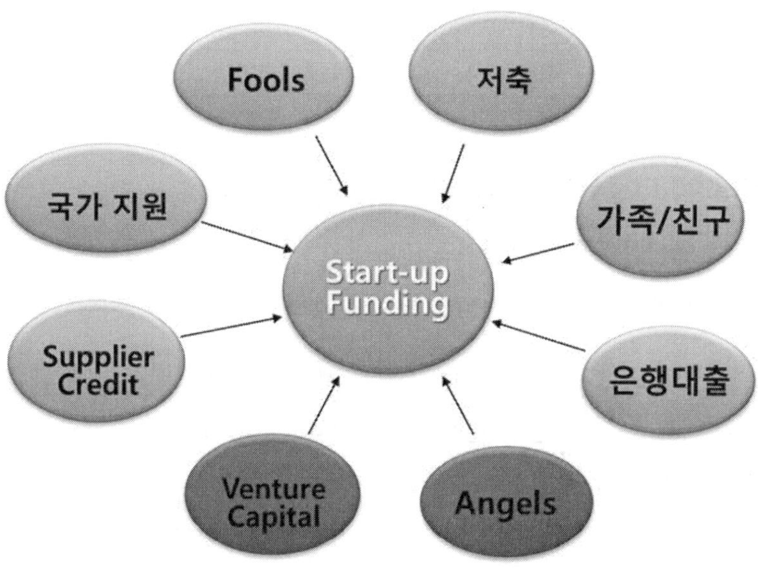

2) 시장에서 자금을 조달하는 방법

시장에서 자금을 조달하는 방법으로는 다음과 같은 방법들이 있다.

(1) 엔젤투자자로부터 투자받기

개인들이 돈을 모아 창업하는 벤처기업에 필요한 자금을 대고 주식으로 그 대가를 받는 투자 형태이다. 엔젤투자자는 초기 창업기업을 중심으로 투자하며, 단순히 자금 지원에 그치는 것이 아니라 경영자에게 다양한 전문 지식과 노하우를 제공하면서 경영에도 일정 수준 참여한다.

■대표적인 엔젤 투자 기관

기관	내용
드림엔젤스	모바일, 인터넷, 헬스케어, 제조 등에 대한 투자
파트너아이	S/W, 공연, 바이오, 무역, 자동차, 전기 등에 대한 투자
케이컬쳐엔젤클럽	문화예술 등에 대한 투자
AVA 엔젤클럽	S/W, 과학, 예술, 문화 등에 대한 투자

(2) 엑셀러레이터로부터 투자받기

스타트업 액셀러레이터는 창업초기 기업의 문제 해결을 돕고 해당 기업의 지분을 얻음으로써 수익을 창출하는 새로운 형태의 투자주체로서 등장하였다. 이들의 창업초기기업과 창업생태계에 미치는 긍정적인 성과들이 입증됨에 따라 이들의 투자를 필요로 하는 초기기업들 또한 증가하고 있다.

기업이 성장하기 위해서 필요한 것은 자금뿐만 아니라 아이템을 개발하고 발전시키는 일, 판매처를 찾는 일, 마케팅, 법률, 세무, 회계 등 해야 할 일이 많고 전문적인 지식이 요구되는 경우가 많다. 이러한 어려움을 겪는 창업자를 돕기 위해 기업의 성장을 가속화하는 역할을 하는 것이 엑셀러레이터이다. 엑셀러레이터는 초기 단계의 기업에 조언, 서비스, 자금 조달, 공간 제공을 통해 그들의 사업이 확장될 수 있도록 돕는 경험이 풍부한 기업이다.

이러한 방법들을 통해 스타트업은 성장 단계에서 필요한 자금을 효과적으로 조달할 수 있다. 하지만 이러한 자금지원에 지나치게 의존하는 경우 오히려 독이 될 수 있으므로, 적절하게 사용해야 하며, 지나치면 독이 된다는 점을 기억해야 한다.

■엑셀러레이터 등록현황

(단위 : 개, %)

구분	서울	경기	인천	부산	대구	대전	광주	세종	전북	전남	충북	충남	경북	경남	울산	강원	제주	합계
기업(社)	136	27	9	15	8	21	5	2	4	1	3	7	6	4	4	4	3	259
비율(%)	52.5	10.4	3.5	5.8	3.1	8.1	1.9	0.8	1.5	0.4	1.2	2.7	2.3	1.5	1.5	1.5	1.2	100
	65.9			34.1														100

■엑셀러레이터 유형

(단위 : 개, %)

항목	유형구분							전체	TIPS 운영사
	주식회사	비영리법인	창투사	기술지주회사	신기술사업금융회사	신기술창업전문회사	LCC		
기업(社)	18.3	37	16	13	2	2	6	259	47
비율(%)	70.7	14.3	6.2	5.0	0.8	0.8	2.3	100.0	18.1

(3) 크라우드펀딩 활용하기

크라우드펀딩은 온라인 플랫폼을 이용해 다수의 대중으로부터 자금을 조달하는 방식이다. 크라우드펀딩은 후원형, 기부형, 대출형, 지분투자형(증권형) 등 네 가지 형태로 나뉜다. 후원형은 대중의 후원으로 목표 금액을 달성하면 프로젝트가 성공하는 방식이며, 기부형은 보상을 조건으로 하지 않고 순수한 기부 목적으로 지원하는 방식이다.

대출형은 개인과 개인 사이에서 이뤄지는 P2P 금융으로, 소액 대출을 통해 개인 혹은 개인사업자가 자금을 지원받고 만기에 원금과 이자를 다시 상환해 주는 방식이다.

지분투자형(증권형)은 이윤 창출을 목적으로 비상장 주식이나 채권에 투자하는 형태로, 투자자는 주식이나 채권 등의 증권으로 보상을 제공받는다.

기관	내용
관광벤처사업	다른 사업 간 기술이나 서비스 결합을 통해 상품 또는 용역제공
한국관광공사	관광아이디어 콘텐츠를 보유한 중소기업 대상으로 민간 투자 활성화 지원
KOTSA (한국관광스타트업협회)	중소기업을 위해 필요한 콘텐츠 제작비, 투자유치를 위한 자료 작성 지원

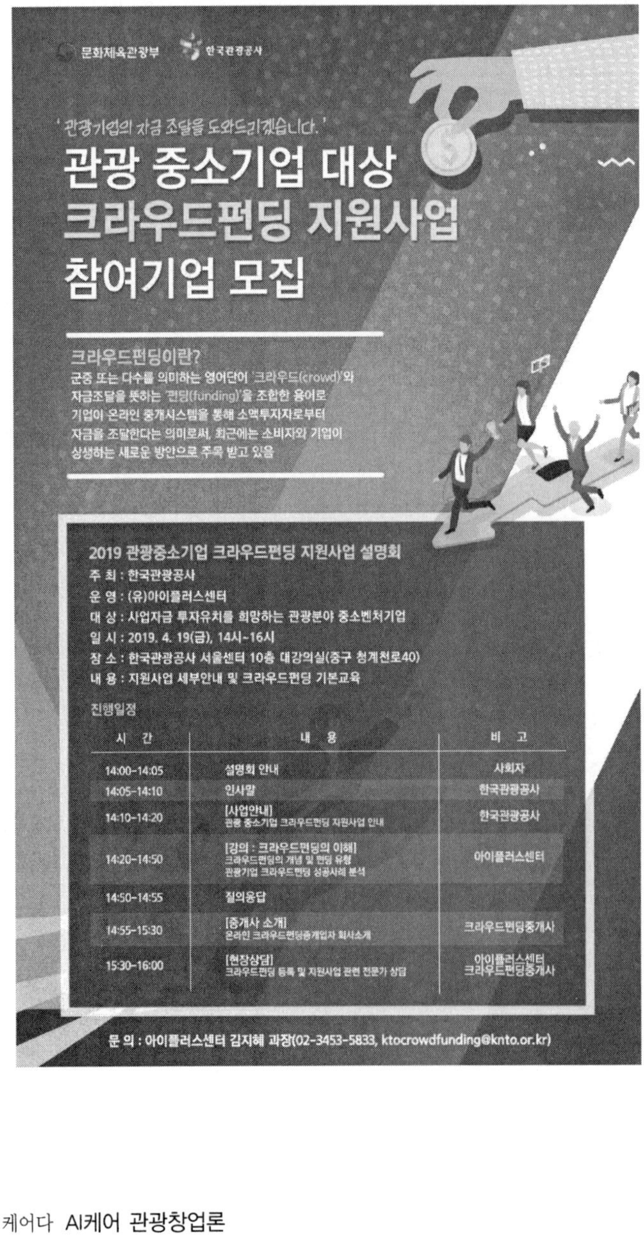

(4) TIPS 활용하기

TIPS는 Tech Incubator Program for 스타트업의 약자로, 정부와 엔젤투자사, 액셀러레이터가 함께 만들어가는 민간투자 주도형 기술창업지원 프로그램이다. 성공벤처인 또는 엔젤투자사가 유망 창업팀을 선별하여 투자한 후 정부에 추천하면, 정부가 전문가 심사를 통해 창업팀을 최종 선정하여 R&D 지원금, 사업화자금, 엔젤매칭펀드, 해외시장 마케팅 지원 등 총 10억 원을 지원함으로써 기업의 성장을 전방위로 돕는다.

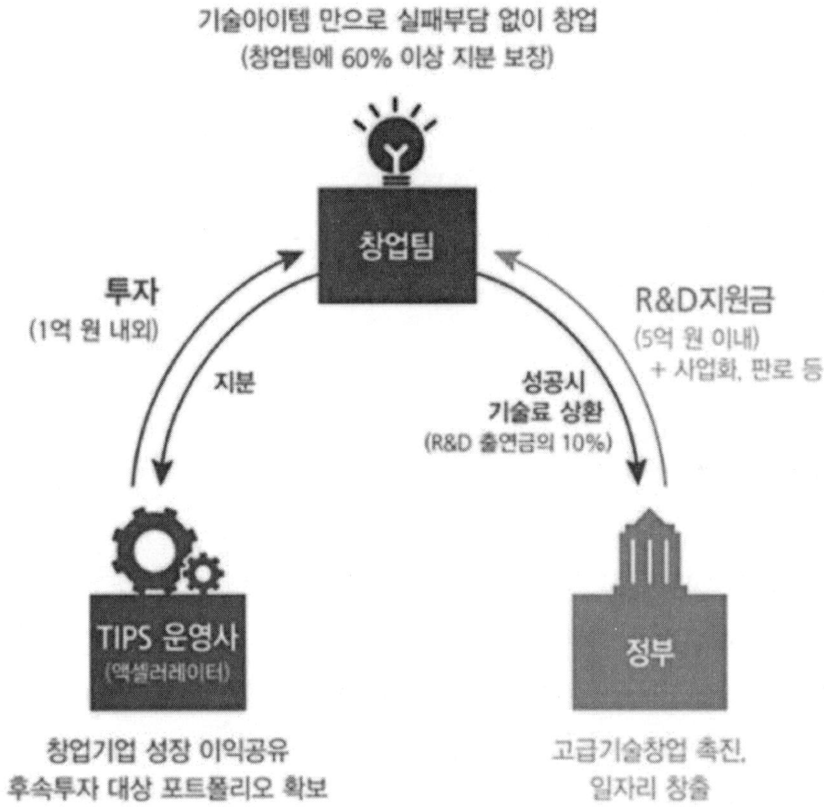

이러한 방법들을 통해 스타트업은 성장 단계에서 필요한 자금을 효과적으로 조달할 수 있다.

3. 정부의 제도적 지원

1) 정부의 제도적 지원 방법

창업과 사업 운영을 위한 정부의 정책 자금을 활용하는 방법도 있다. 이는 순수한 자금 지원 방식과 이자가 낮은 저리 대출 방식이 있다. 순수한 자금 지원은 대개 5,000만 원 정도를 평가를 거쳐 지원하는 방식이며, 상시로 진행되지 않고 심사도 병행되기 때문에 지원금을 받기가 쉽지는 않다. 하지만 순수 창업 지원 자금이기 때문에 이런 공고가 뜨면 자사의 사업과 연관이 있다면 도전해 볼 필요가 있다.

창업 동아리 지원사업, 창업기업 지원자금, 창업도약 패키지, 창업선도대학 등 다양한 프로그램을 통해 창업자금을 지원하고 있다. 이러한 프로그램들은 창업을 준비하고 있는 예비 창업자들에게 교육, 멘토링, 시설 이용 등의 코칭과 더불어 기술 개발비, 시제품 제작비 등을 지원하여 창업에 필요한 자금을 마련하는 데 도움을 준다. 이러한 프로그램들을 활용하면 창업을 준비하는 데 필요한 자금을 효과적으로 조달할 수 있다. 정부의 제도적 지원 방법은 다음과 같다.

(1) 창업 동아리 지원사업

창업동아리 지원사업은 학생들이 창업에 대한 이해를 높이고, 창업에 필요한 기술과 지식을 습득할 수 있도록 지원하는 사업이다. 주요 내용은 다음과 같다.

지원 내용으로는 교육훈련비, 경진대회 참가비, 홍보비, 멘토링비, 동아리 행사비, 특허 출원비, 회의비 등을 팀당 100만 원 이내 최대 20개팀까지 지원한다.

동아리 활동으로는 창업의 이해, 창업 계획, 창업 아이템의 상품화, 창업경진대회 준비, 사업계획서 작성, 창업동아리 연계 진로 탐색 등 7단계로 구성되어 있으며, 각 단계별로 모듈을 배치하여 총 7단계, 23개 모듈로 구성되어 있다.

주관기관은 중소벤처기업부와 창업진흥원으로, 이들 기관은 창업동아리 지원사업을 통해 학생들이 창업에 대한 이해를 높이고, 창업에 필요한 기술과 지식을 습득할 수 있도록 지원하고 있다.

■ 실습비용과 시제품 제작비, 동아리 모임 공간, 멘토링, 전시회 지원 등 창업시작부터 끝까지 창업을 경험할 수 있도록 동아리지원을 하고 있다. 2015년에는 20억 원의 예산을 들어 대학생들을 대상으로 창업 동아리를 지원하여 예비 청년 창업자들에게 창업교육과 자료지원을 진행하고 있다.

규 모	20억 원, 800팀 지원(2015년)
대 상	대학(원)생 3인 이상으로 구성된 창업동아리
내 용	창업준비 실습비용 지원, 동아리별 평균 300만 원
신청 · 접수	대학생 창업아카데미 주관기관(21곳)과 창업선도대학(28곳)에 신청 · 접수

■ 창업동아리 지원사업은 정부에서 지원하는 것뿐만 아니라 최근에는 각지자체들이 별도로 지원하는 사업이다. 각 지역에 대학 창업동아리와 아이디어를 보유한 예비 창업자를 적극적으로 지원하여 미래의 청년창업자를 양성하기 때문에 본인의 창업 마인드가 있을 때에는 각 지역에서 진행하는 활동지원 공고를 참고하여 다양한 지원을 받을 수 있다.

(2) 창업지원사업 통합 공고

중소벤처기업부는 창업 지원을 체계적으로 진행하고자 2016년도부터 예비창업자를 포함한 창업자에게 창업지원사업 통합공고를 제공하고 있다. 이 공고의 목적은 창업자와 예비창업자들이 필요로 하는 지원사업 정보를 쉽게 접하고 활용할 수 있도록 하기 위함이며, 서비스 게시 초기에는 중앙부처 중심으로 공고를 시행하였다. 2021년에 이르러서는 공고 범위를 확장하여 광역지자체가 시행하는 창업지원사업, 2022년도에는 기초지자체에서 운영하고 있는 창업지원사업을 포함하여 통합공고 서비스를 확대하였다. 이러한 서비스 제공을 통해 창업자 및 예비창업자에게 편의를 제공하고 있다.

2024년에는 중앙부처 11개와 기초 및 광역지자체 88개, 총 99개의 기관에서 창업지원사업을 시행하고 있으며, 총397개의 사업을 통해 창업자들을 지원하고 있다.

■연도별 통합공고 현황

구분	2020	2021	2022	2023	2024
지원기관(개)	16	31	94	103	99
중앙부처	16	14	14	14	11
광역지자체	△	17	17	17	17
기초지자체	–	–	63	72	71
대상사업(개)	90	193	378	426	397
중앙부처	90	89	100	102	86
광역지자체	–	104	152	176	160
기초지자체	–	–	126	148	151

■연도별 통합공고 지원예산 현황

구분	2020	2021	2022	2023	2024
지원예산(억원)	14,517	14,623	36,668	36,607	37,121
중앙부처	14,517	13,812	35,578	35,078	35,621
광역지자체	–	811	885	1,243	1,167
기초지자체	–	–	205	286	333

■사업유형별 예산 현황(단위 : 억원, %)

구분	예산	(비율)	사업수	(비율)
융자 · 보증	20,546	55.3	7	1.8
사업화	7,931	21.4	166	41.8
기술개발(R&D)	5,442	14.7	6	1.5
시설 · 공간 · 보육	1,341	3.6	98	24.7
세계(글로벌) 진출	1,138	3.1	23	5.8
상담(멘토링 · 컨설팅) · 교육	451	1.2	65	16.4
행사 · 관계망(네트워크)	226	0.6	28	7.1
인력	47	0.1	4	1.0
합계	37,121	(100.0)	397	(100.0)

(3) 창업선도대학

교육부, 과학기술정보통신부, 한국연구재단, 과학기술사업화진흥원에서는, 창업선도대학 사업을 통해 대학에서의 우수한 연구 성과를 바탕으로 고부가가치 기술혁신형 창업기업을 발굴, 육성하는 사업이다.

규 모	652억 원, 900명 내외(2015년) *전국 28개 선도대학 지정 중
대 상	예비 창업자, 1년 미만 창업기업
내 용	총 사업비의 70% 이내, 최대 7,000만 원 지원 * 시제품 제작(외주용역, 재료구입), 기술정보활동(지재권출원, 시험분석), 마케팅비 등
신청 · 접수	창업넷(http://www.k-startup.go.kr)을 통해 온라인 신청

주요 내용은 다음과 같다.

시제품 개발, 지재권 출원 · 등록, 마케팅 활동 등 창업사업화에 소요되는 자금지원으로 최대 1억 원을 지원한다. 또한, 대학생 및 일반인 창업교육, 창업한마당축제, 지역창업 경진대회 등 대학별 자율 · 특화 프로그램을 운영하며 지원한다.

■지역별 창업선도대학 및 특화분야

순서	지역	대학교	특화분야
1	서울권	건국대학교	ICT융합 / BT / CT
2	서울권	국민대학교	정보통신 / 디자인 / 기계 · 자동차
3	서울권	동국대학교	문화콘텐츠 / 멀티미디어 / IT융복합
4	서울권	서울과학기술대학교	바이오헬스케어 / ICT융합
5	서울권	서울대학교	ICT융복합 / 기계 · 소재 / 의학 · 바이오
6	서울권	성신여대학교	ICT / 공예디자인
7	서울권	숭실대학교	ICT융합 / 지식서비스 / 정보통신
8	서울권	연세대학교	ICT 핀테크 / 글로벌 / 첨단신소재
9	서울권	인덕대학교	ICT / 제조 / 디자인
10	서울권	한양대학교	ICT / 바이오
11	경기권	가천대학교	BT · ICT융합
12	경기권	경기대학교	IT / 전기전자 / 기계재료
13	경기권	단국대학교	IT/IOT / 지식서비스 / 3D 프린팅
14	경기권	성균관대학교	의료바이오 / ICT / 전기전자
15	경기권	아주대학교	ICT융합 / 바이오헬스케어 / 기계 · 전자 · 소재
16	경기권	한국산업기술대학교	IT / 제조업(전기 · 전자)
17	인천권	인천대학교	ICT융합 / 지식서비스 / 정보통신
18	강원권	가톨릭관동대학교	문화관광 스포츠 / 3D프린 / 의료 및 에너지융합
19	강원권	강원대학교	IT / 식품바이오 / 의료
20	충남권	순청향대학교	의료 / 바이오
21	충남권	충남대학교	바이오융합 / IT / 식품바이오
22	충남권	충북대학교	지식서비스 / 바이오 / 기계 · 전자
23	충남권	한국교통대학교	IT / 교통 · 융합 / 생명 · 바이오
24	충남권	한남대학교	IT / 바이오 / 전기전자
25	충남권	한밭대학교	정보통신 / 기계소재 / 전기전자
26	충남권	호서대학교	전기전자 / 반도체 / 디스플레이
27	호남권	광주대학교	스마트에너지 / 광전자기반 스마트홈 / 디자인융합
28	호남권	순천대학교	소재 / 바이오 / ICT융복합
29	호남권	원광대학교	의 · 생명 / ICT융합 / 지식서비스
30	호남권	전북대학교	농식품바이오 / 기계재료

31	호남권	전주대학교	화콘텐츠 / 탄소융복합소재 / 농생명바이오
32	호남권	조선대학교	ICT융합 / 전기전자 / 식품 · 의료 · 생명공학
33	대경권	경북대학교	ICT융복합 / BT / 지식서비스
34	대경권	경일대학교	기계/자동차 / 전기전자 / IoT융복합
35	대경권	계명대학교	IT융복합 / 정보통신 / 기계
36	대경권	대구대학교	기계 · 자동차 / ICT / 바이오
37	동남권	경성대학교	ICT융합 / 바이오 / 지식서비스
38	동남권	동서대학교	ICT융합 / 콘텐츠 / 디자인
39	동남권	동아대학교	IT / 환경 / 바이오
40	동남권	부경대학교	ICT융합 / 전기전자 / 해양수산
41	동남권	부산대학교	기계재료 / 전기전자 / ICT융합
42	동남권	울산대학교	바이오헬스
43	동남권	창원대학교	IT / 기계재료 / 나노융합

(4) 창업성장 기술개발

기술개발자금이 부족한 창업기업, 1인 창조기업, 이공계 대학생 등에게 R&D 자금을 지원하는 사업. 이는 예비창업기업 지원 제도 중 바우처 제도를 도입하여, 연구 전문기관 등이 보유한 인력, 시설, 장비 등을 활용할 수 있도록 지원한다.

규 모	1,624억 원, 1,128개 내외(2015년)
대 상	1인 창조기업 및 대학생 예비창업자, 7년 미만 창업기업
내 용	총 사업비의 90% 이내, 최대 2억 원 지원 *개발장비 구입, 연구인력 인건비, 시험연구비용 등
신청 · 접수	www.smtech.go.kr을 통해 온라인 신청

창업성장기술개발사업은 창업 7년 이하의 중소기업 중 최근년도 매출액이 20억 미만인 창업기업을 대상으로 하고있다. 이 사업의 목적은 민간이 주도하는 지역별 혁신성장생태계 구축, 미래 신산업 기술 (딥테크)의 스케일업을 통한 지속 성장 가능성 제고 등 기술창업 저변 확대 및 성과 확산을 도모하는 것이다.

이 사업은 기술창업의 저변을 확대하고 성과를 확산시키는 데 도움을 주어, 대한민국의 산업 기반을 강화하고 국제 경쟁력을 향상시키는 데 기하고 있다.

■창업성장 기술개발사업 연도별 지원기업수

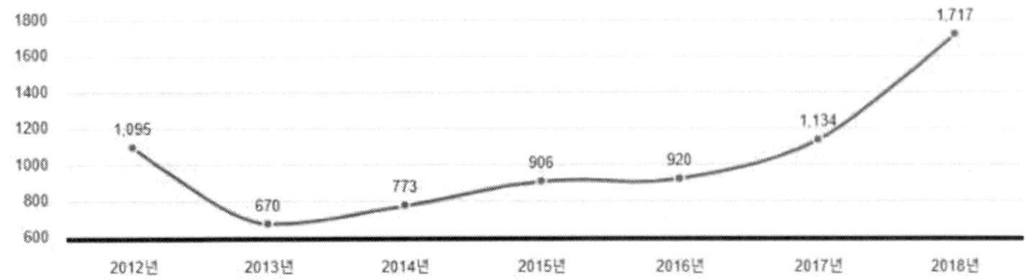

	2012년	2013년	2014년	2015년	2016년	2017년	2018년
지원기업 수(개)	1,095	670	773	906	920	1,134	1,717

(5) 창업도약 패키지

사업화 과정에서 직면하는 데스벨리를 극복하기 위해 판로, 해외 진출 등 후속 지원을 하는 사업으로, 이는 창업기업의 사업화, 사업 아이템을 검증하는 데 자금을 지원하거나, 도약기가 끝난 기업들의 성장을 지원하기 위해 유통, 수출, 제품 개선 등의 서비스를 지원하는 것이 목표이다.

규 모	50억 원, 100개 내외(2015년 신설)
대 상	창업 3년에서 7년 미만 기업
내 용	사업 지원금 : 기업당 최대 5,000만 원 지원 서비스 : 시장전문가 멘토링(BM혁신, 아이템 보당, 시장 연계) 지원 연계 추천 : R&D, 투융자자금, 마케팅 등
신청 · 접수	창업넷(http://www.k-startup.go.kr)을 통해 온라인 신청

창업진흥원의 창업도약패키지는 창업 3년 초과~7년 이내의 도약기 창업기업을 대상으로 지원하는 사업이다. 이 사업은 창업기업이 어려운 시기 (죽음의 계곡)를 극복하고 성장할 수 있도록 제품 · 서비스 고도화 등을 지원하는 것이 목표이다.

주요 내용은 다음과 같다.

■ 지원대상으로는 업력 3년 초과~7년 이내 도약기 창업기업이며, 지원내용으로는 성장 가능성이 높은 도약기 기업 대상으로 사업모델 및 제품 · 서비스 고도화에 필요한 사업화 자금을 최대 3억 원 지원하기 위함이다. 이 사업은 창업기업이 성장하고, 제품 및 서비스를 개선하는 데 도움을 주어, 우리나라의 산업 기반을 강화하고 국제 경쟁력을 향상시키는 데 기여하고 있다.

(6) 관광진흥기금 융자지원 사업

이 사업은 관광인프라의 확충 및 관광사업체의 운영자금에 대한 융자지원을 목표로 한다. 문화체육관광부에서 지원하는 이 사업의 융자규모는 2019년 예산으로 5,000억 원에 육박하였고, 2024년에는 6,000억 원 이상 지원된다. 융자대상은 관광진흥법에 따른 관광사업체 또는 사업예정자이다.

(7) 관광 벤처사업 지원

관광기업 지원센터는 현장에서 발생하는 애로사항을 해결하고, 관광기업의 건강한 성장을 돕기 위해 다양한 프로그램을 제공한다. 이에는 맞춤형 프로그램 국내외 홍보, 판로개척 지원, 컨설팅 랩어카운트, 관광벤처 아카데미, 사업자금 지원 등이 포함된다.

유형	내용
시설기반형	사업을 추진함에 있어 활용 가능한 시설, 또는 물적 기반으로 하는 사업 (관광벤처형 숙박시설, 생태길, 공원, 카누, 목장, 생태마을 등
IT기반형	IT를 기반으로 한 관광사업으로 IT자체가 수익모델인 사업 (스마트관광, 소셜플랫폼사업)
체험기반형	인식 및 치유의 감성만족, 타 분야 산업과의 융합, 직접 참여하여 느끼고 공감할 수 있는 체험 중심의 사업 (지역축제, 궁중체험, 뷰티케어, 드라마 · 행사 · 전시 연계관광, 마음치유여행 등)
기타 (아이디어 등)	타 유형에 속하지 않은 창의적인 관광사업

■주요성과

항목	연도	내용
시범	2011	투자지원팀 시범사업 제1회 관광벤처사업 공모전실시
도입	2012	전담조직 신설(관광벤처팀) 제2회 관광벤처사업 공모전 제1회 창업 경진대회 유망사업 추가발굴
양적확대	2013	2013 내나라 여행박람회 참가 제3관광벤처사업 공모전 담임 경영컨설턴트 운영 관광벤처 BI 개발 및 DB 구축
질적도약	2015	제5회 관광벤처사업 공모전 관광벤처기업 부문신설 펀드조성 및 기금 특별융자운영
지원 고도화	2018	관광기업 지원센터 확대조성 국내외 홍보 및 판로개척 지원 체계화 관광부문 교육 특화 및 컨설팅 운영
경쟁력 강화	2019	사업 지원 대상의 다양화 추진 기업 육성 프로그램 경쟁력 강화 기업간 협업 · 네트워크 활성화

(8) 홍보, 판로개척 지원

이 지원은 공사, 지자체 등 유관기관과의 협업을 통한 국내외 홍보, 판로개척 지원을 포함한다. 이에는 언론홍보, 국내외 관광전시박람회, 소비자 홍보행사 공동 참가, 국내관광활성화 캠페인에 관광벤처기업 참여, ICT 기반 관광벤처 활용 신개념 사업(서비스) 개발 촉진 등이 포함된다.

■효과적인 창업 및 사업화 지원을 위한 종합 컨설팅 서비스 프로그램 예시

구분	내용
담임 컨설팅	사업실행계획 작성, 수익모델 발굴 등 초기단계 종합컨설팅 제공
전문컨설팅	IT분야 등 최적의 전문 컨설팅 제공
KTO-커넥트 프로그램	세무, 법률, 회계, 투자 등 전문가 풀 확보
관광멘토 제도	분야별 세분화된 현장정보 제공
가속화 지원 프로그램	한 단계 상승진입을 위한 집중 관리 실시

■전문 창업 지식, 기술 등 창업역량 제고를 위한 체계적 교육 교육과정 예시

과정명	세부교육내용
스타트업 교육	• 관광벤처사업 운영 지침, 지원사업 소개 • 지원금 정산방법, 온라인 사이트 사용 안내 • 관광산업 내 창업의 이해 • 전문가 창업교육(기업가정신) • 선배기업 성공스토리 공유
관광상품 및 서비스 개발 실무	• 관광관련 법규, 제도, 허가절차 등 • 관광시장 트렌드 분석 • 여행업의 이해(유통 및 수익구조)
관광 마케팅 (온-오프라인)	• B2B(여행사 등), B2G(정부, 지차체 등) 마케팅 실무 • 온라인 마케팅 채널별 이해와 활용방안 • 국내 주요 타겟별 마케팅 전략수립
창업지원 유사제도	• 정부 및 지자체의 창업지원제도에 대한 이해와 활용방법
투자유치 / 융자신청 방법	• 창업단계별 활용가능한 자금조달 방안 • 투자유치를 위한 전략수립 및 방법
해외관광 마케팅	• 시장별(중국, 일본, 아시아, 구미주 등) 특성 및 대응 마케팅전략

(9) 관광벤처사업

문화체육관광부 주최, 한국관광공사가 주관하여 한국관광산업 경쟁력 강화 및 관광분야 일자리창출에 기여할 수 있도록 창의적인 관광사업 아이템을 보유한 기업의 성장과 도약을 지원하는 사업이다. 협약 후 7개월 내에 사업화 지원을 목표로 하며, 문체부와 관광공사는 관광 분야의 혁신적인 사업 아이디어를 발굴해 미래 성장 동력으로 육성하고자 2011년부터 관광벤처사업을 시작, 1,638개 관광벤처 기업을 발굴했다. 그리고 매년 육성 기업의 고용 창출 수, 매출액, 투자유치 규모, 관광산업 기여도 등을 평가해 '올해의 관광벤처'를 선정하고 있다.

(10) 관광벤처사업 공모전

문화체육관광부와 한국관광공사에서 창업기업과 예비창업자를 대상으로 교육, 컨설팅, 판로개척, 네트워킹 지원 등 다양한 프로그램과 창업지원금을 제공하는 공모전으로 2023년도 기준 14회째를 맞이하였다.

사업목적은 창의적인 관광사업 아이템을 보유한 기업의 성장과 도약을 지원하여 한국관광산업 경쟁력 강화 및 관광분야 일자리 창출에 기여하는 것이며, 지원내용으로는 창업활동에 필요한 사업화 지원금, 특화 프로그램 등으로 협약 후 7개월 이내로 지원한다.

모집유형은 관광체험서비스(정보탐색, 이동, 숙박, 체험 등 관광여정, 플랫폼 기반의 예약 · 결제 서비스 제공 등 혁신적 기술로 관광편의 제공), 실감형관광콘텐츠(관광객이 직접 참여하여 즐기고 공감할 수 있는 새로운 체험 프로그램 및 관광 콘텐츠의 개발과 운영에 관련된 사업), 관광인프라(오프라인 기반시설 또는 물적 자원을 핵심기반으로 하는 관광사업), 관광딥테크(디지털화, 기술 지원을 통해 관광 업계의 생산성 · 효율성을 높이는 B2B 사업)이다.

각 부문의 지원대상과 선정규모는 아래와 같다.

- **예비관광벤처 부문** : 지원대상은 모집공고일 기준 사업자등록증이 없는 예비(재)창업자를 대상으로 하며, 선정규모는 35개 내외이다.
- **초기관광벤처 부문** : 지원대상은 창업 후 사업개시일 부터 3년 이내 창업자, 즉 업력 3년 이내인 초기 기업을 대상으로 하며, 선정규모는 70개 내외이다.
- **성장관광벤처 부문** : 지원대상은 창업 후 사업개시일 부터 3년 초과 7년 이내 창업자, 즉 업력 3년 초과 7년 이내인 성장 기업을 대상으로 하며, 선정규모는 35개 내외이다.

항목	지원내용
아이템 개발비	• 시제품 및 상품개발 지원 등 • 상품 개발을 위한 시장조사, 현지답사, 테스트 투어 비용 등
인프라 지원비	• 창업 사무공간 지원 (사무실, 보육센터 등 임차료, 단 관리비 및 임대차 보증금 제외)
	• IT 인프라 구축 (홈페이지 및 모바일 어플리케이션, 서버 구축 및 호스팅 비용 등)
	• 사업과 직접 연관성이 있는 사업공간 조성 (매장 인테리어 등/단, 임대차 보증금 제외)
	• 사업에 직접적으로 관련된 기자재 임차비용
홍보 및 마케팅비	• 국내외 판로개척 및 마케팅 지원(전시박람회 참가, 팸투어 등/단, 서비스나 제품 개발이 완료된 경우에 한함) • 제품 홍보물 제작 및 홍보비, 카탈로그 제작비 • 온 · 오프라인 매체광고 등 미디어 홍보 지원 • 시장조사 지원(팸투어, 현지답사 등)
아이템 고도화비	• 전문 분야별 심화 컨설팅(경영, 마케팅, 창업 등) • 세무, 회계, 법률, 법인설립 대행 수수료 등
	• 산업재산권 출원, 등록비(대행수수료 등/ 단, 성공수수료, 연장비 제외)
	• 사업운영과 관련된 교육 참가, 교재비 지원 등

제13장

엘리베이터 피치

13

제13장

엘리베이터 피치

◇◇◇◇◇◇◇◇◇◇◇◇◇◇◇◇◇◇◇

학습성과

1. 엘리베이터 피치의 개념 및 주요내용을 설명할 수 있다.
2. 엘리베이터 피치의 주의사항과 준비에 관한 내용을 설명할 수 있다.
3. 엘리베이터 피치를 도출할 수 있다.

보통 사업의 의사결정을 하는 사람은 시간적인 여유가 부족하다. 이러한 의사결정권자나 투자자에게 짧은 시간 내에 사업의 아이디어를 제시하여야 하기 때문에 엘리베이터 피치는 이러한 상황을 위한 수단으로 활용 된다. 엘리베이터 피치의 전반적인 내용을 알아본다.

1. 엘리베이터 피치의 개념 및 주요내용

1) 엘리베이터 피치의 기원

엘리베이터 피치의 기원에는 여러 이야기가 전해진다. 널리 알려진 이야기 중 하나는 1990년대에 기자로 활동한 '아일린 로젠즈'와 '마이클 카루소'의 이야기이다. '카루소'는 "베니티 페어" 매거진의 시니어 편집자로 일하면서 당시 편집장에게 아이디어를 제안하고자 하였다. 그러나 편집장은 계속 어딘가로 사라졌고 아이디어를 전달할 충분한 시간을 가지지 못한 채 시간만 지나고 있었다. 보다 못한 '카루소'는 편집장이 엘리베이터를 타는 등의 짧은 시간에 그녀를 따라가 아이디어에 대한 이야기를 하였다고 한다. 이것이 엘리베이터 피치의 개념이 생겨난 기원 중 하나이다.

또 다른 기원으로는 '필립 크로스비'작가의 일화가 있다. '필립 크로스비'는 개인은 짧은 시간 동안에도 자기소개와 함께 개인의 능력을 보여줄 수 있다고 주장했다. '필립 크로스비'는 자신의 능력을 설명할 수 있는 내용을 미리 준비하고 있어야 한다고 주장했다. 만약 직장상사나 투자자와 같이 본인에게 매우 중요한 인물을 엘리베이터에서 만났다고 가정했을 때 준비되지 않은 상황이라면 자기 자신을 충분히 어필할 수 없을 것이다. 본질적으로 엘리베이터 피치는 개인이 회사의 경영진에게 자기 자신과 자신의 아이디어를 매우 제한된 시간 동안 소개하는 것을 말한다. '크로스비'는 회사 내에서 변화를 주도하기 위해 엘리베이터 피치를 어떻게 활용할 수 있는지에 대해 고민하였고, 결국 CEO를 엘리베이터 앞에서 기다리며 기회를 노리고 있었다. 결국 '크로스비'는 회사의 CEO와 함께 엘리베이터에 탑승하였고 이 짧은 시간 동안 자신의 요청을 CEO에게 전달하였다. 결국 크로스비의 요청은 CEO에 의해 받아들여졌고 총괄 회의에서 해당 요청에 대한 내용을 전달할 수 있었다.

2) 엘리베이터 피치의 개념

엘리베이터 피치란 새로운 고객을 확보하기 위해 투자자나 투자 기관 앞에서 자신의 아이디어나 사업을 소개하는 것을 말한다. 투자자들은 다양한 기업이나 스타트업에서 제시되는 아이디어 중에서 선택해 투자할 가능성이 있는 것을 찾기 때문에, 엘리베이터 피치는 그 시간 동안 투자자의 관심을 끌고 설득하는 데 중요한 역할을 한다.

기본적으로 짧은 시간 안에 간결하고 설득력 있는 메시지로 핵심 아이디어를 전달하는 것이 핵심이다. '엘리베이터 피치'라는 용어는, 엘리베이터 안에서 짧은 시간동안 누군가와 만나게 된다고 상상하고, 그 짧은 시간 동안 자신의 아이디어를 설명해야 한다는 상황을 의미한다.

엘리베이터 피치는 특정 상품이나 서비스뿐만 아닌 기업이나 사업, 아이디어 혹은 이러한 요소가 가진 가치를 대상으로 하는 간단한 요약 설명서라고 할 수 있다. 효과적인 엘리베이터 피치는 소개하고자 하는 대상의 가치를 간결하게 전달하는 능력에 달려있다. 특히 투자자나 다른 중요한 이해관계자를 만났을 때, 당사자는 단 몇 초에서 3분이라는 짧은 시간 동안 자신의 생각을 효과적으로 전달해야 한다. 이러한 필수적인 소개 방식을 '엘리베이터 피치'라고 부르며, 이는 주로 말, 글 혹은 비디오의 형태로 전달된다.

투자자들이나 사업에 영향을 미칠 수 있는 다양한 이해관계자들은 한 명의 기업가에게 많은 시간을 투자하지 않는다. 투자자를 마주한다고 하더라도 시간이 제한되어 있기 때문에 빠르게 핵심 아이디어를 파악하고 결정해서 설명해야 한다.

또한, 엘리베이터 피치의 대상을 미리 파악할 수 있다면 목표 대상을 이해하는 과정이 필요하다. 목표 대상이 원하는 바를 우선적으로 파악하고 그들의 요구와 문제점을 분석해서 구체적인 해결책을 제시하는 것이 바람직하다. 이런 과정을 거치며 엘리베이터 피치의 내용을 조정하면 보다 효과적인 반향을 불러일으켜야 성공 가능성을 높일 수 있다. 더불어 청중에 대한 깊은 이해를 통해 목표 대상과 좋은 유대감을 형성할 수만 있다면, 또 다른 기회를 창출할 수 있을 것이다.

결과적으로 엘리베이터 피치는 투자자들이 기업가의 아이디어에 대한 가치를 신속하게 평가하고 결정하는 데에 중요한 역할을 한다.

이러한 피칭 방식은 사업의 진행뿐만 아니라 면접이나 자기소개와 같은 다양한 상황에서도 유용하게 활용할 수 있다. 간결하면서도 효과적인 의사 전달은 비즈니스 커뮤니케이션에서 핵심적인 역할을 하며, 엘리베이터 피치의 습득은 현대 비즈니스 환경에서 무엇보다도 중요한 역량 중 하나이다.

3) 엘리베이터 피치의 구조

(1) 오프닝

엘리베이터 피치가 시작되는 오프닝은 청중의 주목을 사로잡을 수 있는 중요한 순간이다. 청중의 호기심을 자극하고 흥미를 유발하는 한 마디로 시작하는 것이 중요하다. 흥미를 유발할 수 있는 내용으로는 청중을 생각하게 만드는 질문이나, 평소 청중이 접하지 못했던 특별한 통계에 대한 내용이 될 수 있다. 청중의 관심을 한번에 이끌 수 있는 대담한 내용의 발언도 효과적일 것이다. 오프닝의 핵심 목표는 청중이 연설을 끝까지 듣고 싶어하는 욕구를 불러일으키고 강렬한 첫인상을 남기는 것이다.

(2) 문제 현황 제시

청중의 관심을 확보한 후에는 제품 또는 서비스가 해결해야 할 중요한 문제나 과제를 명확하게 제시해야 한다. 대상 고객이 직면한 문제점과 불만 사항을 구체적으로 정의하여, 이를 통해 문제 해결에 대한 과제를 강조하여 솔루션이 얼마만큼 필수적인지, 현재의 문제와 어떤 관련이 있는지, 그리고 그 해결이 얼마나 긴급한지에 대해 파악하게 만들어야 한다.

(3) 솔루션 및 이점

문제를 명확히 제시한 다음에는 여러분의 제품이나 서비스가 어떻게 이 문제를 해결할 수 있는지와 고객에게 어떤 가치를 제공하는지 소개해야 한다. 솔루션의 구체적인 이점과 제공되는 결과에 중점을 두면서, 경쟁 업체와의 차별화를 부각시키는 것이 핵심이다. 경쟁 업체와는 다른 독특한 기능과 이점을 강조하고, 왜 해당 솔루션이 최선의 선택인지를 명확하게 전달하면 청중에게 강력한 인상을 남길 수 있다.

(4) 시장 잠재력 및 확장성 강조

솔루션에 대한 설명을 마치면 이제 사업이나 아이디어의 시장 잠재력과 확장 가능성을 강조해야 한다. 시장에서의 수요가 크고 성장을 위한 구체적인 계획이 있다는 것을 입증하기 위해 시장 조사, 업계 동향, 또는 고객 검증에 대한 증거를 제시해야 한다. 투자자나 이해관계자들은 여러분의 기업이 지속적인 성장과 수익 창출에 어떻게 기여할 수 있는지에 관심을 집중할 것이다.

(5) 사회적 증명 또는 성공 사례

신뢰성을 높이기 위해 사회적 증거나 성공 사례를 제시 해야 한다. 이미 여러분의 제품이나 서비스로 인해 양호한 결과를 얻은 이전 고객들의 리뷰나 사례 연구를 공유하여 신뢰를 구축해야 한다. 이는 제품/서비스에 대한 투자자의 확신을 높이며, 피드백을 통해 서비스의 향상을 지속적으로 이루고 있음을 강조한다. 결과적으로 신뢰성은 높아지고 경쟁 업체와의 차별성을 나타낼 수 있을 것이다.

(6) 마무리

엘리베이터 피치를 마무리하는 단계에서는 이제까지 전달한 주요 포인트를 요약하고 강조해야 한다. 명확하고 설득력 있는 행동 지침으로 마무리하여 청중이 다음 단계까지 관심을 가질 수 있도록 유도해야 한다. 예를 들어, 미팅 예약, 또는 연락처 제공과 같은 구체적이고 실행 가능한 다음 단계를 제안해야 한다. 이로써 투자자나 관련 관계자들과 더 깊은 관계를 맺어. 또 다른 기회를 얻을 수 있도록 해야 한다.

2. 엘리베이터 피치의 주의 및 준비사항

1) 엘리베이터 피치의 주의사항

엘리베이터 피치를 진행할 때는 제품 및 서비스에 대해 과도하게 자세한 설명은 피해야 한다. 대신, 새로운 가치를 강조하고 그 차별성을 명확히 전달하는 것이 중요하다. 우리 제품이 시장에 어떤 혁신과 독창성을 가져다 주는지를 간결하게 소개하는 것이 효과적이다.

발표자들이 범하기 쉬운 오류 중 하나는 청중이 해당 분야에 대한 전문지식을 가지고 있다고 가정하는 것이다. 청중의 기존 지식을 고려하지 않은 채 해당 사업이나 아이디어의 차별성을 설명하는 것은 효과가 떨어지며, 오히려 청중의 흥미를 잃게 만들 수 있다. 발표자는 청중이 전문지식이 부족할 수 있다는 상황을 유념하고, 기본적인 정보와 함께 우리 제품의 독창성을 부각시켜야 한다. 뿐만 아니라, 고객의 신원과 시장의 규모를 명확한 수치로 제시하여 효과적인 설득을 이끌어내어야 한다.

발표자의 신뢰성은 투자자와 청중에게 중요한 요소이다. 다음과 같은 일부 행동들은 발표자에 대한 신뢰를 떨어뜨릴 수 있다.

- **노트나 메모를 보고 읽는 경우** : 노트나 메모를 읽는 것은 청중들의 신뢰감을 떨어뜨리는 대표적인 행위이다. 해당 제품이나 서비스가 무엇인지 발표자가 이해하고 있지 못하거나 준비가 제대로 되어 있지 않다는 이미지를 주기 때문에 발표 자료의 구성을 암기하여 발표 자료가 없더라도 발표를 진행할 수 있을 정도로 준비해야 한다.

- **기술적이고 전문적인 용어를 너무 많이 사용하는 경우** : 기술 기반의 창업 아이템을 가지고 있는 발표자가 특히 주의해야 할 부분이다. 청중들은 투자 및 기업가적 과정의 전문가들이지 해당 산업의 전문가가 아닌 경우가 많다. 대부분의 청중들이 해당 기술을 모른다고 가정하고 쉬운 용어로 풀어서 설명해야 한다.

- **파워포인트 및 컴퓨터 사용이 미숙한 경우** : 포인터, 파워포인트 등 컴퓨터 사용이 미숙한 경우에는 준비 부족으로 간주되어 맞은 점수를 받을 수 있다. 투자자들은 사업성에 대한 평가도 하지만 얼마나 발표자가 성실하게 준비하고, 청중을 존중하는지에 대한 태도 또한 평가한다.

■ **너무 많은 정보를 주려고 하는 경우** : 엘리베이터 피치는 20분 동안의 사업 설명회 혹은 투자유치 설명회 발표가 아님을 기억하자. 너무 많은 정보를 주려다가 시간을 넘기거나 많은 내용을 전달하기 위해 지나치게 빠른 속도로 발표하는 것은 감점의 요인이 될 수 있다. 투자자가 발표자의 사업에 관심이 있다면 발표를 마친 후에 질문을 할 것이다. 질문을 받을 기회가 있음을 기억하고, 발표할 때는 정확한 시간에 맞추어 적절한 정보만 전달해야 한다.

■ **고객을 잘 이해하지 못하는 경우** : 우리의 고객이 누구인지 명확하게 제시되지 않으면 감점 요인이 된다. 아무리 우수한 제품 및 서비스를 만들었다고 하더라도 고객이 누구인지 한마디로 명확하게 정의되지 않으면 투자자의 신뢰를 얻을 수 없다.

■ **경쟁자들을 무시하는 태도나 발언을 하는 경우** : 본인의 제품 우수성에 심취되어 경쟁자를 무시하는 발언을 하기도 한다. 경쟁 제품이 소비자의 니즈를 만족시키지 못한다거나 어떤 오류가 있다는 것을 너무 과장되게 설명하는 것은 피한다. 경쟁자에게 존경심을 표하는 것이 필요하고 그들의 노고를 치하하면서 우리 제품의 차별성을 설명해야 한다.

■ **지나친 과장이나 잘난 척을 하는 경우** : 시장 성장률 혹은 제품의 차별성을 설명할 때 발표자들이 지나치게 과장하는 경우가 많다. 창업 후 1년이면 100억의 매출을 올릴 수 있다는 표현, 즉 지나치게 매출에 대해 낙관적으로 예측치를 보이거나 과장하는 것은 피한다. 수치로 설명해야 하는 경우, 지나친 낙관에 과장하고 있지 않은지를 점검해야 한다.

■ **지나친 단조로움으로 지루함을 유발하는 경우** : 목소리 톤이 너무 일정하거나, 책을 읽는 것과 같은 단조로움으로 청중을 지루하게 하는 발표는 피해야 한다. 청중과 눈을 맞추고 청중들의 관심을 유발할 수 있도록 간단한 질문을 던지는 것도 필요하다.

2) 엘리베이터 피치에 사용하면 좋은 것

(1) 표와 그래프

짧은 시간에 효과적으로 발표를 진행하기 위해서 표와 그래프 같은 시각적인 집중을 끌 수 있는 방법을 활용하는 것이 좋다.

(2) 고객 및 전문가의 의견

고객의 목소리를 담거나, 전문가 인터뷰 내용을 발췌하여 신뢰도를 높이는 것이 좋다.

(3) 사진이나 동영상과 같은 시각자료

사진이나 동영상과 같은 시각자료를 활용하면 설명력이 높아지고 실제 현상을 전달하기에 신뢰성이 높아질 수 있다.

(4) 다른 산업에서 우리와 비슷한 경우 소개

우리제품 및 서비스의 성공가능성을 설명하기 위해서 다른 산업의 사례를 활용하는 것이 바람직하다.

3) 엘리베이터 피치 준비하기

엘리베이터 피치를 준비하는 과정은 철저한 계획과 구성이 필요하다. 먼저 목표를 명확히 설정하고, 대상 청중이 누구인지 파악하여 그들의 요구와 니즈에 부합하는 내용을 준비 해야 한다. 이어서 정보를 수집하고 정리하여 핵심 메시지를 강조하고, 필요한 자료와 시각 자료를 함께 준비해야 한다.

준비가 완료되면 여러 차례 연습을 통해 자신감을 쌓고, 다른 사람들의 피드백을 수용하며 계속해서 향상시켜야 한다. 피치를 평가하는 과정에서는 메시지의 명확성과 솔루션의 타당성, 열정과 자신감, 시간 관리능력, 그리고 대화 능력이 중요하게 평가된다.

엘리베이터 피치는 짧은 시간에 명확하고 간결하게 핵심 아이디어를 전달해야 하는 것 이다. 따라서 듣는 이의 관심을 끌고 짧은 시간 안에 핵심 메시지를 전달하는 것이 중요하다. 이를 통해 목표를 달성하고 듣는 이의 지지를 얻을 수 있다. 준비과정에 대한 내용은 다음과 같다.

(1) 목표 설정

무엇을 얻고자 하는지 명확히 이해하고, 그 목표에 맞춰 엘리베이터 피치의 주요 내용과 명확한 메시지를 결정해야 한다.

(2) 대상자 파악

피치의 대상이 누구인지를 이해하고, 그들의 관심사와 요구사항을 파악한 후 투자자인지, 잠재 고객인지 등을 고려해야 한다.

(3) 준비 및 정리

목표와 대상자를 고려하여 정보를 수집하고, 이를 간결하고 명확하게 정리. 핵심 메시지를 준비하고, 필요한 자료나 시각 자료를 준비해야 한다.

(4) 연습과 피드백

피치를 여러 번 연습하고, 다른 사람들에게 피드백을 받아 개선점 도출. 목표적 피드백을 통해 완성도를 높여야 한다.

(5) 스크립트 작성

자신(팀)의 제품 및 서비스를 5분 동안 설명할 수 있도록 발표 스크립트를 작성하여 사전에 준비해 놓는 방법도 생각해볼 수 있다. 일종의 엘리베이터 피치 가이드를 상황별로 작성하여 때에 따라 적합한 방식으로 사용하는 것도 좋은 방법이 될 수 있다.

다음은 엘리베이터 피치 작성 스크립트의 주요내용이다.

- 첫 번째 주요내용으로는 '나' 혹은 ' 팀'이 누구이고 무엇인지에 대한 내용을 미리 작성해 놓아본다. (발표자 및 팀의 우수 이력사항 등)
- 두 번째 주요내용으로는 고객이 갖는 불편함이 무엇인가를 파악하여 정리해 놓는다.
- 세 번째로는 우리 제품과 서비스는 고객의 불편함을 어떻게 해결할 수 있는지에 대한 내용을 정리해 놓는다.(해결책 제시)
- 네 번째, 우리의 제품이 기존의 제품과 어떤 특성 및 차별성에 대해 정리해 놓는다.(기존 제품과 비교설명)
- 다섯 번째, 언제 매출이 나기 시작하는지, 언제 수익이 나는지에 대해 정리해 놓는다.(그래프 활용)
- 여섯 번째, 시장규모 및 시장성장률은 어떠한지에 대해 정리해 놓는다.(출처 및 근거 제시)

■ 엘리베이터 피치 작성 스크립트

주요내용	발표내용	특이사항
나는(팀) 누구인가?		발표자 및 팀의 우수 이력사항 등
고객이 갖는 불편함은 무엇인가?		그림으로 표현
우리 제품 및 서비스는 고객의 불편함을 어떻게 해결하였는가?		해결책 제시
우리의 제품은 기존의 제품과 어떤 특성 및 차별성을 가지고 있는가?		기존 제품과 비교설명 (표/그림, 소비자 인터뷰 등)
언제 매출이 나기 시작하고, 언제 수익이 나는가?		그래프 활용
시장규모 및 시장성장률은 어떠한가?		출처 및 근거 제시

출처 : 박철호(2023), 관광창업론, p290

3. 엘리베이터 피치

1) 엘리베이터 피치의 주요 내용

(1) 자기(회사, 팀)소개

대부분의 투자자들은 발표자의 이력과 전문성 등을 매우 중요한 투자의 결정요인으로 여긴다. 아주 강력하게 자신(팀)의 장점, 특히 해당 사업과 관련성이 높다고 생각되는 자신(팀)의 이력중의 하나를 포함한다. 엘리베이터 피치를 진행할 때에는 간결하면서도 효과적인 소개가 중요하다. 다음은 새로운 잠재 고객에게 맞춤화된 엘리베이터 피치를 위한 상황별 대처 내용이다.

비즈니스 피치인 경우에는 정중하게, 재미있는 이벤트라면 더 자유롭게 시작하는 것이 좋은 방법이다. 화상채팅을 통한 온라인 미팅이라면 창의적인 방식으로 어색함을 풀어낼 수 있다. 가벼운 농담을 활용하여 분위기를 가볍게 만들어 어색함을 풀어보는 것도 하나의 방법일 수 있다. 이러한 방법들이 엘리베이터 피치에 많은 도움이 되기는 하지만 항상 청중에 대한 이해를 기반으로 분위기에 맞는 엘리베이터 피치를 해야 한다.

엘리베이터 피치에서는 간결함이 핵심이다. 필요한 내용을 짧고 간결하게 전달하되, 효과를 높일 수 있는 단어와 어구를 선택해 사용해야 한다. 엘리베이터 피치에 특별한 이벤트나 성취를 언급하여 듣는 이의 호기심을 자극하는 것도 좋은 방법이다. 이를 통해 자신의 업적이나 프로젝트에 대한 관심을 유도할 수 있다.

(2) 문제제기(창업 아이템 제안 배경)

고객들이 겪는 불편함을 명확히 정의하고 해당 불편함의 근본 원인을 분석하는 것이 중요하다. 발표자는 이러한 문제를 어떻게 해결하고자 하는지를 명확하게 설명해야 한다. 고객의 불편함을 정의하고 이를 해결하는 제품이나 서비스로 어떻게 나타날지에 대한 설명이 중요하다.

솔루션은 모든 문제의 제기에서부터 시작된다. 솔루션을 제시하려면 문제가 무엇이든, 엘리베이터 피치 초반에 엘리베이터 피치 대상을 빠르게 파악해 전달하고자 하는 주제를 명확하고 확실하게 결정하는 것이 중요하다. 실제 사례와 엘리베이터 피치를 듣고 있는 청중을 연계해볼 수도 있다. 설명하는 것에 어려움이 있다면 이러한 사례를 이용하거나 청중의 관심을 환기시킬 수 있는 시각 자료를 사용해보는 것도 좋은 방법이 된다.

(3) 제품 및 서비스 설명(아이템 콘셉트 및 차별성)

제품의 주요 기능과 특징을 강조하며, 이를 기존 제품들과 비교하여 차별화를 부각시키는 것이 필요하다. 저렴한 가격, 우수한 성능, 혹은 시장에서의 독특한 위치 등을 강조하여 경쟁우위를 설명하는 것이 효과적이다. 경쟁자 프로파일 매트릭스를 통해 제품이 어떤 부분에서 우위를 가지는지 명시적으로 보여줄 수 있어야 한다.

(4) 고객과 시장에 대한 이해(사업성)

주요 고객과 그 특성을 명확하게 파악하고 있음을 보여 주는 것이 바람직하다. 이와 더불어 시장(산업)의 트렌드와 성장가능성 등에 대해 설명할 수 있어야 한다. 엘리베이터 피치에서는 재무 부문이 아주 자세하게 설명될 필요는 없지만 대략 언제부터 수익이 나기 시작하는지 등 매출과 비용에 대해 이해하고 있음을 보여주는 것이 효과이다.

(5) 기타 보조자료의 활용

증거 자료가 필요하다면 도식화하여 보여 주거나, 전문가의 인터뷰 내용 일부를 발췌하여도 좋다. 가능하다면 관련된 통계를 언급하여 사업이나 아이디어의 필요성에 대한 내용을 보조하여도 좋다.

2) 엘리베이터 피치 평가하기

엘리베이터 피치를 평가하는 과정에는 여러 가지 핵심적인 측면이 있다. 첫째로, 피치가 목적과 목표를 명확하게 전달하는지를 확인해야 한다. 이는 문제해결 또는 아이디어의 핵심을 분명하게 이해하고 있어야 함을 의미한다.

그 다음으로, 피치의 효과적인 문제 제시와 그에 대한 솔루션 제시를 평가해야 한다. 어떤 문제를 해결하고자 하는지, 그 문제를 왜 해결해야 하는지 명확히 이해하고 있는가를 확인해야 한다. 솔루션의 타당성과 그 혜택에 관한 설명이 충분한가에 대한 내용 역시 주요 평가 요소이다.

또한, 엘리베이터 피치의 진행 시간을 효과적으로 관리하는 능력도 중요하다. 피치를 짧은 시간에 명확하게 전달해야 하기 때문에, 시간 관리가 얼마나 효과적으로 이루어지는지 역시 평가 대상 중 하나이다.

엘리베이터 피치의 가치를 평가할 때에는 듣는 이와의 상호작용과 대화 능력 또한 고려된다. 피치를 듣는 사람과의 대화를 유도하고, 질문에 대응하는 능력이 효과적인 피치인지 여부를 결정하는 요소 중 하나이다.

마지막으로, 피치를 통해 제시된 정보와 재료를 얼마나 효과적으로 활용했는지도 평가해야 한다. 텍스트나 시각적인 자료를 효과적으로 활용해 설명력을 높이고 듣는 이의 이해를 돕는 능력이 중요한 평가 요소 중 하나이다.

엘리베이터 피치 평가에 대한 내용을 정리하자면 다음과 같다.

(1) 명확한 메시지 전달

문제, 솔루션, 그리고 가치 제시를 명확하게 전달해야 하며, 듣는 이가 쉽게 이해하고 기억할 수 있도록 전달했는지 판단해야 한다.

(2) 문제 해결성

피치의 내용이 제시하는 문제에 실제로 해결책을 제시하는지 확인하여, 솔루션의 타당성과 그 혜택을 명확히 설명하였는지에 대한 피드백이 필요하다.

(3) 열정과 자신감

열정과 자신감은 중요한 평가 요소이므로 열정이 전달된다면 듣는 이에게 긍정적인 인상을 남길 수 있어 청중들로 하여금 좋은 평가를 이끌어낼 수 있다.

(4) 시간 관리

피치는 보통 짧은 시간에 이뤄지므로 적절한 시간 관리가 중요하기에 시간 내에 명확하고 핵심적인 내용을 전달해야 한다.

(5) 대화 능력

엘리베이터 피치는 양방향 소통의 시작일 수 있으므로, 듣는 이와의 대화를 유도하고, 질문에 잘 대응하는 능력 역시 중요하다.

(6) 재료 및 시각 자료 활용

구두로 설명만 하기보다는 설명을 보조하기 위한 시각 자료나 재료 혹은 통계자료를 효과적으로 활용해 전달력을 높이는 것 역시 중요하다.

(7) 피드백 수용

마지막으로, 받은 피드백을 수용하고 개선하는 능력도 평가되는 요소 중 하나이다.

엘리베이터 피치를 평가할 때에는 위의 요소들을 가지고 종합적으로 판단하게 된다. 여기서 핵심은 명확하고 간결한 메시지 전달과 듣는 이의 관심을 끄는 것이다.

■엘리베이터 피치 평가표

○ 나(회사)는 누구인지 설명했는가?
○ 고객이 갖는 불편함을 설명했는가?
○ 우리 제품 및 서비스가 불편함을 어떻게 해결했는지 설명되어 있는가?
○ 기존 제품 및 서비스와 다른 차별성이 있는가?
○ 언제 매출이 나기 시작한다고 설명했는가?
○ 시장 규모 및 성장률을 설명했는가?

○ 몇 점을 부과할 수 있을지 작성해 보자. 점/ 100점 만점
○ 이 점수를 부여한 이유를 설명해보자.

※ 자료 : 엘리베이터 피치 동영상 1
- 내 서랍 속 교실 이레밍즈
https://www.youtube.com/watch?v=PKUMDrx-2AI

엘리베이터 피치 동영상 2
- 서울과학기술대학교 기업가정신과 창업 - 투핸즈 컴퍼니 조
https://www.youtube.com/watch?v=voXCl-99E88

출처 : 박철호(2023), 관광창업론, p291

3) 엘리베이터 피치의 중요한 TIP

엘리베이터 피치의 목적이 무엇인지 명확하게 선택해야 한다. 투자, 창업, 아이디어 검증 등 목적을 알맞게 선택해야 한다. 엘리베이터 피치는 결국 상대방을 납득시켜야 하는 것이다. 내 의도와 동일하게 상대방이 반응 하고 있는지 파악해야 한다.

■ 핵심메시지를 전달해야 한다. 인간의 뇌는 다량의 정보에 취약하다. 전달하고자 하는 내용을 한 문장으로 정의해보는 것도 팁이 될 수 있다.

- 요점에 충실해야 한다. 주제에서 벗어나지 않기 위해서는 요점을 정해놓고 이야기 하는 것이 중요하다. 모든 내용을 매번 이야기할 필요는 없지만, 완벽히 숙지된 상태에서 상황에 따른 요점을 적절하게 이야기할 수 있어야 한다.

- 많은 사람들이 엘리베이터 피치와 같은 발표 혹은 대화를 할 때 긴장을 한다. 긴장을 하게 되면 말이 빨라지는데 청중을 고려해서 또박또박 말하는 것이 중요하다. 너무 천천히 말하지는 않아야 하며 주어진 시간이 초과 되지 않도록 세심한 주의가 필요하다.

- 녹음을 하는 것도 좋은 방법이다. 엘리베이터 피치의 상황을 가정해 미리 녹음하여 다시 들어보며 본인의 문제점을 해결해 나가는 것이다. 수차례 진행해 보며 말하는 속도와 어투, 어조를 교정하다 보면 보다 효과적으로 엘리베이터 피치를 진행할 수 있을 것이다.

4) 상황별 엘리베이터 피치의 대응방법

(1) 네트워킹 이벤트

일반적인 상황 중 하나인 네트워킹 이벤트에서는 새로운 가상 환경에서 의미 있는 유대감을 형성하기가 어려울 수 있다. 따라서 엘리베이터 피치를 자유롭게 할 수 있도록 다목적 엘리베이터 피치 스크립트를 준비하는 것이 중요하다. 이러한 준비는 일상적인 네트워킹부터 중요한 임원과의 만남까지 대응할 수 있게 도와준다.

(2) 취업 면접

취업 면접에서는 "자기소개를 해주세요"라는 기본 질문부터 시작된다. 구직자들에게는 자신의 경력과 스킬을 간략히 소개할 기회가 주어지는데, 이때 엘리베이터 피치를 미리 준비하여 구직자의 경력과 능력을 강조할 수 있다.

(3) 공식 미팅

미팅이 잡혔다면, 공식적인 상황에서 관심을 사로잡을 수 있는 엘리베이터 피치가 필요하다. 프레젠테이션을 활용하거나 전문적인 어조로 제품이나 아이디어를 소개할 수 있다. 공식 미팅에서는 상대방과의 전문적인 소통이 중요하므로 전문적이고 격식 있는 피치를 준비하는 것이 효과적이다.

(4) 영업

영업 피치에서는 영업 전문 용어를 사용하기보다는 개인적인 이야기나 가벼운 소개로 시작하는 것이 효과적이다. 팀 목표에 대한 이해를 바탕으로 인간관계를 형성하면서 제품을 소개하는 것이 핵심이다.

(5) 소셜 미디어

소셜 미디어에서는 가상으로 만나는 것이 일반적이므로 명확한 비주얼 자료와 함께 맞춤화된 피치를 사용하는 것이 중요하다. 소셜 미디어에 피치를 전달할 때, 상대방의 관심을 끄는 것이 핵심이다.

(6) 기업가 및 사업주를 대상으로 한 피치

기업가나 사업주를 대상으로 하는 피치에서는 사업주의 비즈니스와 관련된 문제와 솔루션을 구체적인 예시와 함께 설명하는 것이 중요하다. 투자에 대한 주저를 덜어내기 위해 핵심 메시지를 명확하게 전달해야 한다.

참고문헌

목영두, 최명길. (2010). 창업교육의 대학교과과정 설계방향에 관한 연구. 한국산학기술학회 논문지, 11(1), 320-334.

이주희, 최지호, 손기형. (2018). 크라우드 펀딩 수용의도의 결정요인: 성별 차이의 탐색적 분석. 상품학연구, 36(1), 35-40.

손신욱, 윤혜진, 김학준. (2020). 생활관광의 개념화를 위한 탐색적 연구. 관광레저연구, 32(7), 119-136, 10.31336/JTLR.2020.7.32.7.119

이상철. (2004). 관광숙박시설 다양화 정책방향. 관광연구저널, 18(2), 349-363.

김상원. (2022). 관광행정 조직개편과 각 정권별 관광정책 고찰 - 문화체육관광부를 중심으로 -. 관광연구논총, 34(4), 145-176, 10.21581/jts.2022.11.34.4.145

이경숙. (2005). 한국전통호텔업 발전에 관한 법률적 정비방안 구축. 관광연구저널, 19(3), 523-537.

김상겸. (2007). 문화콘텐츠산업에서의 불법유통 방지를 위한 법제도 개선방안 연구. 스포츠엔터테인먼트와 법, 10(3), 413-438.

장혜진. (2016). 학교보건법상의 금지시설인 호텔에 대한 법리적 검토. 법학연구, 57(3), 31-61.

이상문, 장대성. (2003). 벤처창업 교육과 창업정신 향상에 관한 한국과 미국의 비교 연구. Korea Business Review, 7(1), 7-25.

목영두, 최명길. (2010). 창업교육의 대학교과과정 설계방향에 관한 연구. 한국산학기술학회 논문지, 11(1), 320-334.

아산나눔재단, 한국의 창업생태계 경쟁력 제고를 위한 국제 비교 연구, 2021

권혁률. (2017). 우리나라 여행업 환경변화와 관련 법제의 질적 탐색. 호텔관광연구, 19(2), 1-17

디스커버리뉴스, 정기환, 한국관광공사, 2023년 국내관광 트렌드 발표 .. 올해 국내 관광트렌드 '일상의 모든 순간이 여행', 2023.01.31. (DISCOVERYNEWS)(https://www.discoverynews.kr)

디스커버리뉴스, 정기환, 한국관광공사, 관광 데이터 기반 오는 2024년 관광 트렌드 발표, 2023.12.13. https://www.discoverynews.kr/news/articleView.html?idxno=1037339

2023 국민여가활동조사, 문화체육관광부/한국문화관광연구원, 2023

2024년 관광트렌드 전망 및 분석 보고서 -통합 보고서-, 한국관광공사, 2023.12

진보라 등, 관광 트렌드 분석 및 전망 2023-2025, 한국문화관광연구원, 2022.4

2021 올해의 관광벤처, 혁신성장 이끈 '2021 올해의 관광벤처' 24개사 선정 - 코로나 이후 대비, 일자리 창출과 관광산업 발전에 기여한 우수기업 발굴 -, 문화체육관광부 관광산업정책과, 2021.12.29

2021 제12회 관광벤처 사업 공모 결과, 문화체육관광부 관광산업정책과, 2021.5.14

2022 올해의 관광벤처, 2022년을 빛낸 우수 관광벤처 42개사 선정 - 12. 22. '2022 관광벤처의 날' 행

사 개최, 휴가지 원격근무, 친환경, 디지털전환 등 관광산업 혁신 성장기업 시상 –,문화체육관광부 관광산업정책과, 2022.12.21

2022 제13회 관광벤처 사업 공모 결과, 문화체육관광부 관광산업정책과

2023 올해의 관광벤처, 2023년을 빛낸 우수 관광벤처 34개사 선정 – 혁신적 관광사업 모델이 관광객 편의 증진과 관광산업 선도에 기여, 문화체육관광부 관광산업정책과, 2023.12.20

2023 제14회 관광벤처 사업 공모 결과, 문화체육관광부 관광산업정책과, 2023.4.28.

GEDI, Global Entrepreneurship index, 2018

특허청, 지식재산제도,https://www.kipo.go.kr/ko/kpoContentView.do?menuCd=SCD0200111

홍수정, (단독) 현대기아차, 글로벌 특허 공세 시달려, 법률신문, 2023.06.26.

권수현, 김경희, '특허 침해' 애플워치 미국 판매 금지…애플은 반발해 항소(종합2보), 연합뉴스, 2023-12-27

매경닷컴 속보부, 마이크로소프트, 삼성 상대 로열티 소송(종합), 매일경제, 2014.08.02

중앙일보 더오래, 애써 개발한 기술, 경쟁사 특허 피하는 방법 3가지, 2020.07.09., https://www.joongang.co.kr/article/23820888#home

스투파 – 스타트업 투자 파이터, [IT알려줌-BM] 비즈니스모델(Business Model)이란 무엇인가?, https://www.youtube.com/watch?v=yjnGcncbQy8

조남규, 비즈니스 모델 캔버스 9가지 쉽게 완벽 정리!, https://m.blog.naver.com/mayanie/220822513011

박영준, 반영환. (2015). 린 스타트업 기반 창업기회 발굴을 위한 서비스디자인 프로세스에 관한 연구. 디지털디자인학연구, 15(4), 63-72.

이원철, 최종인, 최태진. (2021). 공공기술 사업화를 위한 창업교육의 핵심요인 분석 : 한국형 아이코어 사업성과를 중심으로. 한국산학기술학회 논문지, 22(1), 159-170.

한국관광공사, 2024년 관광트렌드 전망 및 분석 보고서-통합 보고서-. 2023.12

한국관광공사, 제14회 관광벤처사업공모, http://contest.tourbiz.or.kr/tourbiz/2023landing/2023/1

이주희, 최지호, 손기형. (2018). 크라우드 펀딩 수용의도의 결정요인: 성별 차이의 탐색적 분석. 상품학연구, 36(1), 35-40.

중소기업벤처부 창업정책과, 2020년 기준 창업기업 실태조사(22년 조사) 결과 발표, 2023

중소기업벤처부, 글로벌 정책 동향: 중소기업의 지속가능성 · 그린 · 디지털 전환, 2022.8

김은희, 한국관광공사, DATA & TOURISM 관광스타트업의 생존과 성장: 관광산업의 디지털 전환 1부, 2021

허주연. (2020). 스타트업 액셀러레이터 투자결정요인의 중요도 및 우선순위에 대한 연구. 벤처창업연구, 15(6), 27-42.

중소벤처기업진흥공단, https://www.kosmes.or.kr/nsh/SH/SBI/SHSBI001M0.do

기업마당, 지원사업 공고. https://www.bizinfo.go.kr/web/lay1/bbs/S1T122C128/AS/74/view.do?pblancId=PBLN_000000000085834.

중소벤처기업부. https://mss.go.kr/site/smba/ex/bbs/View.do?cbIdx=310&bcIdx=1038424.

2023년 창업성장 기술개발 사업(디딤돌), https://m.blog.naver.com/hotwide/222983336164.

창업진흥원, 창업도약패키지, https://www.kised.or.kr/menu.es?mid=a10205030000

창업선도대학 육성사업, https://www.jobaba.net/sprtPlcy/info/view.do?seq=588.

과학기술정보통신부 – MSIT, https://www.msit.go.kr/bbs/view.do?sCode=user&mId=129&mPid=224&bbsSeqNo=100&nttSeqNo=3178143.

미래교육학자신종우, 전달의 핵심 법칙, 엘리베이터 스피치(Elevator speech), https://www.youtube.com/watch?v=XXENwr-MB24

한국벤처투자, K-Unicorn | 이스트엔드/1분 피치(Elevator Pitch)_w7, https://www.youtube.com/watch?v=oLrp8_zG840

Academic Accelerator, Elevator Pitch, https://academic-accelerator.com/encyclopedia/kr/elevator-pitch

웨이브온, 효과적인 엘리베이터 피치 만들기 : 30초 안에 기업의 핵심을 홍보하세요, 2023.7, https://www.waveon.io/blog/elevatorpitchkor

Asana, 모든 상황에 적용할 수 있는 15가지 창의적인 엘리베이터 피치 예시, https://asana.com/ko/resources/elevator-pitch-examples

중소벤처기업부. (2024). 24년 정부 · 지자체 2조 7,121억원 창업지원[보도자료], https://www.mss.go.kr/site/smba/ex/bbs/View.do?cbIdx=86&bcIdx=1047053&parentSeq=1047053

저자소개

■ 박철호

- 경기대학교 관광경영학과(관광경영전공)
- 경기대학교 대학원 경영학 석사(관광경영전공)
- 경기대학교 대학원 경영학 박사(관광경영전공)
- George Mason University(USA, Visiting Scholar)

현) • 안양대학교 관광경영학과 교수
- 한국문화레저관광산업연구회 회장
- 한국여행학회 고문
- 한국문화관광연구학회 부회장
- 한국관광연구학회 부회장
- 학교법인 송곡학원(송곡대학교, 송곡고등학교, 송곡여자고등학교, 송곡관광고등학교, 송곡여자중학교) 이사
- 서울특별시 송파 · 강동 교육지원청 교육발전자문위원회 위원장
- 서울특별시 송파 · 강동 교육지원청 인사위원
- 한국관광호텔등급 심사위원
- 국립 산림치유원 고객만족위원회 위원
- 슬로우시티 평가위원
- 안양시 관광자문위원
- 경기남부지방경찰청 경찰공무원 면접위원

전) • 한국여행학회 회장
- 한국해양관광학회 부회장
- 한국서비스경영학회 편집위원
- 국무총리실 정책평가위원회 정책평가 전문위원(관광정책)
- (주)대교개발(서울교육문화회관호텔, 경주교육문화호텔, 지리산가족호텔, 설악유스호스텔, 교원 공제회 여행사)사외이사
- GKL 사회공헌재단 이사
- 문화체육관광부 국제회의 산업자문단 자문위원
- 관광통역안내원 시험출제 및 면접위원
- 중앙인사위원회 국가고시 출제위원
- 국무총리실 사행산업통합감독위원회 위원
- 한국학술진흥재단 교수공모과제 심사위원
- 서울특별시 교육청 동작교육지원청 인사위원
- 서울특별시 공무원 면접위원
- 문화체육관광부 축제평가 및 선정위원
- 경기도 문화관광축제 평가위원
- 안양시민축제 추진위원회 위원
- 의왕시 축제 추진위원회 위원
- 안양시 시정발전위원(관광정책)
- 인천광역시 관광진흥위원회 위원
- 기업도시선정 평가위원
- 안양상공회의소 안양지역 경제센터 연구위원
- 한국문화관광정책연구원 관광아카데미 강사

창업도 케어다 **AI케어 관광창업론**

2024년 8월 20일 초 판 인쇄
2024년 8월 31일 초 판 발행

저 자 박 철 호
발행인 한인환 · 한재성
발행처 도서출판 **기 문 사**
등 록 1978. 8. 9. NO. 6-0637
주 소 서울시 동대문구 안암로 50-1(용두동) 홍신빌딩 3층
전 화 02) 2265-7214/922-8662~8663
팩 스 02) 922-8772

homepage : www.kimoonsa.co.kr
e-mail : book@kimoonsa.co.kr

ISBN : 978-89-7723-992-0 93980

저자와의 협의하에 인지생략

정가 : 23,000원

●불법복사는 지적재산을 훔치는 범죄행위입니다.
저작권법 제 97조의 5(권리의 침해죄)에 따라 위반자는 5년 이하의 징역 또는 5천만 원 이하의 벌금에 처하게 됩니다.